AF523937

KENZ-UL ERVAH - Ruhların Sırrı

IŞIK KIZILTUĞ

©ŞİRA YAYINLARI
SİRİUS YAYINCILIK DAĞITIM VE ORGANİZASYON TİC. LTD. ŞTİ. 'nin markasıdır.

Hobyar Mah. Cemal Nadir Sk. Büyük Milas Han No:24/2B16
Cağaloğlu-İstanbul

http:www. sirayayinlari. com
e-mail: bilgi@sirayayinlari. com
0549 544 35 20

@sirayayinlari

@sirayayinlari

şira yayınları

ISBN: 978-605-7977-44-1
Yayıncı Sertifikası No: 45825

YAYIN YÖNETMENİ: Yıldıray Yılmaz
KAPAK TASARIM: Yıldıray Yılmaz
DİZGİ MİZAMPAJ: Şira Yayınları

BASKI CİLT: ALFABE BASIN YAYIN SAN. TİC. LTD. ŞTİ.
İkitelli O.S.G.B. Mah. Hürriyet Bulv. Enkoop 1. Sk., Enkoop San. Sit. No: 1, Kat:1,
Başakşehir/İstanbul Tel: 0212 485 21 25

1. BASKI EYLÜL 2023 - 7. BASKI: MAYIS 2025

KENZ-ÜL ERVAH

Ruhların Sırrı

IŞIK KIZILTUĞ

Zaman izafidir
Mekâna izafidir
Madde izafidir

Maddesel plâna aitse
ÖLÜM de izafidir!

İÇİNDEKİLER

Yokluk, mutlak varlığın aynasıdır.
Allah nurunun varlığı yoklukta görünür.
Yokluk aynadır.
Alem o aynadaki akis,
insan da o aksin gözü gibidir.
Aynanın karşısındaki ise
o gözün içinde gizlenmiştir.
Sen, aynadaki aksin gözü,
Allah o gözün ışığı ve göz bebeğidir.
Alem insan olmuştur,
insan da Alem.
Gören de O'dur, göz de O, görünen de O.

Gülşeni Raz
Mahmut Şebusteri

ÖNSÖZ

"Bismillahirrahmanirrahim"

Her şey,
Uzak ya da yakın birbirine bağlanmış
ölümsüz bir el tarafından.
Ve sen,
Bir çiçeği bile kopartamazsın,
Bir yıldızı yerinden oynatmadan.
Francis Thompson

Ait olduğunuzu düşündüğünüz bu dünyada, kendinizi hiç yabancı bir yerdeymiş gibi hissettiniz mi? Nereye olduğunu bilmediğiniz, ama içinizden hep "Ben buraya ait değilim" diyen o sesle hiç yüzleştiniz mi?

Ben, oldum olası adını koyamadığım bir gurbet duygusu içinde yaşadım ve bu dünya hayatı içinde hiçbir zaman tam anlamıyla kendimi yuvamda hissetmedim. Benim en sadık duygum daima özlemdi. Hatırlayamadığım ama sanki derinlerde bir zamanlar bildiğim başka bir dünyaya duyulan özlem...

O yeri bu dünyada hiç bulamadım...

Sayısız ülke gezdim, birçok yer gördüm, hep güzel evlerim oldu ama o özlediğim yuvama henüz kavuşamadım. Çocukken dinlediğim masallardaki gibi, sonsuz güzellikte ve sonsuz huzurun içinde olduğu o ütopik dünyaya dair bir özlem bu.

Buraya ait olmadığımı, bir yolcu gibi buradan geçmekte olduğumu, ruhumun en derin gerçekliğinde bir şekilde hep bildim. Üstü örtülmüş, unutturulmuş hafızasını derinliklerinde insan aslında zaten biliyor olabilir mi?

"Adem'e tüm isimleri (hakikatleri) öğrettim" diye buyuran ayeti daima bu şekilde idrak ediyorum. Ancak insan, ne yazık ki bu imtihan dünyasında maddeyle o kadar oyalanıyor ki gerçek dünyasını ve amacını artık hatırlamıyor. Oysa bu dünya hayatına yapıp ettiklerimizi hatırlamaya geldiğimiz, Kur'an'da sık sık "tezekkür et" (Hatırla) nasihatiyle vurgulanmaktadır. Hatırla uyarısı, adeta benim bu iddiamı tasdik eder gibi görünüyor. Ayetlerde birçok örnek üzerinden insanın sürekli hatırlamaya davet edilmesi ve bu hatıralardan da öğüt alması isteniyor!

Ayetleri daha derin düşünecek olursak, adeta bundan önce bir hayatımız varmış gibi bir izlenim ortaya çıkıyor.

TEZEKKÜR ET, HATIRLA!
EY İNSAN,
UNUTAN...

Biz acaba gerçekten de yaşadığımız, olmuş ve bitmiş bir yaşamın mı gözlemcisiyiz bu dünyada? Belki de bunların cevaplarını verebilirsek, insanlığın en kadim sorusu olan "Neden buradayız?" sorusuna bir cevap bulabiliriz.

Neden burada olduğumuzu, varlığın kaynağını ve nedenini anlamak için, Tevhid'i kavramak için mutlak gerçek sandığımız bu dünyanın, maddenin, zamanın ve mekânın sırlarını açmalı ve kalıplaşmış tabuları yıkmalıyız. Gerçek sandığımızın ardında sırlanmış olan asıl hakikate varabilmek için izleyeceğimiz bu yolda, evvela yaratıcının evrensel yaratım kanunlarını bilmeliyiz. Peki, yaratılmış olan, yaratıcının kanunlarını nasıl bilebilir?

Bunun için günümüzde bir kapı aralandığını söyleyebiliriz. Bu kapının aralığından sisli boşluğa baktığımızda karmaşık bir kavram karşımızda duruyor:

KUANTUM GERÇEKLİK

Bu yeni kavram, bizi maddenin temelindeki en derin sırrı ile yüzleştirdi. Bu sihirli, adeta masalsı "gerçeklik", aslında varoluşun sorulmuş ama cevaplanamamış birçok sorusunu yanıtlarken, diğer bir yandan da cevaplanması daha zor soruların doğmasına sebep oldu.

Bu kitapla birlikte belki ilk defa "kuantum fiziği mekaniği" ile tanışacaksınız. Fiziğin ve fizik ötesi (metafiziğin) aynı gerçekliğin sadece farklı tezahürleri olduğunu göreceksiniz.

Bu yolculukta bize bilimsel veriler, felsefe ve Kur'an'ın ilahi ayetleri eşlik edecek. Var olduğunu sandığınız "maddesel gerçekliğin" sadece bir illüzyon olduğuna şahit olacaksınız.

Neden Şehadet Alemi?

Çünkü;

"Eşhedü en la La İlâhe İllallah ve eşhedü enne Muhammeden abdühü ve resulühü" demeye geldik.

Engin Işık Kızıltuğ

Her şeyi gören bilincin vasıtasıyla,
Şahitlik ettim bizzat göklerin görünmez yüzüne,
Ve tefekkür yoluyla eriştim hakikat bilgisine,
İşte bu bilişle yazıyorum tüm bu mısraları...
Hermes

1. BÖLÜM

GERÇEK NEDİR? BEYİN NASIL ÇALIŞIR?

"Her şey Bir'dir"

Heraklitos, Evren Üzerine

Gerçeği nasıl tanımlayabiliriz?

İnsanlığın ve felsefe tarihinin en çok sorulan bu sorusu, Albert Einstein'ın izafiyet kuramından sonra bilimin de sorusu oldu.

Eğer görebildiğin, hissedebildiğin, koklayıp tadına bakabildiğin şeylerden bahsediyorsan bil ki bu gerçek sandıklarının hepsi, duyu organlarının aracılığı ile beynine aktarılan ve beyninin içeride yorumlayarak bir resim oluşturduğu elektriksel sinyallerden ibarettir.

Duyularımız aracılığıyla bu sinyalleri birer şekil, suret, kütle ve yoğunluk olarak algılar ve deneyimleriz. Yani duyularımız olmasa yaşamı deneyimlememiz mümkün değil. Tüm bunlar insana ne kadar akıldışı görünse de bugün kuantum fiziği mekaniği ile kesin olarak biliyoruz ki yuvamız sandığımız dış dünya tamamı ile ve sadece elektriksel/elektromanyetik iletiler ile dolu bir Alan...

Klasik fiziğin bildirdiği "Maddesel bir dünyanın" yalnızca algılara dayalı bir yanılsama olduğu gerçeği artık reddedilemez bilimsel bir hakikat.

Kuantum fiziğinin bilim tarihini sarsan dünyanın tanımına dair en özet cümlesi şudur: Maddesel, elle tutulur bir fiziksel dünya aslında yok....

Pek tüm bu gördüklerimiz nedir?

Dokunduklarımız, her şey nasıl olurda hayal olabilir?

Kuantum fiziği, evreni rüya benzeri bir gerçeklik olarak tanımlıyor...

O halde tekrar soruyoruz GERÇEK NE?

Filozoflar tarih boyu bu sorunun cevabı için birbirinden farklı birçok tez ileri sürse de aslında hep aranılan ve bilinmek istenen, "mutlak olan hakikat" yani hiçbir şart altında varlığı değişmeyen, değiştirilemeyen mutlaktır.

Peki, gerçekliğimizi oluşturan "dış dünya" ne kadar gerçek?"

Aslında beynimizin "Dış dünya" ile direkt bir teması asla olmadı.

Beynimiz sesi duymaz,

Beynimiz ışığı görmez.

Beynimiz kendisine iletilen elektrik sinyallerin dışında bir bilgiye sahip olamaz. Dış Dünya da salınan bu dalgaların bir kısmını algılar, okur, yorumlar ve zihnimizde bir görüntü yani bir resim oluşturur. Üstelik bunu yaparken de karşıda gördüğü nesneye ait bilginin yalnızca %15-20'lik kısmını kullanır ve kalanı da kendi sepetinden doldurur ve tamamlar.

Yani görmek sandığımız gibi gözde değil Beyinde gerçekleşir. Dünyamıza ait resim içerde bir resme dönüştürülürken illüzyon da burada başlar. Beynimiz, kendi içsel programından tamamladığı detaylarla biraz eksilterek, biraz ilaveler yaparak birazda çarpıtarak bir gerçekliği sunuyor bize.

O halde karşımızda iki gerçeklik var, biri mutlak olan ve insan bilincinin yorumunun dışında daima mutlak kalacak olan diğeri de zannımız olan gerçeklik.

O halde gördüğümüzü düşündüğümüz Dünya'ya ait resim, gerçekliğin MUTLAK HALİ değil çarpıtılmış temsili bir görüntüsü.

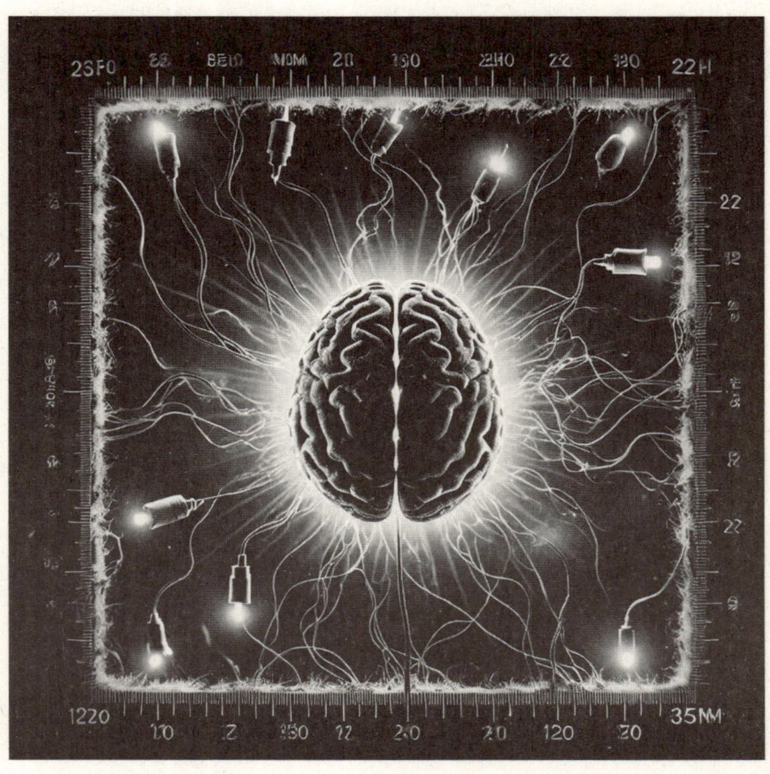

TEMSİLİ BİR SURETİ GÖRÜYORUZ

Evreni var eden tüm elektriksel/elektromanyetik spektrumun içinden sadece ve sadece %1 den daha az veriyi toplayabilen duyu organlarımız bu iletileri beyne yollar, beyin adeta bir arayüz gibi bunları çözer, okur ve görsel bir projeksiyona çevirir. Buraya kadar okuduğunuz bu satırlar size her ne kadar bilimkurgu gibi görünse de beynimizin çalışma prensipleri tamda bu şekilde.

Tüm bunların içinde benim için en sarsıcı olan detay şu ki, beynimiz bu sinyallerin nereden geldiğini yani Kaynağını da asla bilemez!

Kaynağı bilmemesi yani her nereden sinyal gönderilirse gönderilsin

SİNYALLERİ GERÇEK KABUL ETMESİ ile neticelenir ...

Bu sebeple herkes kendi gerçekliğinin yaratıcısıdır.

Artırılmış sanal gerçeklik teknolojisi işte tam da bu esas üzerine yükselmiştir.

Peki beynimizin gerçek ile hayali/sanalı ayırt edemediğini biliyor musunuz?

Çok iyi tasarlanmış bir sanal gerçeklik programında beyin bu durumu "gerçek" olarak algılar. O halde "dış dünya"nın gerçek olduğunu nereden biliyoruz?

Madem ki bu sinyallerin kaynağı hakkında fikrimiz yok ve nereden geldiği bilinmiyor o halde gördüğümüz dünyanın "Mutlak hakikati' temsil edip etmediğini de asla bilemeyeceğiz!

Bu durumu daha net izah edebilmek adına şimdi sizi önemli bir düşünce deneyine davet ediyorum.

Beynimizi çıkartıp bir kavanoza koyduğumuzu var sayalım. Gerekli tüm enerjisini de kavanozun içindeki sıvıdan temin edelim. Bir taraftan da kavanozdaki beyne çeşitli sinyaller gönderen bir makine olsun. Bu makine, yolladığı elektriksel sinyallerle o kavanozdaki beyne istediği "gerçekliği" yaşatabilir (hissettirebilir). Evet bu bir kurgu ama bilin ki beyin tam da böyle işliyor. Beden değil, beyin tecrübe ediyor. Bedene ihtiyaç bile yok. Yani "dış dünya" diye gördüğümüz ve gerçek sandığımız her şey aslında beynimizin yorumu.

Kavanozdaki bir beyin olmadığınızı düşünüyorsanız, gece rüyada iken de yatakta olmadığınızı düşünüyorsunuz demektir.

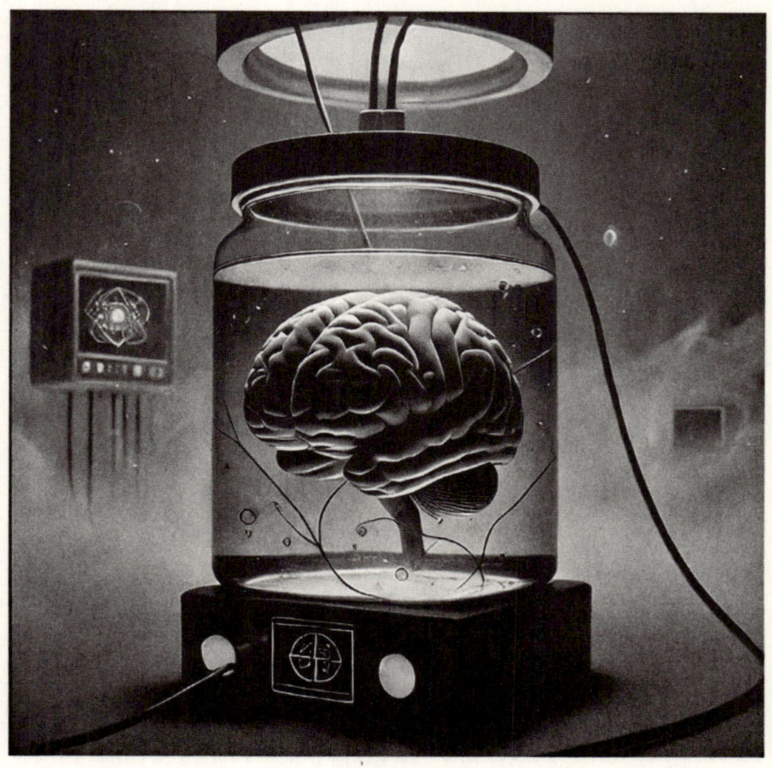

Rüyada iken gözlerimiz kapalıdır, bilincimizde kapalıdır yani dışarıdan, dış dünyadan bize sinyal/veri akışı gönderebilecek bir kaynak yoktur!

O halde rüyalardaki görüntüleri nereden izliyoruz?

Peki kendinizi uyanık sandığınız şu anda dışarıda gerçekten fiziksel bir kaynak var mı sanıyorsunuz?

Aslında dış dünyada gerçek diye kabul ettiğimiz maddesel hiçbir kaynak yoktur.

O halde Rüya ile hakikati nasıl ayırt edeceğiz?

Varlığından emin olduğumuz bilincimiz ile sadece ve sadece devasa bir frekans okyanusunda dalgalanan elektriksel/elektromanyetik iletiler ile dolu bir alanın gözlemcileriyiz.

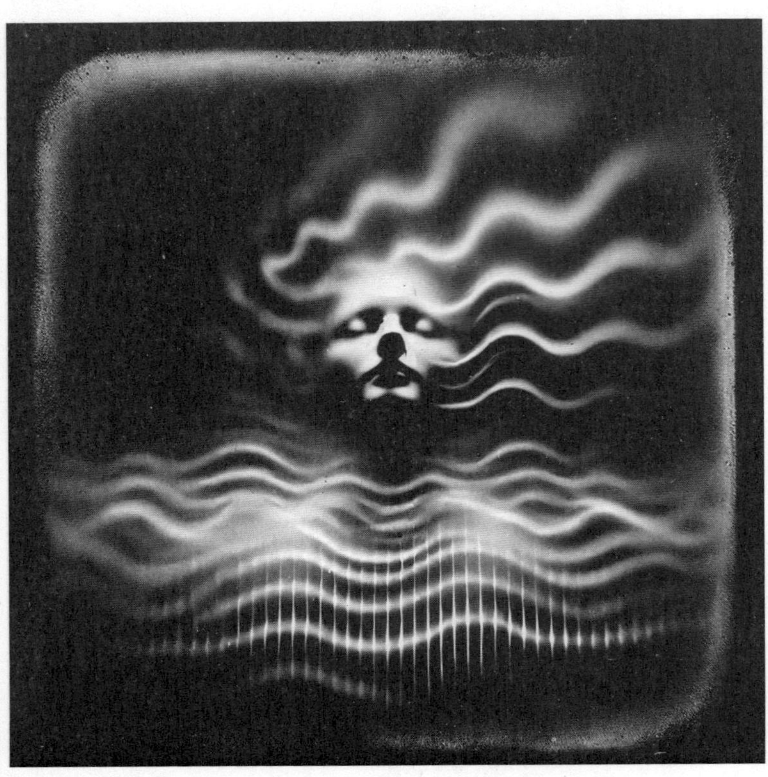

Kuantum fiziği çift yarık deneyi ile bu hakikat laboratuvar şartlarında ispatlandı ve o günden bu yana artık maddesel bir dünyanın varlığından söz edemez olduk!

Dünyanın sadece imgesinden/hayalinden bahsedebiliriz!

Ya gördüğünüz her şey rüya ise?

"İnsan uykudadır, ölünce uyanır."
Aduni, Keşf ül hafa 2/312

Biliyorum, tam da burada bir çoğunuzun içinizden "ama yaşadığıma dair anılarım var" diye bir itiraz geçti. O halde anılarınızın da güvenilmez olduğunu anlatma sırası geldi. Bu hayatı bize gerçekmiş gibi hissettiren anılarımıza ne kadar güvenebilirsiniz sanıyorsunuz ki? Yaşadığımızı düşündüğümüz her "an"a ait anılardan(kayıtlardan) emin olabilirim diyorsanız şiddetle yanılıyorsunuz.

Beynimizin sahte anılar üretebildiğini biliyor muydunuz? Psikolojide adına Mandela Etkisi denilen bir olgudan ötürü çok sayıda insanın tamamen hatalı ortak bir anıya sahip olabileceğini hiç duydunuz mu?

GERÇEK SANDIĞIMIZ SAHTE ANILAR

Kitabın ilerleyen bölümlerinde bu konuyu detaylı bir şekilde anlatacağım. Şimdilik sadece kalıplaşmış önyargılarınızı yıkmaya davet ediyorum sizleri.

İnsan beyni sahte anı üretmekte çok mahirdir ve sahte anı ile gerçek anı arasındaki fark tıpkı mücevherler arasındaki fark gibidir: Sahte olan daima daha parlak ve gerçek görünür!

Adına dış dünya dediğimiz bu varlık alemi, gerçekte bir frekanslar ummanı ve biz bu ummanın içinde bir algılar sisteminin hapsindeyiz.

Algılarımızın sınırları ile sınırlandırılmış bir gerçekliği tecrübe ediyoruz.

Maddesel gerçeklik sandığımız her şey, aslında sadece elektriksel sinyallerden ibaret ve Algılarımızın bize ilettiği hiçbir şey "Mutlak" gerçekliğin kendisi de değil. Gerçeklik sandığımızı bile bütünü ile algılayamıyoruz. Özetleyecek olursam insan sınırlandırılmış algılarıyla hakikati asla göremez, duyamaz ve bilemez....

Burası Beynimizin edindiği iletiler ile kendi içinde oluşturduğu bir SURETLER ALEMİ...

MUTLAK GERÇEĞİ ALGILAYABİLİR MİYİZ?

Ve bu suretler aleminde insan duyu organları ile elektromanyetik spektrum içinden ancak %1 den az ileti alabilir.

Duyu organlarımızın eşiklerinin altında ve üstünde kalan hiçbir şeyi bu nedenle asla bilemeyiz ve bu eşikler içinde oluşturulur sınırlandırılmış gerçekliğimiz!

Bilincimiz kozmostan gelen iletileri toplarken eşzamanlı olarak zihnimizde oluşan görüntüleri bize yansıtır!

O çok güvendiğimiz duyularımızın ne kadar sınırlı olduğunu daha iyi idrak edebilmeniz için basit bir iki örnek vermek istiyorum.

İnsan kulağı 20/20.000 herz aralığındaki sesleri duyarken, bir yarasa kulağı 2000/110.000 herz aralığındaki sesleri duyar. Yani bir yarasa ile insanın bile gerçeklik algısı farklıdır ve yarasanın gerçekliğine dair hiçbir fikrimiz de olamaz.

Peki insanın gözü gerçekliği nasıl algılıyor bilginiz var mı?

İnsan gözü küre şeklinde olduğundan, görüntü düzlemde değil, küre üzerinde toplanır.

İnsan gözünün algılayamadığı ve bu nedenle adına "imkânsız renkler" denilen bir grup renk bile vardır. Gerçekte insan gözü sadece kırmızı, mavi ve sarı rengini algılar. Diğer tüm renkler bu üç rengin kombinasyonundan oluşur.

Görme eylemi sanılanın aksine gözde değil, beyinde gerçekleşir ve göze gelen ilk görüntüler enine ve boyuna ters olarak gelir. Yani özetle herhangi bir canlının görüşü ile evrensel ve mutlak bir cevap vermek mümkün değildir.

Her canlı kendi duyularına dayalı kendi gerçekliğini deneyimler o halde görüyorum derken bir kez daha düşünmek gerekir çünkü "göz"e dayalı gerçekliğimiz son derece eksik ve aldatıcı.

Neden insan algıları bu kadar sınırlı diye soracak olursanız cevap gayet anlaşılır:

Bizler aslında hayatta kalabilmek için ihtiyaç duyduğumuz verileri alacak kadar algılara ve duyulara sahip bir beden kabı içindeyiz. Peki algılayamadığımız tüm hakikati, gerçekte var olduğu gibi görebilseydik nasıl olurdu diye hiç düşündünüz mü? Ya da neden duyu organlarımız gerçeği eğip büküp iletiyor diye hiç kendinize sordunuz mu?

Amerikalı bilişsel psikolog *Prof. Dr. D. Hoffman* bu sorunun cevabına ulaşmak için uzun yıllar birçok araştırma ve çalışma yaptı ve şu sonuca ulaştı:

> "Eğer tüm gerçekliği, gerçekte var olduğu gibi algılasaydık, sanılanın aksine bu bizi hayatta tutmazdı. Tam tersine türümüzün yok olmasına sebep olurdu."

Yani gerçek şu ki bizler sınırlandırılmış algılarımızla aslında gerçeği hiçbir zaman görmüyoruz. Hatta gördüğümüz evren, hakikatin yanından dahi geçmiyor.

"Göz, görmeme için vardır."

Aristoteles

Aristoteles, yüzyıllar öncesinden söylediği bu söz ile "gerçekliğimizin" tamamen izafi olduğunu bildirirken adeta bunun tasarlanmış oluşuna da dikkat çekmiştir kanımca. Mutlak Hakikatin insandan uzak tutulduğu, bilinmesinin istenmediği gerçeğini kitabın ilerleyen bölümlerinde ele alacağım "çift yarık deneyi" ile daha detaylı bir şekilde anlatacağım. Bizim dışımızda var olduğuna inandığımız ve adına "Dış Dünya" dediğimiz bu alandan %1'den daha az sinyal alabiliyor olmamız zaten hakikate karşı nerdeyse kör olduğumuzu bildirmiyor mu?

Tüm duyularımız gibi göz de *FREKANSLAR ALEMİNİ* sadece minicik bir pencereden izleyebiliyor.

O halde göze dayalı bir gerçekliğin HAKİKAT olduğundan asla bahsedemeyiz. Gerçeklik olarak algıladıklarımız bilincimizle ilgili bir süreçten ibaret. Tüm bu bilgilerden sonra şimdi bir daha düşünmenizi istiyorum, gördüğünüzü sandığınız varlıkların GÖRÜNTÜLERİ sizce dışarda onları gördüğünüzü düşündüğünüz yerde mi gerçekten?

Yoksa Zihnimizin içinde mi?

"Gözler O'nu idrak edemez, hâlbuki O gözleri idrak eder. O en ince şeyleri bilir ve her şeyden haberdardır."

En'am Suresi 103. Ayet

2. BÖLÜM

MADDE BİR İLLÜZYON

Madde gerçek mi?

Maddenin gerçekliği ne kadar gerçek?

Maddesel gerçekliğin varlığı yalnızca bir algılar bütünü ve sanrıdır. "Vardır" vurgusu aslında bilinebilir bir hakikate dayanmıyor.

EŞYANIN HAKİKATİ

Algılarımızı bir kenara bırakarak "dış dünya" ile temasa geçmemiz asla mümkün değil. Bu nedenle de sadece algıladıklarımızı bilebiliyoruz. Dış dünya ya da maddesel gerçeklik bilincimizin içindedir. Bu bilgi aslında sıradan bir bilgi olmasına rağmen çoğunluk yine de bu bilgiyi kabul etmekte zorlanır. Oysa ki algılarımızın dışındaki hiçbir şey asla algılanamaz ve "bilincin" dışındaki hiçbir şeyin gerçekliğinden de emin olamayız.

O halde maddesel gerçeğin ardında ne var?

Aslında bu konuda hiçbir fikrimiz yok ve olamaz da.

Şimdi bu soruyu biraz daha genişletelim ve şöyle soralım: Algılayabildiklerimizin "ötesinde" ne var? Maddenin yani eşyanın ardındaki hakikati nedir? Madem ki evrensel varlığın yalnızca %1'den azını algılıyoruz o halde "İnsana bilinmez" olan %99 nedir?

Tam da burada kuantum fiziği devreye giriyor ve o alanın tamamen frekans olduğunu bildiriyor. Yani gerek algıladığımız gerekse algılayamadığımız tüm evren %100 sadece elektriksel/elektromanyetik sinyallerle dolu...

Dış dünyada gerçekten de başka hiçbir şey yok!

Bunun açık anlamı şudur:

Külli alemde maddesel bir varlık yoktur!

> Alem, Allah'ın kendini gösterdiği aynadır. Öyle bir ayna ki içinde alem var, her şey var, ama bu varlık yokluktan ibaret, sadece bir görüntü; gerçek gibi görünüyor fakat gerçekliği yok.
>
> (Fırat Üniversitesi Sosyal Bilimler Dergisi Cilt: 14, Sayı: 1, Sayfa: 3)

Buradan elbette bir soru doğuyor, madde yoksa varlığın temel yapı taşı nedir?

Bu sorunun cevabı aslında "hiçlik" hiçliğin hakikat olduğunu anlayana dek irdelemeye devam edelim.

Maddesel gerçeklikle duyum aslında aynı şeylerdir Birbirlerinden ayrıştırılamazlar. Büyük düşünür ve teolog Berkeley'e göre "madde"nin varlığına dair algılarımızdan başka hiçbir kanıtımız zaten yok. Dış dünya "gerçekliği" en temelde algılarımıza dayanan düşünceler toplamıdır.

Peki o halde "maddesel gerçeklik" nasıl oluyor da bize varmış gibi görünüyor?

Nasıl oluyor da "Zaman ve mekân" içinde var olduğunu düşündüğümüz maddesel bir dünyayı algılıyoruz?

Çünkü, çoğumuz "zaman ve mekânı" temel gerçeklik yani "mutlak" sanıyoruz ve yine nesnelerin zaten var olan bu "zaman ve mekân" içinde belirmiş olduğuna inanıyoruz. Kuantum fiziğinin dünya bilim tarihine damga vuran en sarsıcı sonuçları bize, evrende zamansal bir gerçekliğin ve yine evrende mekânsal bir gerçekliğin kesinlikle olmadığını bildiriyor ama belki de bize en sarsıcı gelen bilgi, evrenin hacimsel bir gerçekliğinin de olmadığı. Yani evrende var olduğuna inandığımız ve gördüğümüzü düşündüğümüz hiçbir şey aslında düşündüğümüz manada bu görünen alemde bir hacim/yer kaplamıyor!

Zamandan münezzeh...

Mekândan münezzeh ....

Bir Alemin gölgesi belki de şahit olduğumuz her şey!

"Zaman ve mekân" senin şahit olmak için oluşturduğun görselleştirici birer vasıta ve müellifi senin bilincin. Masada duran bir vazoya ya da gökteki Ay'a baktığımızda "tabii ki gerçek canım, ben onu görüyorum, arkadaşlarım da görüyor. Gözüm kapalıyken de onlar aynı şeyi görüyor." diye düşündüğünü biliyorum. Fakat izafiyet kuramının sahibi Albert Einstein diyor ki;

"Siz gökyüzüne bakmadığınızda Ay aslında orada yok."

Neden mi?

Çünkü ne zaman ne de mekân, bilincimizden bağımsız olarak var. Bilinçli bir gözlemcinin varlığı olmadan tüm zerreler kararsız halde bir "olasılık dalgası" içerisinde yüzmektedir. Yani bilinç gözlem yapmadan "madde" belirsiz bir olasılık olarak mevcut!

O HALDE HER ŞEY SADECE VAR OLMA İHTİMALİ İLE VAR

"Çoğunluğun binlerce yıldır aynı şekilde düşünmesi, onu olduğundan daha gerçek yapmaz."

George Berkeley

Varlık üzerine birçok eser kaleme almış olan İbn Arabi ise varlığı kısaca şöyle izah ediyor:

Mutlak olan tek hakikat Allah'ın zatıdır.

Allah'ın zatının dışındaki tüm varlık (maddesel alem) esasen mecazi bir varoluşa sahiptir. Her şey Allah'ın yansıyan hakikatinden işaret ve gölgelerdir.

Özet olarak bir şeyin varlığından söz edilebilmesi aslında en temelde onun bir bilinç tarafından algılanmasıdır. Ve madem ki "Varlık" ancak bir bilinç ile algılandığında vardır, o halde emin olabildiğimiz tek gerçeklik bilincimizdir. Ve bu durumda tüm gerçeklik içimizde zuhur ediyor ise, zihnimizde zuhur edende "varlığın" fiziki gerçekliği olamaz. Bu durumda aleme ait sandığımız tüm bu gördüklerimiz de aslında varlığa ait temsili görüntüler sadece ....

Evet gerçek tamda bu. İnsan "sınırlandırılmış" algıları ile hakikati değil, ancak onun gölgelerini yani illüzyonunu görebilir. Bu nedenle Platon (Eflatun) bu varlık alemini tanımlarken "Asıl gerçeklikler" aleminin gölgesi demiştir.

Aklı kalbine çevir
Kalbini sırrın yap
Sırrı yokluğa bildir
Yokluğu Varlığa çevir

İbn Arabi

AYAN-I SABİTE

Şimdi bir düşünce deneyi yapalım ve tüm insan bilinçlerinin bir anda sustuğunu ve devre dışı kaldığını varsayalım.

O halde neler olur?

"Varlık" dediğimiz şeyin aslı, yaratıcının mutlak bilincinde/ilminde olduğundan insanlar algılamasa da var olmaya devam edecektir.

Arabi bu ilahi makama "Ayan-ı Sabite" demiştir ve ona göre "mümkün olan" tüm varlığın ilahi ilimdeki ezeli hakikatleri orada, Ayan-ı Sabite'dir. Ve her şey o "Ezeli Hakikat"ten yansıyan, açığa çıkan ve tezahür eden gölgelerdir. Ve yine İbn Arabi'ye göre "mümkün varlığın" zuhuru, Ayan-ı Sabite'deki istidatlarına göredir. Bu makama kader sırrı demiştir.

Günümüz bilimi birçok tez öne sürüp, cevaplar arasında adına gerçeklik dediğimiz evrenin yapısını hâlâ tam olarak çözemedi. Ancak geçici cevaplar bulunuyor. Çok değil, yüzyıl öncesine kadar bu cevapların içine yaratıcının varlığı katılıyordu. Bu da büyük bir bilinmezin anlaşılabilmesi karşısındaki ihtiyacı karşılıyordu. Günümüzde ise madde merkezli bilim, artık bu bilimsel denklemlerden yaratıcının varlığını çıkartmış göründüğünden, resmin tamamına erişemiyor. Sürekli olarak varlığın izahı olacak olan "Her şeyin teorisinin" bulunmasının an meselesi olduğu yazılıp çiziliyor. Bu hâlâ gerçekleşmedi. Hâlâ "her şeyin teorisi" bulunamadı ve kanaatimce de bulunamayacak. Bunun sebebi hatalı bir açıdan bakmaları.

Evren öylesi muazzam bir ihtişamla tasarlanmış ve yaratılmış ki varmak istediğimiz hakikat yolculuğunda bu yola çıkma cesaretini gösteren herkesi özüne yaklaştıracaktır. Sadece düşünceleri ile perdelenmiş akıllar, bu perdelerden kurtulmadıkça onu algılayamayacak.

> "Andolsun biz, cinlerden ve insanlardan birçoğunu cehennem için yarattık. Bunların kalpleri vardır ama onlarla kavrayamazlar; gözleri vardır ama onlarla göremezler, kulakları vardır ama onlarla işitemezler. Onlar hayvanlar gibidir, hatta daha da şaşkındırlar. İşte asıl gafiller onlardır."
>
> A'raf Suresi 179. Ayet

Oku...
Seni yaratan Allah'ın adı ile oku,
Alemi oku
Levh-i Mahfuzdan inen Kitab-ı Kerim'i oku.
Önce görüneni,
Sonra görünmeyeni
Eşyanın ardındaki hakikati oku...

3. BÖLÜM

"KUANTUM GERÇEKLİK" HAKİKATE AÇILAN YENİ KAPI MADDENİN IŞIK CEPHESİ

Bilim tarihindeki en büyük kırılma kuşkusuz Kuantum fiziği ile gerçekleşmiştir. Aralık 1925'te, bir Alman fizikçi kuantum mekaniği kuramını ortaya atarak bilim tarihine adını altın harflerle yazdırdı. Bu kuram, insan aklına ve mantığına aykırı görünen "Heisenberg Belirsizlik İlkesi" ile dünyanın maddesel gerçekliğine dair tüm görüşleri kökünden yıktı. Werner Heisenberg'in kendi adıyla anılan ve kuantum fiziğinin temel yasalarından biri olan "Heisenberg Belirsizlik İlkesi" ile atomaltı dünyasının, yani mikro âlemin en akıl dışı yönüyle tanıştık. Bu keşifle birlikte bilim dünyası temellerinden sarsıldı ve eski fiziğin tüm bilinenleri yerle bir oldu.

Bu yasa, kısaca, maddesel anlamda atomaltı zerrelerin bazı özelliklerinin aynı anda ölçülmesinin mümkün olmadığını ifade eder. Yani, bir atomaltı zerresinin aynı anda hem konumu hem de hızı bir kesinlik içinde ölçülemez, çünkü belirsizlik hakimdir ve bu nedenle klasik fiziğin dayattığı "YÖRÜNGE" kavramı yanlıştır. Atomun gerçek yapısına dair keşifleriyle Nobel ödülüne layık görülen Heisenberg'in en önemli buluşu, evrene dair bilebileceklerimizin bu belirsizlik nedeniyle daima sınırlı olduğudur. Bu durum, ilerleyen yıllarda muazzam felsefi açılımlara yol açmıştır çünkü yörünge kavramı kesin bir şey değilse, atomun gerçek yapısı gibi KÜLLİ VARLIK da BİR OLASILIK BULUTU ŞEKLİNDE mevcut olabilir.

Evrenin ve yaşamın temel parçacığının hayali bir "olasılık" şeklinde var olması, gördüğümüzü düşündüğümüz tüm evrenin sadece ihtimalleriyle var olduğunu gösterir.

Küllü Alem bir Hayal imiş ....

Bu keşif, kuantum fiziği ile aşikâr hale gelse de aslında yüzyıllardır âlimlerin, mistiklerin ve bizim coğrafyamızda mutasavvıfların bildirdiği dünyanın hiçliğinin bilimsel açıklamasıdır. Belki de vakit gelmişti ve tüm sırların açığa çıkması gerekiyordu...

Neydi bu sırlar?

- Zaman mutlak değildi.
- Mekân mutlak değildi.
- Madde mutlak değildi.

Mutlak sandığımız maddenin, yani nesnel gerçekliğin, sadece bir illüzyon olduğu ispat edilmişti; çünkü maddenin temel yapı taşı olan atomun, fiziksel değil, boşluk/hiçlik enerjisi olduğu görüldü. Kuantum fiziğinin ilk verileri gelmeye başladıkça, "Bilim ve teoloji ilk defa aynı potada buluştu" denildi. Oysa bizi hakikate götürecek her bilginin keşfi, aslında yaratıcının yaratım yasalarının ve ilahi sistemin işleyişinin keşfinden başka bir şey değildi.

Tüm bilginin tek bir kaynağı vardır; hangi alandan, hangi disiplinden okuma yaparsak yapalım, saf bilgi daima aynıdır. Dolayısıyla kuantum fiziğinin teolojik bilgilerle örtüşmesinde şaşılacak bir şey yoktur. Kuantum ile birlikte fizikte tam anlamıyla bir gerçeklik krizi oluşmuştur, çünkü maddenin illüzyon oluşunun ispatıyla kendisinden önceki madde inançlı fizik yıkılmıştır. Bu sihirli mekanik yasalarda ilerleyen birçok fizikçi, zamanla mistisizme yaklaşmıştır.

GÖZLEMCİ ETKİSİ

Peki, maddenin varlığı bir illüzyon ise, var olan neydi? Kuantumun en şaşırtıcı ilkesi olan Heisenberg belirsizliği, bize gördüğümüzün aksine eşyanın ardında aslında âlemin gerçek varlığının "sonsuz olasılıklar" olduğunu ve her şeyin sadece var olma ihtimaliyle hayali olarak var olduğunu göstermiştir.

Ve bizler, bu hayali olasılık dalgalarından oluşan bu frekans ummanı içinde, bilincimizin gözlemi (şahit olma-

sı) ile oluşan kendi gerçekliğimizi deneyimliyoruz. Kulağımıza ne kadar imkânsız gelse de, atomaltı zerreler belli bir seviyeye inildiğinde bilinç ile etkileşime giriyordu. Gözlemcinin varlığı, gözlemlediği şey ve aldığı sonuç ile ayrılmaz bir şekilde birbirine dolanıktır. Kuantum kuramı, bize her şeyin aslında bir dalga ummanı içinde "olasılık" halinde olduğunu bildiriyor. Hiçbir şey, bu dalga fonksiyonu çökene kadar belli bir yerde/konumda değildir. Peki, bu dalga fonksiyonunun çökmesi ve tek birinin bir gerçekliğe bürünmesi nasıl mı meydana geliyor? Gözlemcinin sadece bunu düşünmesi dahi bunu sağlayabiliyor.

Burada kullandığım "çökme" tabirini biraz genişletmek istiyorum, çünkü birçok yerde bu yanlış yorumlanmakta ve bu çökme eylemiyle diğer potansiyel olasılıkların yok olduğu ifade edilmektedir ki durum bu değil. Mevcut tüm olasılıklar birer potansiyel olarak vardır ve bir tanesi gözlemciye maddesel bir resim ile zuhur (görünür/belirir) ederken, diğer tüm olasılıklar hayal mertebesinde yani kuantum dalga fonksiyonu olarak var olmaya devam eder. Zuhur eden olasılık hangi potansiyeli taşıyorsa ancak o potansiyel için suret kazanır. Danah Zohar'ın "Kuantum Benlik" isimli eserinde de açıkladığı gibi, bir masa olma potansiyeli taşıyan bir dalgayı gözlemci bilinciyle kediye veya kanguruya dönüştüremez. Kuantum çökmesini "gözlemci gerçekliği yaratıyor" diye analiz edenler şiddetle yanılıyor. Herhangi bir yaratım yoktur; sadece gözlemcinin bilincine bilinmez bir form ile var olan potansiyelin "bilinir/görünür" hale dönüşmesi vardır.

YANİ VARLIĞIN POTANSİYEL İHTİMALLERİ,
BİLİNÇ İLE SURET KAZANIR!

Evet, biliyorum bu satırlar pek çoğunuza akıldışı hatta

masalsı görünebilir, ancak varlık sandığımız tüm maddesel evren, çift yarık deneyine göre bilincin gözlemi (şahit olması) ile tezahür ediyordu. Ezeli ve ebedi olan mutlak olandan insanın şehadeti ile tezahür eden âlem... Kuantum mekaniği bize "gördüğünüz her şey bir aldatmacadan ibarettir" diyor, çünkü "kuantum spektrumunda her şey muğlak, her şey mümkün" der. Maddenin "hiç" olduğunu, zamanın ters düz olduğunu, hiçliğin hakikatin tek gerçeği olduğunu kavrayabilmek için maddenin en derinine, atomaltına yani mikro âleme iniyoruz. Atomaltı (mikro âlem) yasaları, yani "kuantum fiziği" mekaniği, bugüne dek bildiğimiz ya da bildiğimizi sandığımız tüm gerçekleri ve yasaları yerle bir etti. Mutlak saydığımız maddenin görünmeyen gerçeğini kavramak için her şeyi unutmamız gerekiyor!

MİKRO ALEMİN SIRLARI

Klasik fizik bilimi, geçen yüzyılda her şeyi açıkladığını düşünüyordu. Ancak atomaltına yani mikro âleme inince, işlerin hiç de öyle olmadığı anlaşıldı. Tüm formüller, tüm denklemler orada, yani mikro âlemde geçerliliğini yitiriyordu. O güne dek bilinen her şeyin bir illüzyon olduğu ispatlandı. Newton'un klasik fizik yasaları adeta çocuk oyuncağı gibi kaldı. Maddenin en temelinde, en küçük zerresinde başka bir cephe açıldı: Maddenin ışık cephesi. Bu âlemi, yani mikro âlemi gözlerimizle görebilseydik, aklımızı yitirebileceğimiz kadar çılgın, anlaşılamaz ve adeta sihirli bir âlem olduğunu fark ederdik. Bu yüzden "her şeyi bildiğim tüm gerçeklik kalıplarını unutun" dedim.

Tüm bu çılgınlığın, tahmin edilemezliğin ötesinde ise

"kuantum fiziği mekaniği" tartışmasız ve istisnasız bilim tarihinin en başarılı ve çığır açan gelişmesidir. Peki, bu yasaların gerçekliğini nereden biliyoruz? Çünkü, hiçbir yasanın test edilmediği kadar test edildiler ve her seferinde istisnasız olarak onaylandılar; üstelik tüm bunlar laboratuvar ortamlarında gerçekleşti. Bu yeni yasalar, bize mikro âlemin yani maddenin ardındaki fizik ötesi asıl gerçekliği anlatıyor. Bugüne dek kuantum yasaları ile ilgili okuma yapıp da şok olmadıysanız emin olun tam anlayamamışsınız demektir. Yüzyıllardır süregelen bilimin ve felsefenin en temel iki sorusunun cevapları bu yasalarda saklı.

Varlık nedir?
Ve neden buradayız?

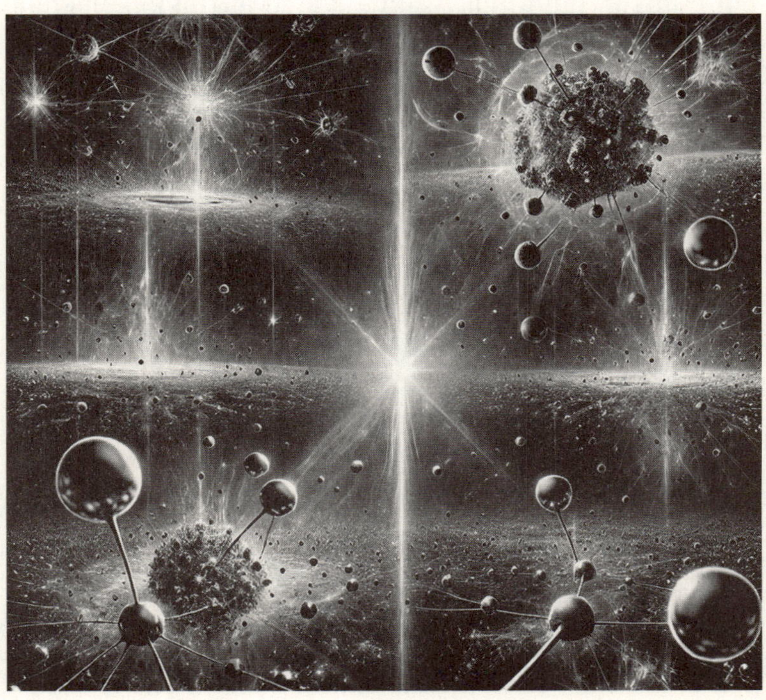

Mikro âlem, parçacıklarının saniyenin milyarda biri kadar bir an'da ortaya çıkıp kaybolduğu, elektronların birbirlerinden milyonlarca ışık yılı uzakta olsalar bile birbiri ile iletişimde olduğu sihirli bir âlem. Elektronların aynı anda eşzamanlı olarak birden çok yerde olabildiği bu âlem ve onun yasaları, kuantum yasaları. Günlük hayatta tecrübe ettiğimiz tüm gerçekliği yerle bir eden masalsı bir âlem.

Klasik fiziğin babası kabul edilen Sir Isaac Newton'un ortaya koyduğu fizik yasaları, dünyamızın, nesnelerin, gezegenlerin ve hatta güneş sisteminin nasıl işlediğine dair kesin bir dille anlattığı "Naturalis Principia Mathematica" adlı eseri, bugün bile bilim tarihinin en etkili kitabıdır. Evrensel kütle çekimi ve hareketin üç yasasını bu eserinde açıklamıştır. Bu kitapla birlikte sonraki 300 yıl boyunca bilim dünyası burada yazılı yasaları temel referans kabul etmiştir. Bilim dünyasında materyalizmin egemenliği böylece başlamıştır. Newton mekaniği bugün hâlâ büyük ölçekli nesneler dünyasında işlevseldir ama mikro âleme inildiğinde çok acayip şeyler oldu. Elektronlar, Newton yasalarına göre hareket etmiyordu.

Klasik fiziğe göre, bir elektron bulunduğu noktadayken ona bir kuvvet ile etki edersek, hareketini ve nerede duracağını bilebiliriz. Oysa mikro âlemden gözlem yaptığımızda, zerrenin bir sonraki hareketi asla belirlenemiyor. Bildiğimiz gerçeklikte, ben ya buradayım ya da şuradayım. Mikro âlemden gözlemlenen zerreler içinse asla mutlak bir veri verilemiyor, sadece olası/mümkün olasılıklar tahmin edilebiliyor. Üstelik bu belirsizlik defalarca test edildi ve her seferinde onaylandı.

4. BÖLÜM

"OLASI/MÜMKÜN OLASILIKLAR ALEMİ"

Yukarıdaki satırlarda, Kuantum boyutundan gözlemlenen âlem için "masalsı, sihirli bir gerçeklik" demem sizlere çok iddialı görünse de, az sonra anlatacağım bilimsel bir deneye ait bilgilerle eminim ki sizler de benimle hemfikir olacaksınız. Şimdi sizi defalarca ispatlanmış, maddenin belirsizliğini ve gerçekliğin sadece ihtimalleri ile var olduğunu bize anlatan ve ispatlayan "çift yarık deneyi" ya da diğer adıyla "Young deneyi" ile tanıştırmak istiyorum.

Haydi başlıyoruz.

Öncelikle gri bir duvarımız olsun. Bu duvarın önüne "ışık geçirmeyen" başka bir duvar yerleştirelim. Bu ışık geçirmeyen duvara boydan iki yarık açalım.

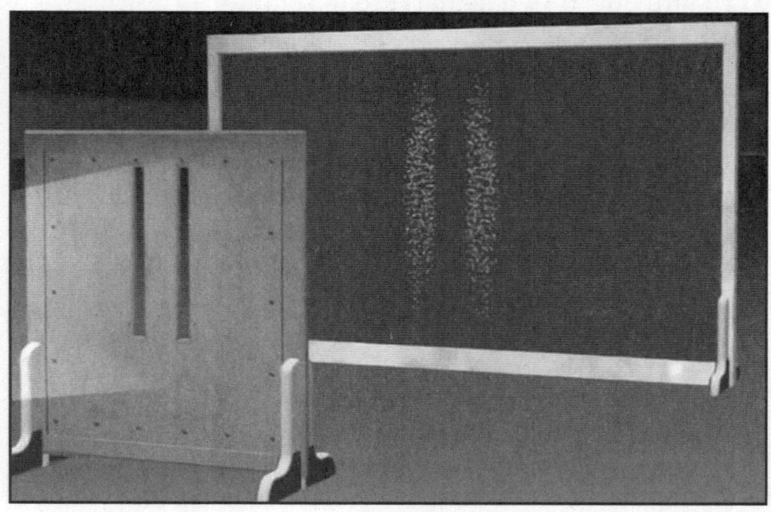

Sonra karşıya geçelim ve elimizdeki tabanca ile o yarıklara doğru silahın içindeki bilyeleri fırlatalım.

Beklediğimiz sonuç, yarıklardan karşı duvara geçen bilyelerin iki çizgi halinde bir desen oluşturmasıdır ve beklediğimiz gerçekleşir.

Şimdi yine aynı duvarın karşısına geçelim ve bu sefer yarıklara doğru su dalgaları gönderelim.

Beklediğimiz sonuç, iki yarıktan geçen suyun, arkadaki duvarda bir su dalgası (girişim) deseni oluşturmasıdır ve beklediğimiz gerçekleşir. Çünkü hâlâ, âşina olduğumuz görebildiğimiz boyuttayız, yani makro alemdeyiz.

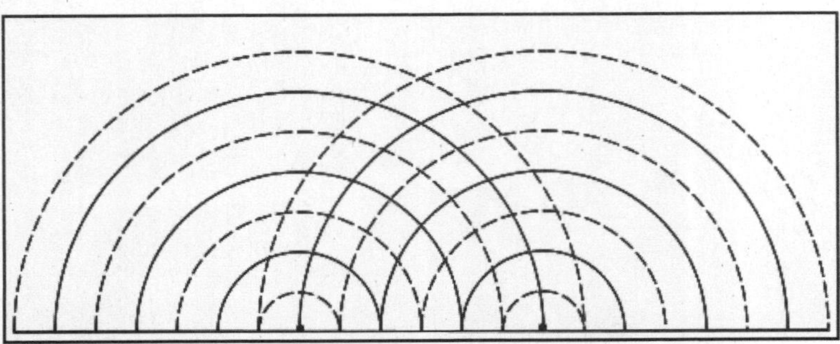

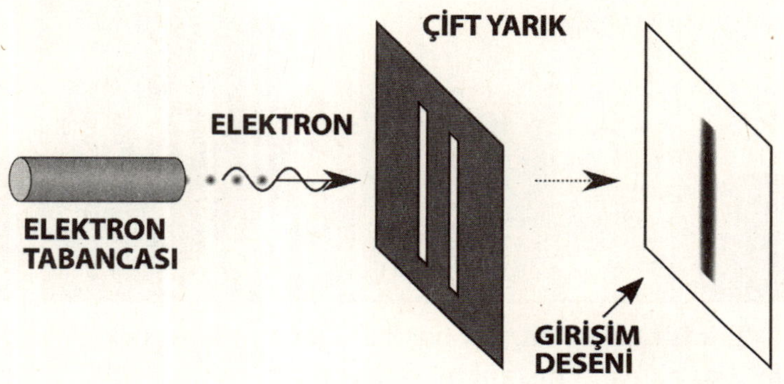

Buraya kadar her şey basit ve anlaşılır. Şimdi "kuantum boyuta" yani atomaltına, mikro aleme iniyoruz.

Yine aynı duvarın karşısına geçiyoruz ve elimizdeki "elektron tabancası" ile elektronları yarıklara doğru fırlatıyoruz. Beklediğimiz sonuç, arka duvarda, yarıklardan geçen elektronların oluşturduğu yine iki çizgi.

Ama öyle olmuyor!

Elektronlar, yarıklardan geçip arka duvarda sanki su dalgası gibi hareket ederek girişim deseni oluşturuyor.

Elektronlar, parçacık olmalarına rağmen, nasıl oluyor da dalga gibi davranıyorlar dediğinizi duyar gibiyim.

Şaşırdınız mı?

Oysa ki bu çılgın gerçekliğe daha yeni başladık.

Bu durumda itiraz edip, canım elektronları huzme halinde fırlattınız, tek tek fırlatırsanız mutlaka arka duvarda iki çizgi oluşturacak diyebilirsiniz.

Ama o da denendi, hem de yüzlerce defa. Elektronlar tek tek fırlatıldı yarıklara doğru ve yine "girişim" deseni oluşturdular.

Nasıl yani?

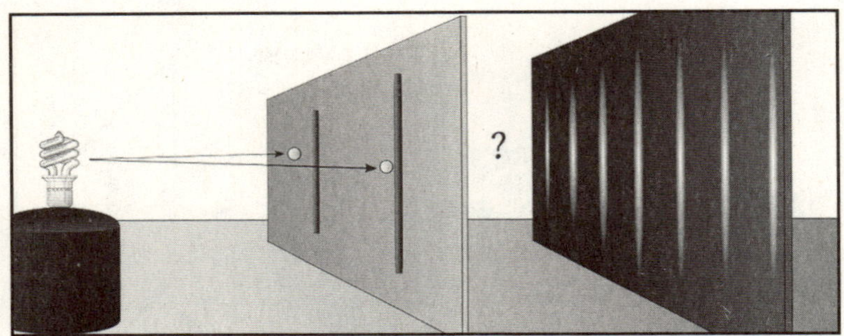

Tek bir elektron, tek başına o yarıktan geçerken "girişim" (su dalgası) deseni mi oluşturdu?

Evet!...

Binlerce defa test edildi.

Tek bir elektron dahi fırlatsanız o yarıklardan, arkadaki duvarda girişim deseni oluşturuyordu. Sanki o tek bir elektron yarıktan tam geçmeden önce bölünüyor, çoğalıyor ve arka duvarda çoklu bir potansiyel dalga deseni oluşturuyordu. Ortada başka hiçbir şey olmadığına göre elektron kendi kendine çoğalarak bu deseni oluşturuyor olmalıydı diye düşünüldü ilk başta...

Akıl almaz değil mi?

Bildiğinizi sandığınız "gerçekliğe" ne oldu? "Gerçeklik" sandığımız şeyler, kuantum ile birlikte "gerçeklikten" süründü.

Buraya kadar nispeten anlaşılır olsa da bir sonraki basamakta daha da akıl almaz şeyler olacak...

Deney tekrar başlıyor ve bu sefer yarıkların önüne onları izleyen bir kamera yerleştiriliyor. Bu kamerayı yerleştirmekteki amaç o "tek" elektronun "tek" başına nasıl girişim (çoklu olasılık) deseni oluşturduğunu gözlemlemek. Acaba gerçekten elektron düşündükleri gibi yarıklardan geçmeden önce bir şekilde kendi kendine çoğalıyor muy-

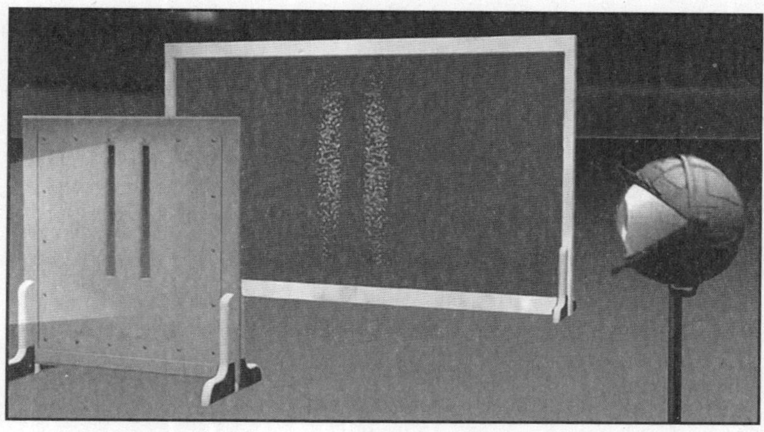

du? Amaç bunu gözlemlemekti ancak çok daha akıl almaz bir şey gerçekleşti. Şimdi tek bir elektron yüklediğimiz elimizdeki elektron tabancası ile yine yarıkların karşısına geçiyoruz kameralar kayıt almaya başlıyor ve o tek elektronu yarıklara doğru fırlatıyoruz. Beklediğimiz sonuç, yine o elektronun arkadaki duvarda çoklu bir dalga gibi girişim deseni oluşturması değil mi?

Ama öyle olmuyor...

Arkadaki duvarda iki çizgi oluşuyor. Bu nasıl mümkün olur dediğinizi duyar gibiyim.

Bilim dünyası büyük bir şok dalgası ile sarsılıyor.

Nasıl yani Elektron gözlemlendiğinin farkında mı ve kamera devreye girdiğinde gözlemlendiği için mi hareketini değiştiriyordu?

Elbette ki hayır, elektron bilinçli bir varlık olarak hareket emiyordu.

Biliyorum inanmakta zorlanıyorsunuz, çünkü bizim algılarımız böyle işlemez. Bir şey ya bir yerdedir ya da başka bir yerde. Peki parçacıkların (zerrelerin) davranışları bir gözlemci devreye girdiğinde nasıl olur da değişirdi? Bir gözlemcinin varlığı nasıl oluyor da tüm olasılık dalgalarının çöküp, tek bir gözlemin nesnel bir gerçekliğe dönüşmesine sebep oluyordu? Maddesel bir gerçeklik oluşması için bir gözlemci mi gerekiyordu?

Evet, bir gözlemci tarafından gözlemlenmeyen her şey "Olasılık" halde idi ve maddenin en derindeki en temel zerresi sadece Bilinç ile etkileşim içindeydi!

Albert Einstein elbette haklıydı.

"Biz oraya bakmadığımızda AY orada yoktu"

Çünkü her şey gibi o'da sadece VAR OLMA İHTİMALİ ile oradaydı...

ALEM, BİLİNÇLERİN ŞEHADETİ İLE SURET KAZANIRKEN, MÜMKÜN OLAN TÜM OLASILIKLAR HİÇBİR ZAMAN TAMAMI İLE GÖRÜNMEYECEK. ÇÜNKÜ "HAKİKAT İNSANA PERDELİDİR."

İNSAN HAYAL MERTEBESİNDE "VAR OLMA İHTİMALLERİ İLE VAR OLAN HAKİKAT" İÇİNDEN ANCAK KENDİSİNE TAKDİR EDİLEN KADERE ŞEHADET EDEBİLİR.

Benim için çift yarık deneyinin felsefi açılımı ve verdiği mesaj budur! Kuantum âleme, yani mikro âleme inmesek, bu boyutta gördüğümüz ve bildiğimiz her şey en, boy ve yükseklikle varlık kazanır. Üç uzaysal boyuta ilaveten, zamanla birlikte varlığı dört boyutlu algılarız. Ancak mikro âleme indiğimizde, tüm farklılıklar bir anda kaybolur ve suretler âlemine ait ayrıntılar silinir; her şey adeta görünmez hale gelir. Bu boyutta artık uzay, zaman ve maddeden söz edemeyiz.

Şimdi, "Orası mikro âlem, bizim varlığımızla ne ilgisi var?" diye düşünebilirsiniz. O halde hatırlatayım ki burada, senin, benim ve her şeyin en temelindeki zerreden, cevherden söz ediyoruz. Yanıltıcı algılarımızla gördüğümüz suretlerin aksine, en temelde titreşen ışık (Nur) zerrelerinden ibaretiz ve titreşimlerden oluşan bir frekans okyanusunda yaşıyoruz. Her şeyin en temel parçası olan foton, adeta bir enerji köpüğüdür. Hem "sonsuz boyut" hem de "tekillik" pozisyonundadır. Yani ışık için her şey "muğlak" ve her şey "mümkün". Bu zerrelerin kütleleri olmadığından, "zaman ve mekândan" bağımsızdırlar. Evet, seni, beni ve her şeyi oluşturan temel parçacık, "zamandan ve mekândan" münezzehtir. Her an, her yerde olabilir. "Bilgi"-yi taşıyan, depolayan ve ileten de yine bu zerrelerdir. Bu zerreler, gözlemlediğimiz evrendeki her şeyin yapıtaşıdır: Dağın, taşın, toprağın ve bulutun... Çiçeğin, böceğin ve dahi bu kitabın ve bu kitabı yazdığım kalemin.

Nun, and olsun kaleme ve yazdıklarına.

Kalem süresi 1 ayet.

Canlı veya cansız diye nitelendirdiğimiz her şeyin—galaksilerden kum tanesine kadar yaratılmış her varlığın—özünde ve tözünde sadece bilgi taşıyan enerji zerreleri bulunur. Özetle, her şey can taşıyor ve her şey titreyen ışık fotonlarından (Nur) ibarettir. Tam da burada, büyük İslam düşünürü Erzurumlu İbrahim Hakkı Hazretlerinin eseri olan "Marifetname"den bir pasaj paylaşmak istiyorum.

"İnsan bedeni, küçük Alem'dir.

İnsan Ruh'u, büyük Alem'dir.

Zira her ne ki bu alemde yaratılmıştır, hepsinin de benzeri insanın vücudunda bulunmaktadır. Şu hâlde insanın cisim ve canı, bütün alemin bir nüshasıdır...

İki alem tamamıyla mevcut ve belirli bilinmiştir."

Yani, mikro alemde sende makro alem de sende.

Sanma ki onlar ayrı alemler,

Sadece farklı tezahürler.

Kuantum fiziği yasalarıyla ulaştığımız her sır, bizi başka bir sırlı kapıya götürüyor. Bu öyle akıl almaz bir yolculuk ki, bu kitapta ilerledikçe bildiğinizi sandığınız tüm gerçekliğin yerle bir olduğuna ve görünen maddesel hiçbir varlığın "hakikatin" temsilcisi olmadığına şahit olacaksınız. Yüzyıllardır bu bilgiler mistiklerin, kadim bilgelerin ve mutasavvıfların söylemleri olarak kabul edilmişken, bugün kuantum fiziğinin mekaniği ile anlıyoruz ki bu kadim bilgilerle bize hakikat anlatılmaya çalışılıyormuş. Mutlak sandığınız madde bir yanılsama, ve madde diye kabul ettiğimiz gerçeklik aslında sınırlı algılarımızın sebep olduğu bir göz yanılgısından ibarettir; çünkü eşyanın ardında yalnızca elektriksel/elektromanyetik zerreler vardır.

"Rabbim bana eşyanın (maddenin) ardındaki hakikati bildir."

Hz. Muhammed Mustafa

PARÇA VE BÜTÜN İLİŞKİSİ

Varlıklar, onlara baktığımızda "zaman/mekân" programı içinde bize o an bir görüntü sunar, çünkü Evren aslında durmaksızın akan bir ışık (olasılık) dalgasıdır. Bu sistem içindeki tüm bilinçler, interaktif olarak sistemin frekanslarından hem etkilenir hem de sistemi etkileyebilir. Bu BİLGİ ALIŞVERİŞİ için fiziksel bir temasa ihtiyaç yoktur; çünkü her şey mikro boyutta, yani FREKANSLAR ALEMİNDE gerçekleşir. Tüm bu sistemin birbiriyle nasıl girift bir şekilde, adeta yekvücut gibi etkileşim içinde olduğunu daha sonraki bölümlerde "kuantum dolanıklık" başlığında genişçe

anlatacağım. Evreni oluşturan tüm zerreler, birbirlerinden bağımsız gibi görünse de, tamamı birbirleriyle eşzamanlı olarak aynı AN'da iletişim halindedir ve bu enerji (bilgi) bağı asla kopmaz, mesafelerle de azalmaz. Kuantum dolanıklığı en basit anlamda şöyle izah edilebilir: Evrende, iki elektron milyarlarca ışık yılı (mesafe) uzaklıkta olsa dahi, AN'da iletişim ve bilgi alışverişindedir. Evrenin yaratıldığı o ilk AN'da, bir noktanın patlamasıyla hızla birbirinden uzaklaşan zerreler, Evrenin yapısını oluştururken, o ilk AN'da TEK VE BİR olanın parçaları oldukları için aslında hepsi hâlâ başlangıçtaki o BÜTÜNÜN parçasıdır ve en kadim bilgilerden biri olan parçanın bütünün bilgisini taşıdığı hakikati böylece bilimsel olarak da anlaşılır olmuştur.

Çünkü;

Zerre, küllün aynasıdır.

Hz. Muhammed

HER ŞEY ALLAH'TAN

5. BÖLÜM

MADDE Mİ, IŞIK MI? YOKSA İKİSİ DE AYNI ŞEYİN FARKLI TEZAHÜRLERİ Mİ?

1900 yılı bilim tarihinde etkisi yıllar sonra dahi azalmayacak hatta gitgide artacak olan birçok bilimsel keşif ile sarsıldı. Bunlardan en önemlisi fizikçi Max Planck'ın hesapladığı bir enerji denklemi. Bu enerji denklemi ile Max Planck elektromanyetik dalgaların parçacıklardan yani foton dediğimiz kuanta zerrelerinden oluştuğunu buldu. Böylece Max Planck ve Albert Einstein'in birlikte vardıkları sonuçlara göre dalga sanılan ışığın aynı zamanda parçacık(maddesel), parçacık zannedilen elektronun da aynı zamanda dalga(hayali) olduğunu kanıtlamış oldu.

Varılan bu neticeye göre;

EVRENDE HER NESNE AYNI ZAMANDA HEM DALGA HEM PARÇACIK.

YANİ, HEM FİZİKSEL OLARAK VAR GİBİ GÖRÜNEBİLİRKEN HEM DE HAYALİ VARLIĞI İLE ASLINDA YOK HÜKMÜNDE.

HEM VAR...

HEM YOK...

$E = h \times f$
Enerji = 10^{-43} (Planck Sabiti) x ışığın frekansı.

Bu keşiften hemen sonra yine fiziğin en önemli enerji denklemlerinden biri 1905 yılında Albert Einstein tarafından keşfedildi.

$E = mxC^2$ Enerji = kütle x ışığın hızının karesi.

Bu iki denklem, bilim dünyasında adeta bir çığır açtı. Önce Planck Sabiti'nden başlayalım, bakalım 10^{-43} neyi anlatıyor.

Planck sabiti özetle Evrene ait "mekân, zaman ve enerjinin" bölünemez en küçük birim ölçüsüdür. Bu sabit değerin varlığı ile Evrene ait tüm enerjinin bu birim kadar anlarda kesintili olarak geldiği anlaşılmıştır.

Peki Evrene ait hiçbir şeyin hissettiğimiz gibi akışta değil de kesintili gelmesi nasıl anlaşılmalı derseniz size günümüzden basit bir örnek verebilirim.

Televizyon veya bilgisayar ekranlarına gelen enerjiyi düşününün.

Bu enerji kesik kesiktir ancak geliş hızı duyu organlarımızın algılayamayacağı kadar hızlı olduğu için ekrana piksel piksel gelen görüntünün kopuşunu ve tekrar gelişini algılayamayız ve görüntüleri akışta zannederek izleriz. Bir başka örnek olarak; bir ampulü verebilirim. Ampule baktığımızda onun sürekli ışıdığını zannederiz ancak gerçekte ampule gelen enerji de kesintilidir ve aslında bir yanar bir söner.

İşte evreni var eden elektriksel/elektromanyetik sinyaller de tıpkı ekranlara gelen sinyaller gibi bir gelir bir kesilir, geldiğinde varlık(görüntü)hasıl olur, kesildiğinde yokluk hasıl olur. Evren, mekânsal ve zamansal olarak süreklilik içinde değildir ve bu bize evrensel enerjinin çözünürlük değerini verir.

Peki sürekliliği olmayan herhangi bir şey

GERÇEK MANADA VARLIK OLABİLİR Mİ?

Varlık ve yaşam süreklilik gerektirir ise belki de Platon'un dediği gibi bizler sadece "Gerçek Varlığın" bir ekrana düşen gölgelerini izleyen tutsaklarız.

Nedir bu ellere ayak,
Nedir bu dillere dudak,
Aç gözünü ibretle bak,
Âlem bir temaşagâh (seyir)imiş.
Aziz Mahmud Hüdayi Hazretleri.

Planck sabitinin içindeki bu acayip akıl almaz evrensel sır bize zamanın bölünemez bir parçasını verirken, Zamanın lineer olarak da geçmişten ileriye doğru akmadığını da ifade eder. Titreşimlerin bir anda var olup bir anda yok olduğunun ifadesi olan bu keşif ile Max Planck, Nobel Fizik Ödülü almıştır ve bu bilginin üstünde yükselmiştir Kuantum mekaniği. Bilim tarihinde Çığır açan ve kuantum fiziğinin doğmasına sebep olan KUANTUM GERÇEKLİĞİNİN bu iki denklemini gelin şimdi eşleştirelim.

$$E=hxf \qquad E=mxC^2$$

$$hxf = mxC^2$$

Soldaki denklem bize AN'daki (Planck zamandaki) yokluğu, sağdaki denklem ise varlığı verir.

Her nasıl oluyorsa, ışık (enerji) bir AN'da maddeye dönüşüyor. Bunun en güzel açıklaması Albert Einstein'dan gelmiştir.

Enerji (ışık) ve madde "aynı" şeyin sadece farklı boyutlardaki izafi tezahürleridir.

Makro alemden bakarsan maddeyi,
Mikro alemden bakarsan ışığı (Nur'u)
görürsün.

Bir varmış, bir yokmuş diye başlamaz mı zaten tüm masallar.

Tüm Evren, dalga frekansında yani "Olasılık" (gölge/hayal) halde var.

O halde Alem hem var hem yok hükmünde ve biz gözlemlediğimiz AN'da ışık "dalga frekansını" değiştirip, madde frekansına geçiyor.

Yani madde frekansına girerek Gözlemciye "görünür" oluyor.

Külli evrende aslında "maddesel" bir varlık yoktur. Bilincin gözlemi ile o AN'da oluşur, bilincin oradan ayrılmasıyla da her şey aslına, asıl hakikatine yani ışık (Nur) frekansına geri döner.

Ulvi Alem ve ondan yansıyan Nur'a
İdrak ettin mi o Nur'un ne olduğunu
Sonsuzluğa giderken içinde hayatı
taşıyan Nur'a
Işığın ve Işığın içindeki maddenin
geldiği Ulvi Alem, "varlığın" geldiği
ama "varlığın" giremediği Alem.

"Allah göklerin ve yerin nurudur"
Nur Suresi 35. Ayet

"İnsan bilinci,
insan bedeni ile birlikte yok olmaz,
bir parçası sonsuza dek var olur."

Spinoza, Etika

6. BÖLÜM

BİLİNCİN GİZEMİ

"Düşünüyorum öyleyse varım"
Descartes (Metot Üzerine Söylevler)

Varlığımızın maddesel bir alemde yer aldığına inansak da aslında kendi algılarımızın sınırları ile suretler giyinen gölgelerin alemindeyiz ve her şey onu nasıl duyumsadığımız ile bağlantılı olarak var veya yok. Tüm gerçekliğimiz duyumsadıklarımızdan ibaret ve duyu organlarımızın yetmezliği içinde hiçbir maddesel gerçekliğin gerçekliğinden emin olamadığımız bu evrende, varlığından kuşku duyamayacağımız tek gerçek bilincimiz.

Ünlü filozof Descartes, "varlık" nedir sorusunun cevabını ararken girdiği altı günlük bir tefekkürün sonucunda bilincin varlığının mutlak olduğu sonucuna varmıştır. Descartes'ten Kant'a, Leibniz'den Berkeley'e ve Schopenhaur'a kadar birçok düşünür, varlık ve gerçekliği sorgularken beraberinde bilinci de sorgulamak zorunda kalmıştır. Beş duyumuzun yetmezliği dışında kalan var oluşu algılayabilmemiz için, bilinç mutlaka devreye giriyordu.

Çünkü bilinçle etkileşim içerisinde olmayan hiçbir şeyin algılanması zaten mümkün değildir.

Bilinç ile ilgili birçok araştırma yapılmıştır ve en önemli tespitler, Dr. Seth'in 2017'de TED'deki bir konuşmasında ortaya serilmiştir.

Dr. Seth, bilinci özetle şöyle tarif eder:

> "Algı, beynin duyu sinyallerini, o sinyallerin oluşmasına yol açan dış dünya ile ilgili öncelikli beklentileri ve inançları ile harmanladığı bilinçli bir varsayım süreci olmalıdır. Çünkü beyin, ışığı göremez, sesi duyamaz. O halde algıladığı şey, dünyada ne olduğuna dair yaptığı tahmindir."

Dr. Seth daha sonraları yaptığı plastik el ile ilgili çalışmalarında da şu çıkarımlarda bulunmuştur.

> "Vücudu tanımlayan deneyler bile beynin yürüttüğü en iyi tahminden ibaret bir gerçeklik."

Çevremizi oluşturan "dış dünya" deneyimi ile içimizde bulunan "Ben" düşüncesi, fırsat ve tehditlerle dolu bu yaşamda, bizlerin hayatta kalabilmesi için şekillendirilmiş bir tür illüzyondan ibaret. Dış dünya dediğimiz varlığın bizdeki gerçekliği bilincimizde.

Gözlemlenen her şey o gözlemin bir neticesi olarak maddesel boyutta tezahür ediyor. Bilincin olmadığı bir yerde gözlemlenen sadece kararsız bir dalga formunda mevcut.

Evrenin ve yaşamın tüm sırları bu nedenle Bilinçte saklı.

Geçmiş yüzyıllar boyunca düşünürlerin ve bilim insanlarının maddeyi anlamaya çalışması ve evrenin sırlarına erişme çabası tam da bu nedenle beyhude. Çünkü her şeyin merkezinde madde değil sadece bilinç var. Ancak bilinçten yola çıkarak, bilincin sırlarını keşfederek madde ve evreni anlayabiliriz. Yaşam deterministik bir sistem değildir ve bunun farkına varmak bilinçlilik haline yükselmektir.

Kuantum mekaniğinin davranışlarına baktığımızda bilinci şu şekilde tanımlayabiliyoruz:

Bilinç, "mümkün" olan her şeyin ebedi "BİLİNME HALİ"...

Bilinç, beyin beden ve akıl ile sınırlı değildir çünkü beyin ve beden ile yalnızca fiziksel sınırlı bir dünya imgesini algılanabilirken, Bilinç ile uzay/zamanın ötesine geçer ve biliriz. Akıl "gerçekliğimizi" oluşturan parçaları yani uzayı, zamanı ve suretleri tek tek görürken, bilinç en derin hakikatte her şeyin *TEK VE BİR* olduğunun içsel bilgisine sahiptir. Kuantum fiziği bize uzayın, zamanın ve suretlerin bir yanılsama olduğunu, gördüğümüz varlığın sonsuz, parçalanamaz ve bölünemez bir frekans ummanı olduğunu bildiriyor ve bizler titreşimsel bu okyanusun içinde adeta çarpıtılmış hayali/sanal bir gerçekliği izliyoruz. Görünür bir evrende yaşadığımızı var sayıyoruz oysa ki tüm bu görünenler titreşimlerden gelen sinyalleri dönüştüren beynimizin yarattığı bir resimden ibaret. Evet biliyorum kuantum fiziğine aşina olmayanlar için çılgınca görünüyor tüm bunlar ama gerçek şu ki; zaman, mekân ve suretler var gibi görünse de aslında yok hükmünde!

Çünkü gören göz değil, gören okuyan ve yorumlayan beynimizin kendi dahili programı olan bir DEŞİFRE ETME SİSTEMİ.

Bizler ezeli ve ebedi olan bilinçleriz ve beden adını verdiğimiz bu kabın içinde sadece kısa bir süre için deneyimdeyiz. Bugün hem Kuantum fiziğinde hem nörofizyolojideki ilerlemeler bilincin, beyinden doğmadığını, beyni maddesel bir merkez olarak kullandığı konusunda hem fikir. Buradan yola çıkan bilim artık şu soruyu sormaya başladı;

> “Madem ki tüm maddesel gerçeklik bilincimiz ile algılandığı kadar gerçek ve Beyin bilinci doğurmuyor ise acaba tam tersi mümkün mü?
>
> Yani bilinç bizzat beyni ve bedeni projekte ediyor olabilir mi?”

> “İnsan bilinci, insan bedeni ile birlikte yok olmaz, bir parçası sonsuza dek var olur”
>
> Spinoza, Etika

7. BÖLÜM

RUH BİR MAHLUK DEĞİLDİR ZAMANA DEĞİL SONSUZLUĞA AİTTİR

Tek başına işlevi sınırlı olan nöronlarımız nasıl oluyor da bir araya gelerek bilinci meydana getiriyor, Bilinç Ruh mu?

Tek kelime ile anlatmak gerekse bilinç farkındalıkta olmaktır yani varlığının farkındalığında olan bilinçtir ve ben olgumuzun merkezinde olandır.

Tarihsel olarak bilinç daima ruh ile özdeştirilerek, beyinden ayrı bir yapı olarak değerlendirilmiştir. Ancak Materyalist görüşten gelen bazı bilim insanları bu fizik ötesi (Metafizik) açıklamaları kabul etmemiş ve bilinci beynin bir parçası olarak ele almışlardır. Oysa ki bedenin ölümünden sonra bilincin bir müddet de olsa kaybolmadığını ortaya koyan bilimsel bulgular vardır. Materyalist ideolojilere bağlı bağnaz bilim inkâr etse de biz bilincin, beyni yalnızca maddesel bir merkez olarak kullandığını ancak gerçekte Ruh'a ait olduğunu kabul ederiz. Descartes, Kant, Platon gibi düşünürlere göre de aslolan Ruh'tur. Descartes, *Felsefenin İlkeleri, sf. 72*'de, düşünmenin nedeninin yalnızca maddi varlıklar olmadığını, bazı düşüncelerin fıtri olduğunu savunmuştur.

Bilincimiz, tüm kuantum alanından yani kozmostan veri toplarken, eşzamanlı olarak senkronize geribildirim ile oluşan resmi bize yansıtır. Tıpkı bir rüyada olduğu gibi, şahitlik eden bilinç, rüya katmanlarının açılmasına nasıl aracılık ediyorsa, benzer şekilde "maddesel/fiziksel dünyanın" görünümüne de aracılık eder.

Şahitlik eden bilincin farkındalık düzeyinin derecesi, "uyurken görülen rüya" ya da yaşam dediğimiz, uyanıkken görülen rüyanın gelişim şeklinde rol oynar. Kuantum mekaniğine göre, tüm fiziksel dünyanın süreçlerinin dinamikleri ile rüyaların dinamik süreçleri arasında derin bir benzerlik vardır. Aralarındaki bu şaşırtıcı benzerlik, aslında hepsinin aynı sürecin farklı farkındalıkları olabileceği

ihtimalini göstermektedir. Evrenin bu rüya benzeri doğası, birçok filozof tarafından yüzyıllar boyu anlatılmaya çalışılmıştır.

> "Dünya veya gerçek dünyamız bir rüyadır ve kendi başına bir mevcudiyeti yoktur fakat o anlamı olan, bir şey ifade eden bir rüyadır ve bu rüya değildir."
>
> Arthur Schopenhauer

> "Maddi dünya, varoluşun içinde ve dışında aralıksız parlayan, saniyenin her mikro-kırılımının temel nitelikteki sonsuz potansiyel alanının içinde ve dışında nabzı gibi atan çok sayıda kuantum olayından oluşur. Fizikçi Nick Herbert, sıradan bir kahve fincanının Kuantum, mikroskobik yapısını, 'şeylerin değil olayların bir birleşimi' olarak tanımlar. Herbert, Bu olaylar (Kuanta denilen) sadece bir an için sürer ve gözden kaybolur. Trilyonlarca ateşböceğinin kahve fincanının uzamında parladığını hayal edin. Fincan, kuantum olaylarının hiç durmaksızın parıldayan ağıdır... Fincan noktalarla doludur ve o noktalar sürekli değişir. Eski moda atomlardan oluşan fincan anlayışı, mikroskobik ışık gösterisinin yalnızca donmuş bir çerçevesidir."
>
> Nick Herbert, *"Scientists Explore Invisible Ocean of Glue"*, Syf 2, Kuantum ve Spiritüellk sayfa 388.

Modern fizik, maddenin %99,999999'undan fazlasının boşluk (hiçlik enerjisi) olduğunu bildirirken, anlıyoruz ki üç boyutlu uzayda "katı nesneler" yanılsamasını yaratan, tezahür etmemiş potansiyeller ve olasılıklar, daha derin bir gerçeklikte yalnızca titreşen enerji dalgalarıdır.

Maddesel dünyanın yanılsaması, beynimizin ve sinir sistemimizin ağları arasında o kadar detaylı üretilir ki, gerçekten dışımızda fiziksel bir dünya varmış zannederiz. Oysa tamamıyla bir frekans ummanı içindeyiz ve bilincimiz tarafından, katı ve dışsal fiziksel bir alem olarak görmemiz için kandırılırız.

Aslında her şeyin sadece kuantum (dalga) olduğu bir alemde yaşayan kuantum varlıklarız, çünkü evrenin temel modellemesi için geçerli olan her şey, beden varlığımız için de geçerlidir. Bu durumda gerçeklik, dünyanın gerçekte nasıl olduğuyla ilgili değil, bilincin farkındalığı ve bakış açısıyla ilgilidir, çünkü bilinç, dünya ve yaşamla ayrılmaz bir şekilde bağlantılıdır.

Hayat ve can dediğimiz olgular, yaratılmış tüm varlık alemine verilmiş bir yaşam nefesidir, ancak ruh yalnızca insana bahşedilmiştir. İnsanın en temel unsuru ve hakiki varlığı ruhudur.

Ruh, madde algılansa da, varlığı maddeden ayrı, bozulmayan, parçalanmayan ve eksilmeyen bir yapıdır. Hakikati algılama, bilgi üretme ve yaratıcıya inanma kabiliyetlerinin yalnızca insanda bulunmasının ve diğer canlılardan farklı olmasının temel nedeni, ruhun varlığıdır.

Bizler, yaratılmış bu evreni deneyimleyebilmemiz için bir süreliğine beden elbisesi giydirilmiş ruhsal varlıklarız. Bilinç, ruhun düşüncelerini aktaran bir katmandır ancak ruhun kendisi değildir. Bilinç adeta ruhun kelamını iletendir.

Bizler, her şeyi anlayabilmek için örnekler veririz, ama maddesel alemdeki suretler içinden ruh için verebileceğimiz bir örnek yoktur. Ruh, ışık (nur) ve çok naif süptil (manevi) yapıda enerjilerden oluşan, çok yüksek titreşimli ilahi bir özdür. Ruh, "zamandan ve mekândan" münezzehtir; zamana değil, gerçek sonsuzluğa aittir.

Kuantum fiziği Profesörü Fred Alan Wolf şöyle söylüyor:

> "Gözlemcinin kim olduğunu bilmiyoruz. Sanmayın ki bir yanıt aramadık. Baktık, aradık, kafanızın içinde beyninize girdik ve ne kadar delik varsa hepsine baktık. Gözlemciyi bulmak için inanın her yere baktık ama kimse yok! Alt kortikal bölgelerde, limbik bölgelerde aradık, kimse yoktu. Ama biliyoruz ki biz hepimiz dışarıdaki evreni gözlemleyerek gözlemcilik yapıyoruz. O halde başka bir şey olmalı!"

> "Ey Muhammed sana Ruh'tan sorarlar, de ki: Ruh, Rabbimin emrindedir ve bu mevzuda size az bir ilim verilmiştir."
>
> İsra Suresi 85. Ayet

Hayatı ve evreni, ezeli ve ebedi cevherimiz olan Ruh ile anlamaya başladığımızda, bedensel ölümün de sadece bu maddesel plana ait bir illüzyon olduğunu kavrayacağız. Ölüm diye tanımladığımız ve Einstein'ın izafiyet kuramı ile ortaya koyduğu gibi, maddenin enerjiye (ışık) dönüşme halinden başka bir şey değildir.

İnsan Ruh'u ile ölümsüzdür ve hakikate, hakikatin sonsuzluğuna aittir.

> "Ruhun varlığını illa bilimsel bir temele oturtmak istiyorsak elimizdeki materyalist bilimle bu imkânsız görünüyor. Çünkü klasik bilim üç temele dayanıyordu.

Zaman, mekân ve madde. Kuantum fiziği ise bu üç temelin varlığını gerçeklik açısından sarmış, onların hiç de evrensel temeller olmadığını ortaya koymuşken, hâlâ bu verilerle ruhu tanımlamaya çalışmak beyhude bir çaba değil mi?

Zaman, mekân ve madde gerçekliğinin izafi olduğunu kabul etmişken, ruhu bu tanımlar içinde arama çabası bir çelişki değil mi?"

Kenzül Alem sayfa 191

Ruh, uzay zamanın yasalarının hükmünde değildir. Her AN her yerde olabilecek bir süreklilik içindedir.

"Siz cansız (henüz yok) iken sizi dirilten (dünyaya getiren) Allah'ı nasıl inkâr ediyorsunuz? Sonra sizleri öldürecek, sonra yine diriltecektir. En sonunda O'na döndürüleceksiniz."

Bakara Suresi, 28. Ayet

8. BÖLÜM

FİZİK ÖTESİ KUANTUM EVREN

"Kuantum evrende her şey
sadece var olma ihtimali ile vardır..."
Işık Kızıltuğ

İnsanlık, 20. yüzyıl ile birlikte kuantum mekaniği ile tanıştı. Bu yeni fizik anlayışı, en katı dünya görüşlerine sahip olanların bile düşüncelerini sarsarak olağanüstü düşünsel devrimlere yol açtı. İlk büyük devrim, bence, büyük deha Maxwell'den geldi. Onun çalışmaları sayesinde, elektrik ve elektromanyetik alanların dalga (belirsizlik) formunda ve sabit bir hızla (ışık hızı) ilerlediğini öğrendik. Maxwell denklemleriyle de anlaşıldı ki, aslında bizler doğrudan doğruya nesneleri değil, nesnelerden yansıyan ışığı görüyoruz. Böylece Newton'dan miras kalan nesnel/fiziksel dünya görüşü ciddi şekilde sarsıldı.

Fakat hâlâ uzay kavramına inanılıyordu ve bu dalgaların, bir kutu misali, uzayda yayıldığı görüşü hakimdi. Bu görüşe en büyük darbe ise 1915'te Einstein'dan geldi. Einstein, Newton'un var olduğunu iddia ettiği uzayın aslında olmadığını keşfetti. Sadece elektromanyetik bir alan, yani spektrum vardı ve ona göre kütle çekimsel bir alan da yoktu. Çünkü hareket eden, titreşen alan, uzayın kendisiydi. Görelilik kuramına göre, artık uzayda hiçbir şey için tam belirgin bir koordinat vermek de mümkün değildi, çünkü her şey belirsizliğin hâkim olduğu (Heisenberg belirsizliği) bir kuantum alanında sadece olasılıklar ile var oluyordu.

Maxwell ile maddeye dair görüşler zaten derinden sarsılmıştı, ancak Einstein'ın tüm evreni elektriksel/elektromanyetik bir alan olarak tasviri, fizik camiasında tam anlamıyla bir gerçeklik krizine neden oldu.

Kuantum fiziği yasaları bize evrenin yekpare bir bütün olduğunu ve tüm zerrelerinin birbiri ile kesintisiz iletişimde olduğunu ispatlıyor. Evren'de bu manada boşluk da yoktur. Bugün gözlemlenebilir Evrenin "görünen / maddesel" kısmının asıl varlığının sadece %4,7'sine tekabül ettiğini biliyoruz.

EVREN, FİZİKSEL MADDESEL PARÇACIKLARDAN OLUŞMUYORDU!

> "Görünmeyen kısım olan %95,3'lük alan için bilim insanları "karanlık madde" ve "karanlık enerji" terimlerini kullanıyor. Oysa kanımca evrende karanlık herhangi bir şey yoktur; sadece bilgi yetersizliklerimizden kaynaklı algılayamadıklarımız vardır. Gerçekten kara madde/kara enerji var mı yok mu, o da ayrı bir tartışma konusu. Buna örnek olarak, Kanada'daki Ottawa Üniversitesi'nden fizikçi Rajendra Gupta'nın Astrophysics Journal'da yayımladığı makaleyi gösterebilirim. Bu çalışmaya dair Gupta şunları söyledi:

"Araştırmadan elde edilen bulgular, evrenin yaşının 26,7 milyar yıl olduğunu ve evrenin var olmak için karanlık maddeye ihtiyaç duymadığını keşfetmemizi sağlayan verileri doğruluyor. Standart kozmolojide, evrenin hızlanarak genişlemesinin karanlık enerjiden kaynaklandığı söylenir. Fakat bu aslında karanlık enerjiden değil, doğadaki temel kuvvetlerin evren genişledikçe zayıflamasından kaynaklanıyor."

Yazar: Bernard Rizk/Ottawa Üniversitesi. Çeviren: Ozan Zaloğlu.

İçinde yaşadığımız evrenin yapısı, nasıl var olduğu, nereye doğru gittiği, içindeki düzen ve dengeyi sağlayan yasaların nasıl işlediği her devirde insanlığın merak konusu olmuştur. Bilim insanları ve düşünürler asırlardır bu sorularla ilgili sayısız çalışma yapmış ve pek çok teori üretmiştir. 20. yüzyılın başlarına kadar hâkim olan görüş, evrenin sonsuz olduğu, sonsuzluktan beri var olduğu ve sonsuza dek var olacağı şeklindeydi. Bu "statik evren" modelinde, herhangi bir başlangıç ve son yoktu. Materyalist ideolojinin de doğmasına zemin hazırlayan bu görüşe göre, evren sabit, durağan, değişmez bir maddeler bütünü olarak kabul edilmiştir. Yaratıcının varlığını reddeden bu anlayış, maddeyi mutlak kabul etmiş ve maddenin dışında hiçbir varlığı kabul etmemiştir. Bu bilimsel görüşler, fizik ötesi/metafizik gerçekliğe dair ne varsa reddedilmesine de neden olmuştur.

George Pulitzer, "Felsefenin Başlangıç İlkeleri" adlı eserinde, evrenin bir yaratıcı tarafından yaratılmış olma ihtimalini reddetmiş ve şöyle devam etmiştir: "Eğer evren yaratılmış olsaydı, yaratıcı tarafından belirli bir AN'da ve yoktan var edilmiş olmalıydı."

20. yüzyılın sonlarına doğru bilim, bilhassa kuantum fiziği mekaniği ile maddenin derinliklerine indikçe, bu "sabit evren modeli" anlayışı kökünden yıkılmıştır. Artık bilim, binlerce deney ve gözlemle ispatladı ki, evren yokken bir AN'da büyük bir patlama (çoğalma, tezahür) ile yaratıldı. Kur'an'da evrenin yaratılışı ile ilgili ayetlere baktığımızda çok dikkatimi çeken bir kelimeyle karşılaştım: "Fatr." "Fatr" Kur'an'da bildirilen, tam anlamıyla yoktan yaratılışı ifade eden bir tanımdır.

> "O, yaratan, yoktan var eden, şekillendiren Allah'tır. En güzel adlar O'nundur. Göklerde ve yerde ne varsa O'nu tesbih etmektedir. O, yücedir, hikmet sahibidir."
>
> Haşr Suresi 24. Ayet

9. BÖLÜM

SÜREKLİ GENİŞLEYEN EVREN

1929 yılında, California Mount Libon Gözlemevi'nde Amerikalı astronom Edwin Hubble kullandığı dev bir teleskopla gökyüzünü incelerken, yıldızların uzaklıklarına bağlı olarak kızıl renkte bir ışık yaydıklarını gözlemledi. Bu keşif bilim dünyasında büyük ses getirdi. Çünkü fizik yasalarına göre gözlemin yapıldığı noktaya doğru, hareket eden ışıkların tayfı mor yöne doğru, gözlemin yapıldığı noktadan uzaklaşan ışıkların tayfı kızıla doğru kayar. Hubble çok geçmeden çok önemli bir şeyi daha keşfetti.

Yıldızlar ve galaksiler sadece bizden değil, birbirlerinden de uzaklaşıyorlardı.

Yani Evren, her an genişlemekteydi.

Son yıllarda kozmoloji de ki bu bilgilerin üstün daha çok bilgi geldi ve 1998 'de evrenin sadece genişlemediği, aynı zamanda bu genişlemenin hızının da sürekli arttığı tespit edildi. Yani evrem gitgide daha hızla büyüyordu ve galaksiler birbirinden sürekli uzaklaşıyordu.

"İnkâr edenler, göklerle yer bitişikken, bizim onları ayırdığımızı ve diri olan

her şeyi sudan meydana getirdiğimizi görmediler mi? Hâlâ inanmayacaklar mı?"
Enbiya Suresi 30. Ayet

SIFIR HACİM VE YOKTAN VAROLUŞ

Evrenin herhangi bir anındaki genişlemesini bir hız ile kıyaslamak mümkün değildir. Kozmolojiden gelen yeni bilgiler ışığında Evrenin, saniyeden küçük bir zamanda, AN'da şu anki boyutlarına genişlemiştir. Bu muazzam genişlemeyi bildiğimiz birimlerle ifade edemeyiz.

Aslında, Albert Einstein yaptığı tüm hesaplamalarda evrenin sürekli genişlediğini fark etmişti ama o devrin genel kabulüne ters düşmemek adına bu keşfini bir kenarda bırakmıştı. Sonradan bu davranışını "kariyerimin en büyük hatası" olarak açıklamıştır.

Hubble Teleskobu

Yapılan tüm çalışmalar evrenin, tüm maddesini içinde barındıran o tek noktanın "sıfır hacme" ve "sonsuz yoğunluğa" sahip olması gerektiğini göstermiştir. Yani tüm Evren, sıfır hacimli (hacimsiz) bir noktanın bir AN'da (zamansız) kendinden çoğalarak (tezahür ederek) ortaya çıkmıştır. Yani Evren, bizim duyumlarımıza göre "Yoktan" "Var" olmuştur.

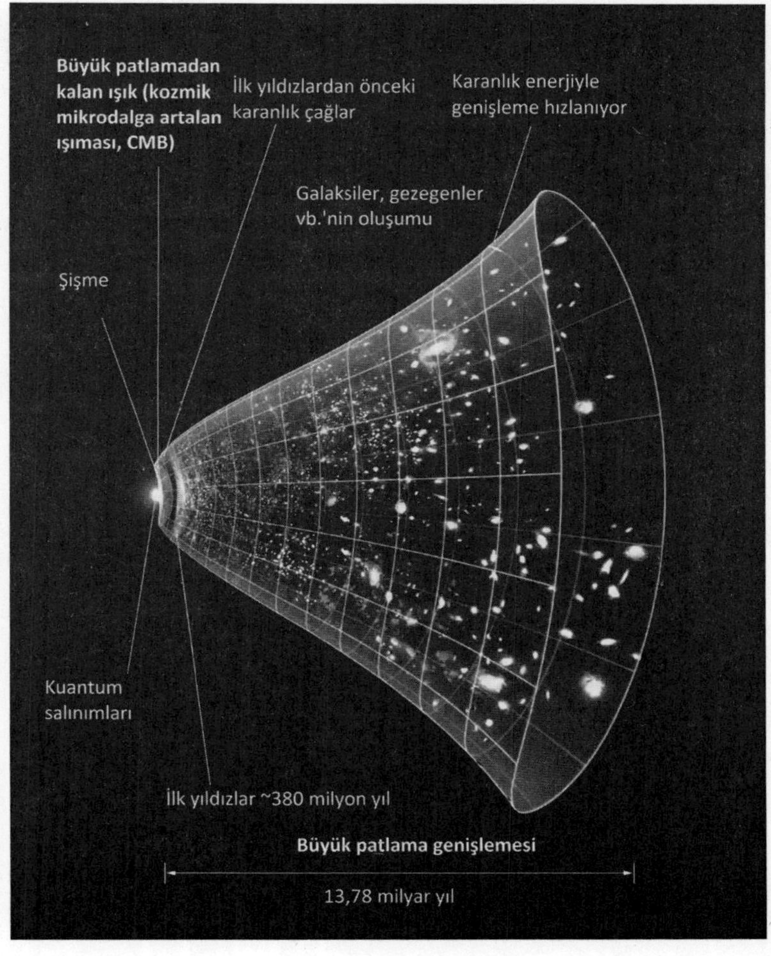

"Sıfır Hacim" konunun teorik anlatımıdır. Bilim, insan aklının kavrama sınırlarını aşan "Yok"luk kavramını ancak "sıfır hacim" ile tarif edebilmiştir.

Yani Evren, "Yok"tan "VAR" olmuştur.

"O Allah gökleri ve yeri, yoktan var etti."

En'am Suresi 101. Ayet

Evrenin hacimsiz bir noktadan yani bizim anlayışımıza göre yoktan var edildiğinin bilimsel ispatı, Materyalist felsefenin temeli olan "mutlak madde" kavramını da tarihin çöplüğüne atmıştır.

Madem ki madde/mekân ve dokusunda işli olan zaman yokluktan var edilmişti, o halde bu evreni yaratan da bu evrenin madde/mekân ve zaman olgularından bağımsızdı (münezzeh).

Allah, zaman ve mekândan münezzeh olandır.

"Allah vardı ve onunla birlikte hiçbir şey yoktu."

Buhari, Megazi 67/74

10. BÖLÜM

KUANTUM DOLANIKLIK İLKESİ

1930'da fizikçi Schrödinger Evrenin tümü ile birbirine dolanık halde olduğu fikrini ortaya attığında fizik camiasında gülünç bulundu. Albert Einstein bu fikri o kadar ihtimal dışı kabul etti ki "mesafeler arası korkunç şey" diye tanımladı ve reddetti ancak evrenin tümü ile dolanık olduğunu doğrulayan ilk deney 1949'da Chien Shiung Wu ve Shaknov tarafından gerçekleştirildi. Bu deneyin sonucuna göre evrende atom altı parçacıklardan birinin bildiğini diğerleri de aynı anda biliyordu ve hareketini dışarıdan hiçbir etki olmaksızın kendiliğinden değiştiriyordu. Tüm itirazlara rağmen yapılan tüm deneyler "kuantum dolanıklık ilkesini" kanıtladı ve Ekim 2022'de Nobel Fizik Ödülü bu daldaki çalışmalara verildi?

"Kuantum Dolanıklık" bir teori değil evrensel bir yasa. Bir yaratım yasası. İlâhi sistemin bir programına ait çünkü yukarıda ne varsa aşağıda da ancak o vardır. Günümüzde teknoloji üzerinden pratik hayata da geçmiş olup kullanılmakta. Yani artık tartışmaya açık değil, gerçek bir yasa olarak işlemeye devam ediyor.

Peki nedir bu Kuantum Dolanıklık İlkesi? En basit tanımı ile evrenin tüm atom altı zerrelerinin birbiri ile dolanık yani kesintisiz iletişim içinde olması hali.

Aynı AN'da (eşzamanlı) aynı noktadan (kaynaktan) yola çıkan zerreler (fotonlar) birbiri ile mesafe ne olursa olsun "dolanık" haldedir, yani aralarında bir enerji bağı vardır ve iletişim (bilgi alışverişi) içindedirler. Ve bu durum o kadar iddialı ki zerrelerin arasında milyarlarca ışık yılı uzaklık dahi olsa "dolanıklık" sürmekte ve hiçbir şart altında azalmamakta. Bu iletişim yani bilgi/enerji akışı eşzamanlı (aynı AN'da) gerçekleşmekte üstelik.

Şimdi varsayalım, bir kaynaktan eş zamanlı yani aynı AN'da iki elektron fırlattık ve yine varsayalım, bu iki elekt-

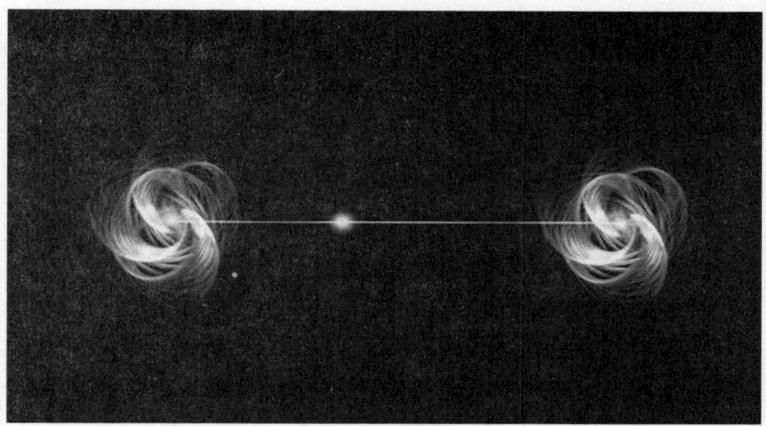

ronun da sipinleri (dönüş yönleri) birbirine zıt yönde. Bu zıtlığa rağmen bu iki elektrondan herhangi birine etki ettiğimizde, örneğin dönüş yönünü değiştirdiğimizde, diğer elektron da kendiliğinden aynı AN'da yönünü değiştiriyordu.

Peki bu nasıl olabilir?

Kuantuma başlarken bu alemin adeta sihirli, akıl almaz çılgınlıkta olduğunu söylediğimi hatırlayın. Ne demiştim: Bildiğimizi sandığınız tüm gerçeklik algınızı unutun!

TÜM ZERRELER BÜTÜNÜN BİLGİSİNİ TAŞIR

Albert Einstein'ın mesafeler arası korkunç şey diye nitelendirdiği bu akıl almaz gerçeklik nasıl oluyor da mümkün oluyordu?

Bu deneyler yüzlerce, binlerce defa tekrar edildi ve istisnasız olarak her defasında onaylandı. Dediğim gibi "kuantum dolanıklık" bugün artık teknolojide kullandığımız bir yasa. Çok akıl almaz olsa da bir gerçeklik.

Evren tümü ile dolaşıktır!

Ayrılamaz parçalanmaz, dikişsiz bir bütün olarak hareket eder ve evrende her şey ışık hızından yüksek bir hızla kesintisiz olarak birbiri ile iletişim kurar.

Bir parçacığın bildiğini diğerleri de aynı anda yani eşzamanlı olarak bilir.

Parça bütün ilişkisi adı verilen bu duruma göre tüm parçalar bütüne ait bilgiye sahip.

Evrenin görünüşte birbirinden ayrıymış gibi görünen tüm parçaları ışık hızından çok daha yüksek hızlarla birbiri ile telepatik bir bilgi alışverişi içinde ve AN'da geribildirim alacak şekilde birbirine bağlı ise bunun tek bir açıklaması var.

Kuantum düzeyden gözlem yaptığımızda evren hâlâ TEK VE BİR.

Gözlemci birbirinden ayrı parçaları algılasa da her şey hâlâ diğer tüm şeylerle ilişkili.

Her şey gözlemcinin gözlemi ile ilintili ve bu durumda kuantum dolanıklığı aslında parçalar arasında bir ayrılığın olmadığını kanıtlıyor!

Varlığın parçalarını görmek bir yanılsamadır ve koşullandırıldığımız algılarımızın sonucudur. Gerçekte Evrenin her parçası bölünmemiş olan bütünlüğün diğer tüm parçalarını eşzamanlı olarak harekete geçirebiliyor tıpkı Şemsi Tebrizi'nin yüzlerce yıl önce söylediği şu sözlerde anlattığı gibi;

> "Kâniât yekvücud, tek varlıktır. Her şey ve herkes görünmez iplerle birbirine bağlıdır. Sakın kimsenin ahını alma; bir

başkasının, hele hele senden zayıf olanın canını yakma! Unutma ki dünyânın öte ucundaki tek bir insânın kederi, tüm insanlığı mutsuz edebilir. Ve bir kişinin saadeti dahi herkesin yüzünü güldürebilir."

ÇOKLUK GÖRMEK BİR İLLÜZYONDUR

Çağın büyük fizik dehası Richard Feynman bir gün hocası Wheeler'a sorar:

"Nasıl oluyor da her bir elektron tıpatıp aynı ve nasıl oluyor da tek bir fabrikadan çıkmış gibi?"

Hocası Wheeler cevap verir:

"Neden bütün elektronları birbirinden ayrı olarak düşünüyorsun ki?"

Ya bu "çoklu görme" de bir illüzyonsa?

Ya gördüğümüz tüm elektronlar aslında "TEK" bir elektronsa?

Evet, çokluk görmek de bir illüzyon (göz aldanması).

İnsanın algılarına ait bir illüzyon, çünkü evrenin tamamı ile dolaşık olduğu yasasına göre gerçekte varlık gördüğümüz gibi birbirinden ayrı ayrı bağlantısız parçalardan oluşmamıştır hâlâ bütün ve YEKVÜCUT.

Ne ilginçtir ki modern fiziğin vardığı bu evren tanımını ilk yapan büyük filozof Pisagor'dur. Ona göre Kutsal matematiksel şifreler ile yaratılmış yekpare bir evren modeli vardır. Pisagor'un tarif ettiği bu evrende her parça bütünün hem bilgisini taşır hem de bütünü kendi içinde taşır ve tamamı ile parçalanmaz bir yapıdır. Evrenin tüm varlığının birbiri ile tamamen dolaşık olmasının nasıl mümkün olduğunun açıklaması "bing bang kuramına" dayanarak şöyle açıklanabilir;

Başlangıçta her şey eş zamanlı olarak aynı AN'da aynı noktadan yaratıldığı için, aslında hepsi başlangıçta "TEK" idi. Bu sebeple tüm zerreler hâlâ dolanık ve tüm zerreler, bütünün bilgisini taşır.

Evreni oluşturan sonsuz sayıdaki tüm zerreler hâlâ o ilk AN'da gibi birbiri ile dolanık halde ve bir zerreye tesir eden aslında tüm zerrelere tesir eder.

Bildiğimiz bilmediğimiz, gördüğümüz görmediğimiz her ne "var" ise başlangıçta bir AN'da aynı noktadan (sıfır hacimli) Yok'tan yaratıldı ve yine bir AN'da dağıldı. Birbirlerinden uzaklaşsalar da gördüğümüz bu çokluk sadece algılarımızın bir illüzyonu. Çünkü gerçekte kuantum evrende ayrılık, mesafe, boşluk ve yokluk yoktur. Her şey yaratıldığı AN'daki gibi BİR ve TEK.

Her şey
Uzak ya da yakın
Birbirine bağlanmış
Gizlice ölümsüz bir el tarafından
Tek bir çiçeği bile koparamazsın
Bir yıldızı yerinden oynatmadan

Francis Thompson

Tevhidin esasına varamayanlar, şu alemde birbirinden farklı birçok şey görürler ve bunlara bir mana veremezler. Tevhidin hakikatine varanlar ise kesretteki vahdeti bilirler.

11. BÖLÜM

BAŞLANGICI VE SONU OLAN YARATILMIŞ ZAMAN

"Allah başlangıcı olmayandır."

İbn Arabi, Fususu'l Hikem

Zaman nerede başladı, nerede bitecek? Bu maddesel evren yaratılmadan önce zaman var mıydı? Peki, evren yok olduğunda zaman var olmaya devam edecek mi? Yani, zaman "madde"den bağımsız bir mutlak mı?

Klasik fiziğin babası olarak kabul edilen Newton'a göre zaman, sabit, değişmez, mutlak ve evrenseldi. Evrenin her noktasında sabit bir hızla ilerleyen, ölçülebilen ama algılanamayan bir şeydi. Newton, özellikle "zaman" ve "mekân"ın, "madde"den bağımsız unsurlar olduğunu ileri sürmüştü. Ona göre, evren yok olsa bile zaman kendi varlığını sürdürecekti.

Bilim dünyası bu görüşü yüzlerce yıl boyunca referans aldı. Gerçi Newton yasaları, elmanın düşüşünden dünyanın dönüşüne kadar birçok hareketi hesaplayabiliyordu, ancak örneğin Merkür'ün yörüngesindeki sapmayı açıklayamıyordu. Çünkü Newton, zamanı sabit bir parametre olarak denkleme ekliyordu. Sonunda bu durumu kabul etmek zorunda kaldı ve şu notu düştü: "Tanrı'nın işi olmalı."

Vazgeçmeseydi de asla çözemeyecekti, çünkü denkleme zamanı sabit olarak ekliyordu; oysa zaman sabit değildi. Newton bu konuda ciddi şekilde yanılıyordu! "Mutlak zaman" dendiğinde yüzlerce yıl boyunca "Newton zamanı" akla geldi.

Ta ki bir gün Albert Einstein günlüğüne şu notu düşene kadar: "Üzgünüm Newton, ama o iş öyle değil!" Zaman, bir dış parametre gibi temel ve mutlak olarak kendi başına var olamaz. Zaman, insan bilincinin bir somutlaştırma programı olarak zihinsel bir kurgu olarak vardır. Evreni ve bireysel hayatımızı deneyimleyebilmek ve anlamlandırabilmek için varlığı şart olan, ancak tam manasıyla bilinmesi imkânsız olan evrensel bir sırdır ZAMAN...

Geçmişi ne zaman düşünürsünüz? Şu AN. Peki, geleceği ne zaman düşünürsünüz? Yine şu AN. Tek gerçek zaman birimi, sonsuz şimdiki AN'dır ve geçmiş, gelecek ile şimdiki zaman dediğimiz her AN, birbirine dolaşık olarak vardır çünkü hiçbir AN tek başına var olamaz. Şimdiki AN, geçmiş ve geleceğin anlarının bir matrikste bir araya gelerek, bize sihirli bir alemi seyredebileceğimiz bir pencere açmasıdır. Evrende olayların ileriye doğru aktığını düşünsek de, tersine bir nedensellik de mümkündür! Sonuçlar, şu an izlediğimiz sebeplerden önce de gerçekleşebilir! Ve eğer böyleyse, bu gerçekten de olmuş bitmişe bir şehadettir.

> "Yeryüzünde vuku bulan veya başınıza gelen hiçbir musibet yoktur ki, biz onu yaratmadan önce bir kitapta yazılı olmasın. Kuşkusuz bu Allah'a göre kolaydır?"
>
> Hadid Suresi 22 ayet

Kuantum düzeydeki evrenin, klasik fiziğin dayattığı lineer, ardışık sebep-sonuç ilişkisi içinde işlemediği görülmüştür. Newton sonrası yüzyıllarca fizikte doğrusal sistemlere inanılmışken, 1900 yılında Planck'ın hesaplamalarıyla ortaya çıkan hakikat, determinizmin mikro alemde kesinlikle geçerli olmadığını göstermiştir. Fiziksel dünyanın atomaltı (kuantum) aleminde hiçbir şey doğrusal ilerlemiyordu; yani geçmişten geleceğe doğrusal bir akış yoktu. Planck zamanı, bize asla geçmişten geleceğe doğru bir akış olmadığını ispat ederken, ister istemez aklımıza şu soru geliyor: Ya tersi bir işleyiş varsa? Madem ki kuantum evrende doğrusal bir neden-sonuç ilişkisi yoktur ve her şey olasılıklar ile var olur, o halde tersine olasılıklar da mümkün olmalıdır!

HER ŞEY İLLÜZYON AMA HER ŞEY

Yeniden başlıyoruz ve yine her şeyi unutun! Zamanın nasıl geçtiğini, düz bir çizgi gibi aktığını, doğum ve ölüm arasında bir çizgi gibi yaşadığımızı, zamanın herkes için her yerde aynı olduğunu... Unutun! Çünkü bu da yalnızca bir algı ve o da hatalı. Çünkü zaman da bir illüzyon...

Modern çağda zamanın bir illüzyon olabileceği fikrini ilk defa ifade eden düşünür Immanuel Kant'tı. Kant'a göre zaman, "varlığı" algılayabilmemiz için gerekli olan bir iç duyuydu, yani zihne ait bir duyumdu. Zamanın bizden ayrı kendi başına bir varlığı söz konusu değildi. Ona göre zaman, bilincimizin sahip olduğu deneyimlerini organize ettiği içsel bir programdı.

Nitekim, zaman dediğimiz kavram, nesnelerin hareketlerini ölçüp kayıt ettiğimiz bir olgu değildir. Zamanın sayılması ve ölçülmesi, zamanın kendisi değildir. Ölçtüğümüz sadece hareketlerin aralıklarıdır.

Yüzlerce yıl süren "zaman nedir, ne değildir" sorusuna son noktayı Albert Einstein koydu ve "zaman bir yanılsama" dedi.

HER ŞEY TEK BİR AN'DADIR

1905 yılında Albert Einstein'ın yayınladığı "özel görelilik" ve "genel görelilik" yasaları ile artık zamanın tamamen gözlemciye göre izafi/göreceli olduğu ispatlandı. Zaman sabit ve mutlak değildi; ışığın hızına göre değişiyordu. Sabit olan, ışığın hızıdır ve tüm olgular ona göre değişim gösteriyordu.

Işığın hızını dışarıdan "gözlemlediğimizde" saniyede 300.000 km olarak ölçülüyordu; ama ışığın içinden gözlem yapabilsek, göreceğimiz şey orada zamanın 0 (sıfır) noktada olduğudur. Kuantum fiziği ve mekaniği, ışık için aslında zamanın olmadığını ispatladı.

Işık LA zamandır...

Bir ışık fotonuna kâinatın bir ucundan diğer ucuna ne kadar zamanda gidebildiğini sorabilseydik, ışığın cevabı AN'da olacaktı. Peki, madem ki ışık için A ve B noktası arasında hareket için zaman geçmiyordu, o halde aslında A ve B noktaları birbirinden ayrı değildi. Bu durumda, A ve B noktaları tek bir nokta ise, varlık da hakikat içinde tek bir noktadır. Işık LA mekandır... Işık, zamandan ve mekândan bağımsızdır. Tek bir an'da her yerde olabilir.

Tüm varlığın, her şeyin, senin, benim en küçük temel zerresi olan foton (ışık) için "zaman" yoktur, "mekan" yoktur. Sadece onu dışarıdan (makro alemden) gözlemleyen gözlemcinin bilinci için zaman/mekan vardır. Işık için daima tek bir an vardır. Yaratılmış evrenin tüm geçmişi ve geleceği işte o tek an'dadır.

Zamanın akıyormuş gibi hissedilmesi yalnızca maddesel bedenimizin sahip olduğu sınırlı algıların sebep olduğu bir yanılgıdır. Geçmişten geleceğe doğru akan bir zaman, bu maddesel plana ait bir aldatmacadan ibarettir.

Şimdi, bir düşünce deneyi ile zamanın hıza göre nasıl izafi olduğunu anlatacağım. Varsayalım ki ikiz astronot kardeşlerimiz var: Emir ve Zehra. İkisi de 30 yaşında. Zeh-

ra, ışık hızına yakın bir uzay mekiği ile 1 yıl sürecek bir yolculuk için Dünya'dan ayrılır. Işık hızına yakın hızda yaptığı bu yolculuktan 1 yıl sonra Zehra Dünya'ya döner. Zehra 31 yaşındadır, ancak Dünya'da kalan Emir 81 yaşındadır. Dünya'da 50 yıl geçmiştir. Işık hızına yakın bir hızla yol alan uzay mekiğinde zaman, o hıza bağlı olarak çok çok yavaşlamıştır. Işık hızında ise zaman artık sıfır noktasındadır ve durmuştur.

O halde yine soralım: Zaman nedir?

> "Hiç kimse bana sormadığında biliyorum da biri sorup ona açıklamam gerektiğinde bilmiyorum."
>
> Augostinus (354-430)

Augostinus'a göre zaman ve Evren, Tanrı tarafından aynı anda yaratılmıştır ve zamanın başı da vardır sonu da vardır.

Zaman hep var mıydı?

Sonsuza dek hep var olacak mı?

Zaman ne zaman başladı? Zamanın ne zaman başladığı ne anlama geliyordu? Yani zaman başka bir zamanın içinde miydi?

Zaman dediğimiz kavram, nesnelerin hareketlerini ölçüp kayıt ettiğimiz bir olgu değildir. Zamanın sayılması ve ölçülmesi, zamanın kendisi değildir. Ölçtüğümüz sadece aralıklardır.

Zaman olgusu üzerine ilk ciddi tartışmaları başlatan düşünür ve teolog Augustinos'tur (354-430). Augustinos'a göre "Bilinç yoksa, zaman da yoktur." Ne ilginçtir ki yüzyıllar öncesinden bilinen bu hakikat, ancak bugün kuantum fiziği ile ispatlanmıştır.

"Zaman ve mekân" sadece gözlemcinin bilinci için vardır ve bilince ait "görselleştirici" bir programdır... Dış dünyadaki elektromanyetik iletileri bir surete dönüştürmek için kullanılan dahili bir programdır. Bu program sayesinde, gerçekte sadece frekans olan bu alemin sinyalleri, zihnimizde sesli ve hareketli bir görüntüye dönüşmektedir. Bilinç, varlığın temel yapısı olan bu enerji iletilerini okuyup tezahür ettirendir!

Einstein'ın izafiyet yasalarıyla ortaya koyduğu enerji denklemi $E=mc^2$, bize enerji (ışık) ve maddenin, aslında aynı şeyin sadece farklı tezahürleri olduğunu anlatırken, diğer yandan da "zamanın" uzayın dokusuna işlenmiş olduğunu ispatlar. Dolayısıyla zaman, evrenle birlikte yaratılmıştır ve yine onunla birlikte son bulacaktır.

Dış dünyada gerçekte zaman yoktur. Zaman, ezeli ve ebedi, mekândan/uzaydan bağımsız bir varlık değildir ve Newton'un düşündüğü gibi birbirlerinden ayrı değil, bir ve beraber (uzay/zaman) hareket ederler ve kıyamet ile birlikte yok olacaklardır. Zamanın mutlak olmadığını, izafi olduğunu Kur'an'da birçok ayette görebiliriz:

> "Şüphesiz Rabbinin nezdinde bir gün, sizin saydığınız bin yıl gibidir."
>
> Hac suresi 47. Ayet

> "Melekler ve rûh O'na, miktarı elli bin yıl olan bir günde yükselip çıkar."
>
> Meariç suresi 4. Ayet

"Bu ayetlerden anladığımız şudur ki, kâinatın yukarı bölgelerinde, bize göre bin yılın bir güne eşit olduğu bölgeler olduğu gibi, 50 bin yılın bir güne eşit olduğu bölgeler de vardır. Kâinat, zaman bakımından farklı basamaklara ve farklı bölgelere sahiptir. Yukarı doğru çıkıldıkça veya belli bölgelere geçildikçe zaman gittikçe hızlanmakta ve bir işin yapılması ya da bir oluşumun ortaya çıkması için geçen süreçler bize göre çok kısalmaktadır.

Dikkat çeken bir diğer husus ise, ayetlerde bir günün tam olarak bin yıla eşit olduğunun söylenmeyip, bunun "öyle gibi" ifadesiyle anlatılmasıdır. Bu da sürelerin daha kısa veya daha uzun olabileceğini gösterir."

Uzay ve varlık ayetleri tefsiri Syf. 188

Peki, insan nasıl oluyor da zamanı akıyormuş gibi hissediyordu? Yoksa bu da algılarımızın bir yanılsaması mıydı? Evet, zamanın akışını hissetmek duyuların yarattığı bir illüzyondur. "Geçmiş, gelecek ve şimdiki zaman" der Albert Einstein, "bunların arasındaki ayrım sadece bir illüzyon." Zaman, sadece an'lardan ibarettir.

Zamana dair en büyük sır ve insanlığı en çok heyecanlandırması gereken bilgi yine kuantum fiziğinden geldi. Buna göre, evrenin yaratıldığı ilk nanosaniyeden son ana kadar yaşanmış ve yaşanacak tüm anlar, evren yok edilene dek hâlâ mevcut. Ne geçmiş yitik, ne gelecek meçhul. Tüm yaratılmış an'lar, Kur'an'ın deyimiyle tek bir zaman parçası olan Dehri Zaman'da muhafaza altındadır.

Kuantum fiziği, Planck sabiti ile bize tüm an'ların adeta bir film rulosu gibi olduğunu bildiriyor. Yani her sahne sabit, mutlak, adeta bir resim misali durağan. Biz ise sadece o an perdeye/ekrana yansıyan sahneyi algılıyor ve o an'a şahitlik ediyoruz!

12. BÖLÜM

TÜM AN'LARIN İÇİNDE MEVCUT OLDUĞU TEK ZAMAN "DEHR-İ ZAMAN"

Zamanın bölünemez en küçük parçası, AN.

Fizikteki adı ile Planck zamanı...

BİR VARMIŞ, BİR YOKMUŞ

Zaten tüm masallar böyle başlamaz mı?

1900 yılında, fizikçi Max Planck, tüm fizik bilimini yeniden tanımlamayı gerektirecek devrimsel nitelikte bir birimin varlığını keşfetmişti. Kendi adını taşıyan Planck sabiti, kuantum mekaniğinin en küçük birimini temsil eder ve bir başka deyişle evrendeki süreksizliğin birimidir. Bu buluşla birlikte, Max Planck 1918 yılında Nobel Fizik Ödülü'nü alırken, kuantum fiziğinin de doğmasına vesile olmuştur.

Planck zamanı, ışık hızında hareket eden bir fotonun bir Planck uzunluğundaki mesafeyi kat edeceği süredir.

Yaklaşık olarak 10^{-43} saniyedir ve teorik olarak ölçümü asla mümkün olmayan en küçük zaman dilimidir. Kuantum fiziği, bu bilgi üzerine inşa edilmiştir. Bu evrensel sabit, aynı zamanda yaradılışın sabit/mutlak yasalarındandır. Evrenin hem zamansal hem de mekânsal olarak "süreksizliğini" temsil eder. Bu sabitin varlığı, evreni var eden "elektriksel sinyal" akışının "kesik kesik" olduğunu kanıtlamıştır. Titreşimler, bu birim kadar bir an "var" olup yine bu birim kadar bir an kesilip "yok" oluyordu.

Yaratılmış tüm zaman parçalarının toplandığı, zamanın bölünemez bu en küçük parçası hem sonsuzdu, hem başlangıç ondaydı, hem de son ondaydı. "Zamanlar üstü" olan bu tek zaman parçasına Kur'an, Dehr-i Zaman demiştir. Yaratılmış bu maddesel evrenin tüm ömrünü kapsayan tek an...

Evrenin, Planck zamanı kadar kısa bir sürede her an yeniden yıkılıp yaratıldığı, varlığın ve yokluğun bu sabiti, yani yaratıcının yaratım yasası, Kur'an'da şöyle anlatılıyor:

> "O, her an yaratma halindedir."
>
> Rahman Suresi 29. Ayet

Yaratım, her AN yıkılıp her AN yeniden gerçekleşiyor ve her şey akıl almaz bir hızla O'na doğru çekiliyor. Bu o kadar büyük bir hız ki, bu hızın sonsuza varması ile hareketin durması arasındaki fark algılanamıyor.

OLACAK OLAN OLMUŞUN İÇİNDE

"Olayın gerçekleşmesini algıladığımız andan önce nörofizyolojik mekanizmalar tarafından gözlemlenen, aslında tamamlanmış bir süreçtir ve bu durumda biz geçmişe tanıklık ediyoruz. O An içinde olanların kodları geliyor, gelecek de o anda sırlı, zaman suretlerin gölgeye yansıması bedenin ve bu dünyanın algısı için mühür gibi"

Dr. Neslihan Kahraman

Planck zamanı bize şunu bildiriyor: Yaratım, her an yıkılıp her an yeniden gerçekleşir ve her şey akıl almaz bir hızla "O"na doğru çekilir. Bu hız o kadar büyük ki, bu hızın sonsuza varması ile hareketin durması arasındaki fark, insan duyu organları ile asla algılanamaz. Her iki durum da bize "bölünemez bir an" sunar ve her an, bir fotoğraf karesi gibi durgun, sabit olmasına rağmen, zihinsel bir algı olan zamanın yarattığı illüzyonla, gerçekte sabit ve durağan olan anları hareketli algılarız.

Evrenin enerji/ileti akışı süreksizdir; akışta bir zaman yoktur. Biz sadece an'lara şahitlik ederiz çünkü "Olan olmuştur, olacak olan da o 'olmuş'un içindedir."

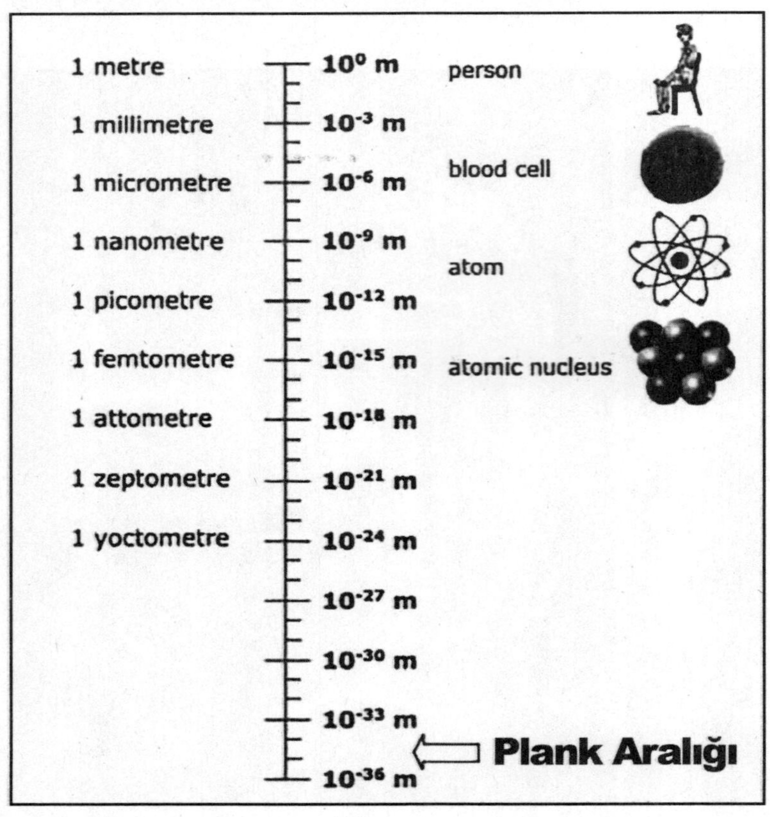

Zaman, insan algısının en büyük yanılgısıdır ve asla olayların "yaratım" sırası değildir. Zamanı bu şekilde algılamamızın sebebi, ışık hızıdır. Çünkü evrendeki her şey ona bağlıdır ve onun hızı ile sınırlandırılmıştır. Evrende hiçbir fiziksel varlık, evrenin hız bariyeri olan ışık hızını aşamaz. Şayet aşarsa, kütlesi sonsuzluğa ulaşacağından, artık onun için "yokluk" hasıl olur ve zaman onun için durur.

Varlık diye bildiğimiz bu maddesel evrene ait "zaman ve mekân" olguları, bizler bu maddesel beden formunda kaldığımız sürece, hayatı deneyimleyebilmemiz için birer "görselleştirici" olarak vardır. Frekansın belli bir yoğunlukta kalabilmesi ve görünür olabilmesi için ışık hızı ile sınırlandırılmıştır. Çünkü maddesel tezahür, ya da diğer bir deyişle "fiziksel varlık" olarak görünmek, ışık hızının altındaki bir hızla titreşmekten başka bir şey değildir. Metafizik diye kabul edilen her şey ise, aslında ışık hızının üstündeki hızlarda titreşime sahip olduğu için insan algılarıyla görünmezler.

GÖRÜNÜR OLMAK IŞIKTAN YAVAŞ BİR FREKANSTA OLMAK İSE,

GÖRÜNMEZ OLMAK IŞIKTAN HIZLI BİR FREKANSTA OLMAKTAN İBARETTİR.

Peki, ya zaman var olmasaydı?

En basit haliyle bunun cevabı şudur: Zaman olmasaydı, bizler gerçekte bu sinyalleri hareketli algılamaz, aralardaki kesikliğin farkında olurduk ve burayı gerçek yaşam zannetmezdik! Adına hayat dediğimiz bu dünya, dünya deneyimi imtihanı için, suretleri gerçek zannetmemiz gerekiyor. Frekanslar ummanındaki sinyaller, en aşağı en düşük frekansta tutularak, yoğunlaşarak (bunun için ışık hızı bariyeri vardır) maddesel bir görünüm ve suret kazanır. Ve insan, suretler aleminde imtihan edilir.

> "Sonra onu aşağıların aşağısına indirdik"
>
> Tin suresi 5 ayet

Zaman, zamandan ve mekândan münezzeh olan yaratıcının büyük ayetlerindendir, işaretlerindendir.

> "Geçip gitmiş olmasa "geçmiş" zaman olmayacak. Bir şey gelecek olmasa gelecek zaman da olmayacak. Peki nasıl oluyor da geçmiş ve gelecek var olabiliyor? Geçmiş artık yok. Gelecek ise henüz gelmedi. Şimdiki zaman sürekli var ise bu sonsuzluk olmaz mı?"
>
> Aziz Augustinus

13. BÖLÜM

ZAMANDA (AN'LAR ARASI) YOLCULUK MÜMKÜN MÜ?

Zaman kesinlikle göründüğü şey değildir. Tek bir yönde akmaz ve gelecek geçmişle eşzamanlı olarak vardır.

> "Kâinatın herhangi bir kesitinden diğer bir yere ait geçmişi izlemek mümkündür. Işıkları bize binlerce yıllık mesafeden gelen yıldızlar vardır ve biz onları, bize gelen Işık'larını kendilerinden ayrıldıkları zamanki durumlarıyla görebiliyoruz. Eğer bir yıldızın ışığı bize beş bin yılda ulaşıyorsa biz onun beş bin yıl önceki durumunu görmüş oluyoruz. Bunun gibi dünyamızın ışığı göklerin herhangi bir noktasına mesela 3000 yılda ulaşıyorsa, biz o noktadan dünyaya baktığımızda onun üç bin yıl önceki durumunu görürüz?"
>
> Uzay ve Varlık Ayetler Tefsiri, sayfa: 197

Gözlemcinin gözlemlediği noktadan hızına bağlı olarak gördüğümüz evren, zamansal olarak asla akışta değil; aksine her şey sabit, mutlak ve durağan, kare kare film karesi benzeri anlardan ibarettir. Yani evren adeta resimlerden/görüntülerden oluşuyor! Gerçekten inanılmaz, ama bilimsel olarak ispatlanmış durumda ki "zaman" dediğimiz olgu, kendi içinde sabit an'ların toplamından ibarettir. Albert Einstein'ın kanıtladığı gibi, zaman ve uzay birlikte yaratılmış ve birlikte yok edilecektir. O halde, evren yok olana dek, evrenin varlığı içindeki tüm an'lar hâlâ mevcudiyetini sürdürüyor olmalı. Başka bir deyişle, an'lar halihazırda bir yerlerde hâlâ var ve yok olan hiçbir an da yoktur.

Adem'in yeryüzüne indiği an da mevcut, Nuh'un insanlığın zürriyetini taşıdığı an da mevcut. Hatta kıyamet de şu anda kopuyor, çünkü her şey tek bir an'da. Ne geçmiş silindi, ne gelecek meçhul.

Peki, hâlâ var olan bu an'ları tekrar gözlemleyebilir miyiz? Yani hâlâ mevcut olan geçmiş/gelecek an'lara geçmemiz mümkün mü? Semavi dinler, mitolojiler ve bazı bilim insanları, zamanlar arasında yolculuğun mümkün olabileceğini anlatıyor. Kur'an'daki Kehf Suresi de bu durumu açıkça bildiriyor.

Kehf Suresi'nde geçen mağara ashabı, zaman sıçramasına, zaman yolculuğuna en büyük delillerden biridir. Zira onlar "bir gün kaldık" düşüncesine sahiplerken, aslında dünya zamanı ile 309 yıl uyumuşlardır. Bu, zamanda yolculuk yapılabileceğinin en açık delilidir. Ayette geçen mağara tabiri de oldukça düşündürücü bir ifadedir; zira bugün bilim, solucan delikleri diye tanımlanan tüneller vasıtasıyla zaman yolculuğu yapılabileceğini ifade ediyor.

KEHF SURESİNDEKİ ZAMAN

Mağara tabiri, sembolik bir anlatımla bir tünel anlamına geliyor olabilir mi? Surenin ikinci bölümünde, Musa ile Hızır olduğu varsayılan bir kişinin yolculuğu anlatılır. Bu yolculuğa çıkmadan önce Hızır, Musa'ya bu yolculuk için aslında uygun olmadığını ve göreceklerine dayanamayacağını söyler. Kendisine verilen bir ilimle, eylemlerinin kadersel döngüdeki sonuçlarını görebildiğini, ancak Musa'nın bunu bilmediği için sabır gösteremeyeceğini izah eder. Kehf Suresi'nde, bu özel kulun Allah'ın kendisine verdiği bir ilimle zamanda ileri/geri hareket ederek kadersel akışa müdahalesi anlatılır.

Kehf Suresi'nin üçüncü bölümünde ise "Zülkarneyn"in zamanlar arası seyahatleri anlatılır. Surede, Zülkarneyn'in (iki zamanın sahibi) geçmişe ve geleceğe yolculukları ve yine kadersel akışa müdahaleleri anlatılır. Kehf Suresi, onun yapabilecekleri için "külli şey-in" tabiri ile her şeyi kasteder. Elbette teknoloji de buna dahildir. Çünkü aşağıda ne varsa, yukarıda da o vardır!

Tüm zamanların sahibi olarak tanımlanan Zülkarneyn için Allah'ın ona verdiği bir kudretten bahsedilmektedir. Bu kudretle, bu yolculukları başarabilmektedir. 84. ayette bahsi geçen bu kudret, Kur'an'da "sebep" olarak geçer. Allah, Zülkarneyn'e bir sebep vermiştir. Birçok tefsirde sebep, yol olarak tercüme edilse de aslında kelimenin etimolojik kökeni "yüksekte bir şeye çıkmak için araç" anlamına gelir. Belki bir gökyolu...

Kur'an'da sebep kelimesi, birçok ayette göğe çıkmayı sağlayan şey olarak bildirilmiştir.

> "Yahut göklerin, yerin ve ikisi arasında bulunanların hükümranlığı onların elinde midir? Öyleyse (göklerin) yollarında yükselsinler (görelim)!"
>
> Sad suresi 10 Ayet

> Firavun dedi ki: "Ey Hâmân! Bana yüksek bir kule yap, belki yollara, göklerin yollarına (sebepler) erişirim de Mûsâ'nın ilâhını görürüm(!) Çünkü ben, onun yalancı olduğuna inanıyorum."
>
> Mümin suresi 36/37 Ayet

Sebep kelimesinin kullanımına göz attıktan sonra anlıyoruz ki Zülkarneyn'in sebebi onu göğe ulaştırıyordu.

> "Nihayet Güneş'in battığı yere varınca, onu kara bir balçıkla batar buldu. Orada bir kavme rastladı."
>
> Kehf Suresi 86. Ayet

GÜNEŞ'İN BATTIĞI YER

Biz Dünya'dan Güneş'i izlerken batıyor sansak da aslında Güneş batmaz. Bunun ne demek olduğunu kavrayabilmek için Güneş'in yörüngesini ve hareketlerini bilmeliyiz.

> "Güneş kendisi için belirlenen yere akar. İşte bu aziz ve alim olan Allah'ın taktiridir."
>
> Yasin Suresi 38. Ayet

Güneş, nihai noktası olan ve yok olacağı yere doğru hareket etmektedir; işte bu noktaya Kehf Suresi "güneşin battığı yer" demiştir. Güneş'in bu rotasına Solar Apeks denir ve Kehf Suresi, Zülkarneyn'in Solar Apeks'in sonuna gittiğini anlatır. Vardığı yerde Güneş'in "Ayn-ı Hamiye"nin içinde batışına şahit olur. "Karagöze bir balçık" olarak tercüme edilen bu kavram, bugünün terminolojisiyle kara deliktir. Solar Apeks'in sonu olan bu kara delik, muhtemelen Samanyolu Galaksisi'nin merkezindeki süper kütleli kara deliktir.

> "Sonra yine bir sebebe tabi oldu. Güneşin doğduğu yere ulaşınca, onu kendileriyle güneş arasına örtü koymadığımız bir halk üzerine doğar buldu. İşte böyle. Şüphesiz biz onun yanındakileri ilmimizle kuşatmışızdır."
>
> Kehf Suresi 89,90,91 Ayetler

ZÜLKARNEYN'İN UZAY ZAMAN YOLCULUĞU

Bu ayetlerde de Zülkarneyn'in ikinci yolculuğu anlatılmaktadır. Bu yolculuk, ilk yolculuğunun tam zıt yönünde, yani Solar Apeks'e doğrudur. Zülkarneyn, bu sefer de Güneş'in oluştuğu yere gitmiş ve muhtemelen ayetten anlaşıldığı üzere henüz atmosferi oluşmamış bir gezegeni ziyaret etmiştir. Yani, Zülkarneyn, galaksimizdeki yıldız oluşumunun gerçekleştiği yere veya zamana gitmiştir.

"Sonra yine bir sebebe tabi oldu. İki set (Süddeyn) arasına ulaşınca, bunların önünde, neredeyse hiçbir sözü anlamayan bir halk buldu."

Kehf Suresi 92,93 Ayetler

Bu da Zülkarneyn'in üçüncü zaman yolculuğudur.

Südd, eski sözcüklerde; görünmeyen, sisli, bulutumsu anlamlarında geçen bir kelimedir. Ayette sözü edilen bu kelime somut bir yapıyı değil soyut bir yapıyı temsil eder. Astronomide Südd'ün karşılığı Bulutumsu Nebulalar olabilir. Zülkarneyn üçüncü yolculuğunu bulutumsu olan iki gezegene yapmış olabilir.

1400 yıl öncesinde o dönemin kullanılan kelimeleriyle bir uzay/zaman seyahatini anlatabilmek, elbette ancak bu şekilde olmalıydı.

Benim bu yorumlarım dilerim ki zihninizde yeni bir bakış açısı oluşturur.

En doğrusunu ancak Allah bilir.

İNSAN ZAMANDA YOLCULUKYAPABİLİR Mİ?

Kuantum fiziği mekaniği sayesinde, mikro alemde bir zerrenin aynı anda birçok yerde olabileceğini kavradık. Mikro alemdeki "zamansızlık ve mekânsızlık" yasalarını öğrendik. Peki, mikro alemde olanların makro alem seviyesinde gerçekleşmesinin önündeki engel ne olabilir? Belki de evrenin çoğunluk yapısını oluşturan temel dolgusunun (karanlık madde/karanlık enerji) ne olduğunu hâlâ keşfedememiş olmamızdır. Eğer bunun yanında gerekli olan matematiksel sistemleri de bulabilirsek, uzay/zamanda yolculuk bir gün bizim için de mümkün olabilir.

Işınlama ve eşyanın nakli konusundaki tıkanıklığın bir nedeni de evrenin "esir maddesi" konusundaki yetersiz bilgilerimiz olabilir. Maddesel bir nesne, tıpkı onu meydana getiren elektronların yaptığı gibi aynı zamanda dalga formunda hareket edebilir mi? Mikro alemde, maddenin madde içinden geçtiğine dair birçok bilimsel bulgu vardır.

Makro sistem, mikro sistemlerin planlı ve düzenli bir bütünü olduğuna göre, bir insanın, bir geminin, bir hayvanın, kısacası madde olarak mevcut olan her şeyin, gerekli şartlar sağlandığında, mesafeleri ışık ötesi hızlarda kat edebileceğini biliyoruz.

Tüm varlıklar en temelinde elektronlardan oluştuğuna göre, elektronların ışık haline geleceği şartlarda, ilgili varlık da tamamen ışık/dalga yapısına bürünebilir ve uzay/zamanda yolculuk yapabilir.

MİRAÇ VE ZAMANDA YOLCULUK

Miraç gecesi, Cenab-ı Hakk'ın daveti üzerine Hz. Muhammed'in Mescidi Haram'dan Mescid-i Aksa'ya, oradan semaya, yüce alemlere, ilâhi huzura yükseldiği ve döndüğü gecedir.

"Hatta O, göklerin son hudut olan "sidretül münteha"yı da aşıp oradan Cennet ve cehennem denilen alemleri de izlemiş ve "Arş" hariç kendisine tüm alemleri ve tüm evren temaşa ettirilmiştir. Böylece O, şu anda Hz. İsa'nın bulunduğu göğün çok daha ötelerine geçmiş olmaktadır. Üstelik o görevini tamamlamak ve insanlara bu seyahati hakkında bazı şeyler anlatabilmesi için çıktığı o kâinat zirvesinden hemen geriye, dünyaya iade edilmiştir?"

Varlık ve Uzay ayetleri tefsiri Syf. 511

Bast-ı Zaman sırrıyla, çok seneleri birkaç dakikaya ya da saate sığdıran Miraç, bu hakikatin vuku bulduğuna dair bizlere bir delildir. Miraç'ın birkaç saatlik müddeti, binlerce senelik genişliğe sahiptir. Peygamberimiz, Miraç yolu ile beka âlemine girmiştir. Beka âlemi, yani sonsuz olan Ahiret Âlemi'nin birkaç dakikası, bu dünyanın binlerce senesine tekabül etmiştir. Miraç hadisesi, zamanda yolculuğun en büyük delilidir.

Peygamberimiz, Miraç yolu ile "tüm" zamanları gezmiş, görmüş, cisim ve vücudu ile o mekânları ziyaret etmiş ve sonrasında Dünya'ya geri dönmüştür.

"Kendisine âyetlerimizden bir kısmını gösterelim diye kulunu (Muhammed'i) bir gece Mescid-i Haram'dan çevresini bereketlendirdiğimiz Mescid-i Aksa'ya götüren Allah'ın şanı yücedir. Hiç şüphesiz O, hakkıyla işitendir, hakkıyla görendir."

İsrsa Suresi 1. Ayet

14. BÖLÜM

SEMANIN GÖRÜNMEZ KAPILARI GÖK YOLLARI

Kur'an'da birçok ayette "semanın görünmez kapıları" olarak tabir edilen göksel yollardan bahsedilir. Uzay/zaman içindeki geçişleri sağladığını düşündüğümüz bu tünellere, bugünün terminolojisiyle solucan delikleri, yıldız geçitleri gibi isimler verilmektedir. Bunun ne anlama geldiğini kavramak için öncelikle Kur'an'da geçen "sema" sözcüğünün anlamını bilmeliyiz. Kur'an'da sema olarak kastedilen, evrenin uzay/zaman örüntüsüdür. Bu uzay/zaman (sema) yapısını tıpkı bir ağ/çarşaf gibi hayal edin. Ağın üzerindeki gök cisimleri, bulundukları yeri büyük kütleleri nedeniyle eğip bükmektedir. Çok devasa büyüklükteki gök cisimleri ise sadece eğip bükmekle kalmaz, bulunduk-

ları yerde bu uzay/zaman örüntüsünde yırtılmalara sebep olup adeta bazı tünellerin oluşmasına yol açar.

"Her canlı ölümü tadacaktır" ayetinin hükmü, tüm varlıkları ve âlemi bütünsel olarak kapsayan ilahi bir fermandır. Bu hükümden, insanlar kadar canlı veya cansız dediğimiz her şey gibi, tüm göksel cisimler de nasibini alacaktır. Kütlesi Güneş'ten çok daha büyük olan gök cisimleri, sönüp ölürken kendi içine çöker ve bir kara deliğe dönüşür. İşte bu kara deliklerin devasa varlıkları, uzay/zaman (sema)da sebep oldukları çökme sonucu oluşan delik/tünel ile başka boyutlara geçiş için zemin hazırlar. Kur'an, bu geçiş yollarına semanın görünmez yolları demiştir. Bu göksel geçişleri sağlayan yolların varlığı ile ilgili birçok ayet bulunmaktadır.

"Gök açılır ve kapı kapı olur."
Nebe Suresi 19. ayet.

"Yazılı kâğıt tomarlarının dürülmesi gibi göğü düreceğimiz günü düşün. Başlangıçta ilk yaratmayı nasıl yaptıysak -üzerimize aldığımız bir vaad olarak- onu yine yapacağız. Biz bunu muhakkak yapacağız."
Enbiya suresi 104. Ayet

"(O,) meâric'in (semalara yükselme vasıtalarının) sahibi olan Allah tarafındandır."
Meariç suresi 3. Ayet.

"Melekler ve Ruh ona süresi elli bin yıl olan bir günde yükselir."
Meariç suresi 4. Ayet

UZAYDAKİ KESTİRME YOLLAR

Fizikçi Stephen Hawking, *"Zamanın Kısa Tarihi"* adlı eserinde, evrende yıldızlardan çok kara deliğin olduğunu söyler. Uzay/zaman dokusunun bükülmesine sebep olan bu kara delikler, uzay/zamanda birbirlerine milyonlarca ışık yılı uzaklıktaki iki noktayı yakınlaştırabiliyor. Adeta semanın kestirme yolları gibidir.

Kara deliklerin sebep olduğu ve uzay/zaman örüntüsünün ötesine açılan bu tünellerde, bildiğimiz klasik fizik kanunlarının geçersiz olduğu bilinmektedir. Başka bir deyişle, fizik ötesi başka bir aleme kapı açılmaktadır ki "fizik âleminin" bu son noktasına, yani iki âlem arası son sınıra Kur'an "Sidretü'l-Müntehâ" demiştir. Görünen yani ışık konisinin içinde kalan evrenin ötesi, takyonlar âlemidir.

> "Işık konisinin dışında kalan bölge, arka plandaki takyonlar alemi. Muhtemelen bu evrenin arka planı, asıl gerçeklik alemi. Işıktan binlerce kat daha hızlı zerrelerin yani nurun alemi: sidretül müntehanın ötesi. Ve evrensel takyonik arka planın varlığı şayet bir gün kanıtlanırsa anlayacağız ki ayak izleri yürüyen kişiden önce gelir. Yani burada izlediğimiz "evren/yaşam"adeta geriye dönük izler gibi şehadet ettiğimiz bir rüya"
>
> Kenzül Alem syf 98.

"Allah'ım! Gerçek hayat sadece âhiret hayatıdır."

(Buhârî, Rikak 1, Cihâd 33, 110, Menâkibu'l-ensâr 9, Megâzî 29; Müslim, Cihâd 126, 129. Ayrıca bk. Tirmizî, Menâkıb 55; İbni Mâce, Mesâcid

GERÇEK HAYAT SADECE AHİRET HAYATI İSE O HALDE GERÇEK ALEM DE SADECE AHİRET ALEMİ!

Kara deliklerin etkilediği alanı bir huni şeklinde tasvir edebiliriz. Bölgenin en geniş sınırı "Olay Ufku" olarak adlandırılır. Ayrıca çekimin olağanüstü derecede arttığı, adeta sonsuz olduğu bir bölge vardır ki, burası "huni"nin inceldiği uç kısmıdır ve bu bölgeye tekillik (singularite)

denir. Tekilliğin ötesi, farklı yasaların geçerli olduğu bir bölgedir. Bazı bilim insanlarına göre, kara delikler kendi varlığı ve öz hacmi ile "dışına" taşmakta, uzay/zamanı da beraberinde götürerek bizim âlemimize benzemeyen farklı bir âleme geçiş kapısı görevi görmektedir. Görünen bu evrenin nihayetinde, merkezindeki dev bir kara delik tarafından yutularak sonlandırılacağı görüşü oldukça kabul gören bir kuramdır ve Kur'an bu süreci şöyle anlatmaktadır:

> "O gün yeryüzü başka bir yere, göklerde başka göklere tebdil olunacaktır"
>
> İbrahim ayeti 48 ayet (uzay varlık ayetleri tefsiri)

> "Kendi ifadesiyle; gazabına üstün olan merhametinden hareket edecek olursak yeni kurulan kâinatta cennetlere cehennemden daha geniş yer verileceğini rahatlıkla söyleyebiliriz. Bunlar özel değişmez ALEMLER olarak Allah'ın varlık kâinatında çok daha önceden yerlerini almış olabilirler. İşte insan yeni dünyaları cennet veya cehennem bunlardan biri olacaktır."
>
> (Uzay ve varlık ayetleri tefsiri Syf. 372)

Kozmoloji ile ilgili eserlerinden tanıdığımız ünlü fizikçi Paul Davies bu konuda şunları söylemiştir:

> "Uzay, çok karmaşık bir şekilde zamana bağlıdır. Uzayın gerildiği ve büküldüğü gibi zaman da gerilir ve bükülür."

Zamanın donarak ebediyen durması, kara deliklerdeki tekilliğin (singularite) en belirgin özelliğidir. Zamanın durması ve sabit kalması, fizik yasalarının geçerliliğini kaybetmesi, uzayın bütün özelliğini yitirmesi ve yepyeni bir başka "evren"e girilmesi demektir. Orası bizim evrenimize hiç benzemeyecek; zaman, madde ve boyutlar farklı bir varoluşa sahip olacaktır. Kâinat dışına açılan bir "kapı" arayan astrofizikçiler için kara delikler adeta bir umut kapısıdır. Esasen paralel evrenler ve karşı âlemlerin, yani ahirete ait dünyaların varlığına işaret eden ilgi çekici bir husus olmaya devam etmektedir.

Kozmik ışınlar üzerinde sürdürülen çalışmalar, ışıktan hızlı ışınların varlığını gösterdi. Kozmik arka plan ışınımı

denilen bu durum, açıkça ışık hızı ile sınırlı bu evrenin ötesindeki âlemlere işaret etmektedir. İlahlaştırılan klasik fizik yasaları, kara deliklerin varlığı ile altüst oldu.

Evrenin kıyameti için öngörülen en olası senaryo, tıpkı yaratıldığı o ilk andaki tek noktaya geri dönerek yok olacağı görüşüdür. Hatta ilk noktanın tezahürü ile içten dışa çoğalarak açılan evrenin, bu genişlemenin sona ermesinden hemen sonra geri dönüş için kapanışa geçeceği de varsayılmaktadır. Yani tüm galaksiler ve göksel cisimler toplanarak büzülecek ve yaratılıştaki tek ve bir olan noktaya çökecektir.

ALEM, YENİ ALEMLER OLUŞTURMAK İÇİN HERŞEYİN BİTİŞİK OLDUĞU O İLK NOKTA DURUMUNA GERİ GETİRİLECEKTİR.
HAMD, ALEMLERİN RABBİNE ....

"Göklerde, dürülüp katlanmadan ibaret olan "tayy" olayı, açılan ve genişleyen alemlerde, tersine bir işlemin başlayacağını ve ilk başlangıca dönüşü, ifade eder

Uzay Ayetleri Tefsiri, Celal Yeniçeri: Sayfa 122.

"(Düşünün) o günü ki; Biz göğü, kitapların sayfalarını katlayıp büker gibi düreceğiz. Onun tıpkı yaratmaya başladığımız ilk durumuna döndürürüz. Bu üzerimize aldığımız bir va'd olmuştur. Biz (idare ettiğini) yapanlarız."

Enbiya suresi 104 ayet Sayfa 391.

Evren niçin yaratıldı ve niye yok ediliyor? Beklenen kara delik kıyametinden sonra yeni bir yaratılış var mı gibi sorular, artık astronomi merkezlerinde tartışılan konular arasında yer alıyor. Ancak, dikkatli ve multidisipliner bir bakışla, bu soruların tüm cevaplarının bizzat Kur'an'da bulunduğunu rahatlıkla söyleyebilirim. Einstein'ın genel izafiyet kuramı, paralel evrenleri birbirine bağlayan köprülerin (Einstein/Rosen köprüsü) olabileceğini kabul eder.

Bazı bilim insanları, gelecekte astronotların Einstein-Rosen köprüleri aracılığıyla gerektiğinde bir evrenden diğer bir evrene geçebileceğini hayal etmeye başladı bile. 1930'da Einstein ve Rosen, uzay/zaman eğilmesinin kara deliklerde zirvede olması gerektiğini söyler. Onlara göre,

oluşan bu "uzay/zaman eğriliği" başka bir evrene açılmadır. Başka bir düşünceye göre ise kara deliğin açıldığı ikinci evren, bizim evrenimizin uzak bir köşesidir. Evrenimizde çok sayıda kara delik bulunduğuna göre, uzay birbiri içine geçmiş sayısız tünelle birbirine bağlanmış durumda.

ALEM İÇİNDE ALEMLER

Albert Einstein ve Nathan Rosen, kara deliklerin tünellerini matematiksel olarak incelemişler ve ilginç bir sonuca varmışlardı. Tünel, sonsuza kadar uzayıp gitmez; bir noktadan itibaren yeniden genişleyerek, başka bir evrenin parçası haline gelir. Bu da demektir ki, birbirinden çok uzak iki evren, bir Einstein-Rosen köprüsü ile birleşebilir. Bu köprü, bir evrenden bir kara delik halinde düşmektedir. Burada, uzayın biçimi bozulmakta ve bir huniye benzemektedir. Sonra da ters dönmüş bir huni halinde başka bir evrene açılmaktadır ve sonuçta, iki evren dar bir tünelle birbirine bağlanmış olmaktadır.

İnsanları fiziksel olarak bir solucan deliğine göndermek henüz bir hayal olsa da, Aralık 2022'de bilim insanları teorik bir tünel oluşturduklarını açıkladılar. İlk defa bir kuantum bilgisayarda iki kara deliği simüle edebilen araştırmacılar, bu kara delikler arasında mesaj ilettiklerini duyurdular. Nature dergisinde yayınlanan araştırmada, deney sırasında fiziksel olarak uzay/zamanda herhangi bir yırtılma yaratmadıklarını belirttiler.

Çalışmanın ortak yazarlarından Joseph Lykken, "Bu noktada söyleyebileceğimiz şey, bir solucan deliğine (tünel) benzer bir şeye sahip olduğumuz" dedi. Yine araştırmanın ortak yazarlarından Maria Spiropulu ise oluştur-

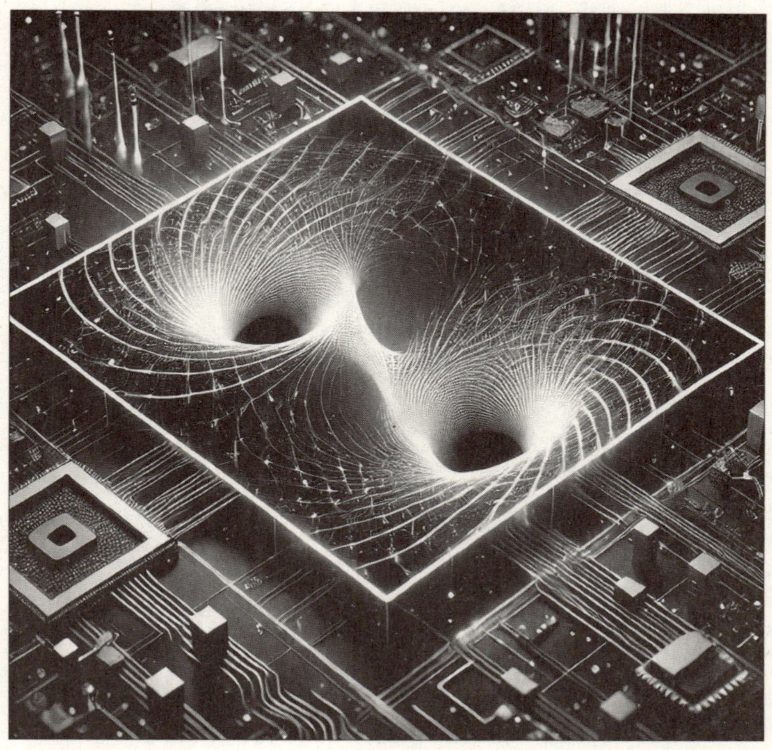

dukları deneyi bebek solucan deliği özelliklerine sahip olarak tanımladı ve şimdi adım adım yetişkin solucan delikleri ve yürümeye başlayan solucan delikleri yapmayı umduklarını söyledi.

Bu çok büyük bir sıçrama...

Tüm bu bilgiler ışığında, Hz. Muhammed'in miraç hadisesini, gök katlarını ve âlemleri ziyaretini bir kez daha hayal edin. Kıyamet sonrasında Mahşer ve hesap günü safhalarından sonra insanların cennet gibi diğer gök katlarına nasıl ulaşacaklarını bir de bu şekilde düşünelim.

Her şey bize Yaratıcı'nın azamet ve kudretini gösterir.

- Güneş dürülüp söndürüldüğü zaman,
- Yıldızlar (kararıp)parçalanarak dağıldığı zaman,
- Dağlar (yerlerinden koparılıp) yürütüldükleri zaman,
- Bulutlar yağmursuz salıverildiği zaman,
- Vahşi hayvanlar bir araya toplandığı zaman
- Denizler kızıştırıldığı zaman
- Ruhlar(bedenleriyle) birleştirildiği zaman,
- Diri diri gömülen kızdan, onun hangi suçtan öldürüldüğü sorulduğu zaman,
- (Hesap)defterleri açıldığı zaman,
- Gök yerinden sökülüp koparıldığı zaman,
- O alevli ateş (cehennem)kızıştıkça kızıştığı zaman,
- Cennet (onu hak edenleri kabul için) yaklaştırıldığında zaman,
- Herkes hazırladıklarının ne olduğunu görüp öğrenecektir.

Tekvir Suresi 1/14 ayetler

"Göklerin ve yerin hükümranlığı Allah'a aittir. Allah her şeye kâdirdir."

Al-i İmrân suresi 189. Ayet

15. BÖLÜM

TAKYONLAR ALEMİ

"Bir gün insanlık takyonlar vasıtası ile geçmişe mesajlar gönderebilecek."

Belki de gelecekten mesajlar çoktan alındı...

Hiç düşündünüz mü, Kur'an'da kıyamete dair birçok ayette neden "dediler" ifadesi kullanılır? Neden bu ayetler geçmiş zamanla ifade edilir? Halbuki bize göre kıyamet henüz kopmadı. Bu ifadeler karşısında zorlanan bazı müfessirler, açıklama getiremedikleri bu durumu karşılamak için "dediler" kelimesini birçok yerde "derler" olarak tercüme etmişlerdir. Peki, kutsal kitabımızda geleceğe ait olaylar neden geçmiş zaman fiiliyle anlatılıyor olabilir?

Bugün, görüntülerin ve seslerin bir hologram yardımıyla "an"da bir mekânda belirmesine şaşırmıyoruz, ama Belkıs'ın tahtının bir an'da Süleyman'ın yanına getirilmesini masal sanıyoruz. Güneş'ten yola çıkan bir ışığın, 150 milyon km'yi 8 dakikada kat ederek dünyamıza gelişine hayret etmiyoruz. Oysa bunun açık anlamı, aslında gördüğümüz her şeyi en az 8 dakika önceki haliyle gördüğümüzdür. Ancak zihnimizi bir türlü "madde"nin sınırlarından kurtaramadığımız için hakikate yaklaşamıyoruz.

Işığı bile "an"da göremiyoruz! Tıpkı gökyüzünde seyrettiğimiz yıldızların aslında şu an sönmüş olması gibi...

> "Kanıtlar sizi nereye sürüklerse sürüklesin, onları takip edin"
>
> Sokrates

İşte tam bu noktada sizleri takyonlarla tanıştırmak istiyorum. Albert Einstein'ın görelilik yasasının bir sonucu da takyonların varlığıdır.

IŞIKTAN HIZLI PARÇACIKLAR

Biliyoruz ki maddesel evrenin sınırı ışık hızıdır. Yani görünen bu âlemin bir bariyeri var ve hiçbir fiziksel varlık bu bariyeri asla aşamaz. Bu sınır, ışığın hızı ile sabitlenmiştir. Herhangi bir maddesel nesne ışık hızına ulaşırsa, kütlesi sonsuzluğa ulaşır. Peki, bir parçacık bir şekilde ışık hızı eşiğini kırıp ışık hızını aşarsa ne olur?

Bu soru, takyon fikrinin ortaya çıkmasına sebep ol-

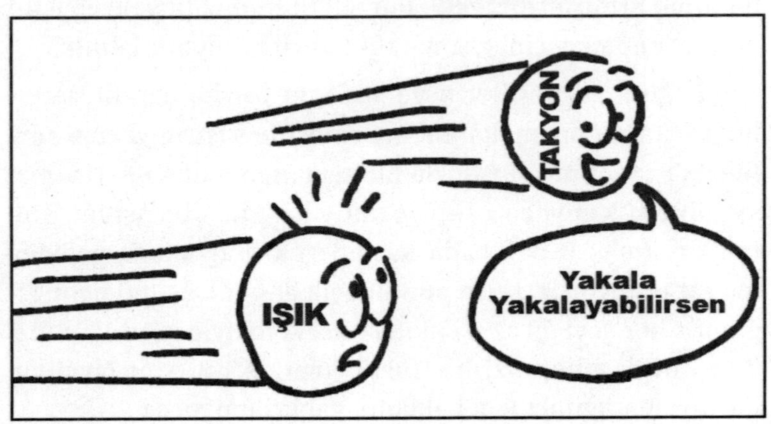

muştur. Bir parçacık ışık hızına ulaşırsa, kütlesi sonsuzluğa ulaşır yani eksi kütleli olur. Bu da onu, nesnel olmayan, sanal bir varlığa, bir nevi anti-maddeye, hayali bir varlığa dönüştürür.

"Takyon" kelimesinin kökü, "tahayyül"den gelir... Yani hayal. Sommerfeld, Richard Tolman gibi birçok fizikçi, 1900'lerin başlarından itibaren ışıktan hızlı parçacıkların varlığının olasılığı üzerine birçok çalışma başlattı. Zaman içinde onlara, Teksas Üniversitesi'nden G. Sudarshan, G. Feinberg gibi fizikçiler de katıldı ve takyonların varlığı üzerine birçok akademik açıklama getirdiler. Buna rağmen, takyonları asla kabul etmeyen fizikçiler de elbette ki var. Ancak en ilginç olanı, takyonların matematiksel olarak kesinlikle hesaplanabilir ve var olan bir olgu olarak kabul edilmesidir.

Bu konuyu daha iyi anlatabilmek için ünlü Lorentz denklemini tanıtmak istiyorum. Lorentz denklemlerine göre, hız ve kütle ilişkisi şöyledir:

$$E = mc^2$$

$$m = \frac{m_0}{\sqrt{1 - \frac{v^2}{c^2}}}$$

V=hız c (yani ışık hızı)'dan küçük olduğu sürece sorun yok. burada kütle az bir miktar bir değer alır.

Zaman t=1, 2, 3, 4....... gibi normal bir şekilde ilerler

Ancak,

V=hıs c'den büyük olduğunda yani varlık ışık hızını aştığında m yani kütle irrasyonel (hayal/sanal) olmakta zaman ise, t=-1, -2, -3, -4 olacak şekilde terse doğru hareket etmektedir!

Zamanın ters işlediği bir alemde sonuç, sebepten evvel olmuştur!

OLAN OLMUŞTUR.
OLACAK OLANDA
O "OLMUŞUN"İÇİNDEDİR.

Işık hızının altındaki görünen bu evrende her şey zamana bağlı entropi ile doğru orantılı olarak enerji kaybeder. Adına ölüm dediğimiz her şey bu enerjinin sonlanma-

sından ibarettir. Takyonlar aleminde ise durum tam tersidir ve enerji devamlı artmaktadır. Kütle negatif (hayal/sanal) olduğu, zamanın terse aktığı ve tüm bilinen fizik kanunlarının ters düz olduğu bu alemi, sınırları belirlenmiş akıl ve duyularımızla idrak etmemiz mümkün değildir Zamanın terse aktığı bu alemde;

GELECEK, GEÇMİŞTEN ÖNCE YER ALMAKTA.

Varlığı "zaman, mekân ve madde" gerçekliği ile varsa vardır diye kabul eden klasik fizikçilere göre takyonlar yoktur oysa ki bugün bilimin zirvesi Kuantum fiziği bize bizzat "zaman, mekân ve maddenin" gerçek olmadığını bildiriyor.

Kütlenin eksi değere ulaşması yani sanal olması nasıl mümkün diye düşünebilirsiniz ama bu matematiksel olarak hesaplandı ve bir şey matematiksel olarak hesaplanıyorsa "bir değeri" vardır!

Kuantum fiziği çift yarık deneyinin sonuçlarına göre VARLIĞIN zaten fiziksel bir gerçekliği yoktur o halde referansımız fizik değil matematik olmalıdır.

Takyonlar, Fiziken (maddesel olarak) yok olsa da matematiksel olarak var.

Adeta, aynadaki aksimiz gibiler.

Hem var hem yok....

Işık hızı, takyonlar Alemi ve madde alem arasındaki hız sınırdır.

Işık hızına ulaşıldığında madde yok olmakta, Işık hızından sonra ise takyonlar var olmakta.

EVREN MATEMATİKSEL BİR TASARIMDIR

Hayali/soyut takyonlar boyutunda her şey, bizim boyutumuzun tam tersi şekilde işlemektedir. Takyonların tüm davranışları, kütlenin tam tersidir. Örneğin, biz onları itmeye çalışırsak, bize doğru yönelirler; kendimize çekmeye çalışırsak kaçarlar.

Diyebilirsiniz ki fiziksel olarak tespit edemediğimiz bu parçacıklar konusunda nasıl emin olabiliriz? Evet, fiziksel olarak görmemiz mümkün olmasa da matematiksel olarak mevcutturlar ve bilimde matematiksel olarak hesaplanan her şeyin varlığı er ya da geç bir gün gözlemlenmiştir. Çünkü bilim, matematikle ilerler.

Evren, bir ölçü ve hesap üzerine yaratılmış, yani matematiksel ilahi bir tasarımdır. Takyonların bu varoluşsal gerçeklikleri, madde olma halinin aslında "ışık hızının" altında yoğunlaşarak görünür hale gelme durumu olduğunu ifade etmektedir. Yapılan tüm matematik temelli araştırmaların sonuçlarına bağlı olarak da biliyoruz ki, ışıktan hızlı zerreler vardır ve bunların varlığı, fizik ötesi metafiziksel yani görünmez âlemlerin varlığının da delilidir.

"Gelecek çoktan geçmiş, geçmiş hiç gelmemiş olabilirmiş..."

Prof. dr. İsmail Hakkı Aydın/Beyin sizsiniz 3

16. BÖLÜM

FİZİK ÖTESİ METAFİZİK EVRENLER

ÂLEM İÇİNDE ÂLEMLER...

Takyonların ve onların yapı taşı olduğu âlemlerin varlığının reddi, sanal kütlenin yani hayali varlığın hâlâ katı deterministik bilim tarafından kabul edilmemesinden kaynaklanmaktadır. Oysa herhangi bir varlığın tarifini yapamamak, onun varlığını reddetmemize yol açmamalıdır. Çünkü ilk bölümlerde anlattığım gibi, insan duyu organları son derece sınırlı bir kapasiteyle evrensel spektrumu okuyabiliyor ve bu sınırların ötesindeki hiçbir şeyi doğal olarak bilemiyoruz. Beden yapımızın bu yetmezliklerini görmezden gelip, sanki tüm varlığı zaten algılıyormuşuz gibi kendimizi inandırmamız, bilimin görünmez metafizik dediğimiz alanda kısır bir döngüye girmesinin başlıca sebebidir. Kuantum fiziği, tam da burada, gördüğümüz şeyin gerçeklik olmadığını ve görmediklerimizin de yok hükmünde olmadığını bildiriyor.

Kaldı ki, ışıktan hızlı kozmik ışınların varlığı zaten tespit edildi. 1974'te bir grup fizikçinin başlattığı çalışmalarda, Princeton NEC Enstitüsü'nde çalışan Lijun Wang ve ekibi, bu kozmik ışıkların, bilinen ışıktan üstelik 300 kat daha hızlı olduğunu laboratuvar ortamında ispatladı.

Princeton NEC Enstitüsü'nün uzmanlarından Dr. Lijun Wang, açıklamasında, laboratuvar deneyinin, bir ışık demetinin, içinde özel olarak hazırlanmış sezyum gazı bulunan test ortamına gönderilmesiyle yapıldığını söyledi. Wang'ın verdiği bilgiye göre, aşırı hassas zaman ölçme cihazlarının kullanıldığı deneyde, ışık demeti, daha sezyum gazlı test ortamına girmeden ortamdan çıktı. Işık demetinin test ortamından çıkıp yoluna 20 metre devam ettikten sonra, ortama daha o anda girdiği belirlendi. Wang, başka bir deyişle, ışık demetinin, iki yerde aynı anda bulunduğunu söyledi. Yani ışık, daha test ortamına girmeden dışarıya çıktı. Test sonuçlarını inceleyen Berkeley Üniversitesi fizik profesörü Raymond Chiao, deney verilerinin "inanılmaz

bir duruma işaret ettiğini" söyledi. Bilinen fizik kurallarına göre, her türlü veri, en fazla, saniyede 300 bin kilometre olarak kabul edilen ışık hızıyla iletilebilir. Zaman da bu ışık hızıyla göreceli olarak hesaplanır.

Wang'ın deneyinin geçerli kabul edilmesi halinde, fiziğin temel kanunlarından olan ve "neden sonuçtan önce gelir" şeklinde özetlenebilecek "etki-tepki" yasasının da geçersiz kalacağına dikkat çekiliyor. Bu durumda, bir olgunun sonucu, onu yaratan nedenden önce geliyor ve başlamadan bitmesi mümkün olabiliyor. Deney sonuçları, bilinen zaman kavramının "çökeceğine" işaret ediyor.

Köln Üniversitesi'nden Dr. Guenter Nimtz, konuyla ilgili yaptığı açıklamada, böylece "bilgi"nin ışıktan daha hızlı bir şekilde ulaştırılabileceğinin kanıtlandığını söyledi. Lijun Wang ve ekibinin araştırmasının tüm ayrıntıları, ünlü bilim dergisi Nature tarafından yayımlandı.

Test sonuçlarını inceleyen Berkeley Üniversitesi fizik profesörü Raymond Chiao, deney verilerinin "inanılmaz bir duruma işaret ettiğini" söyledi. Wang'ın deneyinin, fiziksel dünyanın şimdiye kadar doğru kabul edilen kurallara göre davranmadığını kanıtladığını ifade eden Chiao, modern bilimin, atomdan küçük parçacıkların aynı anda iki ayrı yerde birden bulunduğunu keşfetmeye başladığını belirtti. Chiao, böylelikle uzay–zaman ayrımının ortadan kalktığını vurguladı. Bu arada, İtalya'da Ulusal Araştırma Konseyi'nden bir grup fizikçinin mikrodalgalar üzerinde yaptığı araştırmalar da ışık hızının aşılabileceğini gösterdi. İtalyanlar, ışık hızını yüzde 25 oranında geçtiler. Almanya'nın Köln Üniversitesi uzmanlarından Dr. Guenter Nimtz de yaptığı deneylerde benzer sonuçlara ulaştı.

https://www.muhendisbeyinler.net/forum/konu/sezyum-gazi-testi-isik-hizi. 448/

Bildiğimiz evrensel neden/sonuç ilişkisini tam tersine çeviren bu inanılmaz bulgulara göre, aslında bildiğimiz anlamdaki zaman kavramı da çökmüştür. Çünkü bu sonuçlar, "BİLGİNİN, IŞIKTAN DAHA HIZLI ULAŞTIĞININ İSPATIDIR".

Evet, bildiğimiz bu âlemin yasalarına göre herhangi bir şeyin kütlesiz olması mümkün değildir, ama bu sadece görünen bu evrenin yasalarıdır! Kuantum çift yarık deneyi ise zaten varlığın göründüğü gibi olmadığını ve madde olarak gördüğümüzü düşündüğümüz her şeyin de gerçek hakikatinde hacimsiz olduğunu ispatlamıştır. Maddenin temel yapısı sandığımız atomun, tamamen "kuantum" oluşu ve fizik ötesi yasalarla işleyişi, bize ışıktan öte âlemlerin varlıklarını açıkça bildirmektedir.

- Evrenin zamansal bir gerçekliği yoktur.
- Evrenin mekânsal bir gerçekliği yoktur.
- Evrenin maddesel bir gerçekliği yoktur.
- Evrenin hacimsel bir gerçekliği yoktur ve
- Zannedilenin aksine fiziksel bu alemi de metafiziksel yasalar (kuantum yasaları) yönetir ...
- O halde gerçek Alem bu ışık konisinin ötesinde olmalı...

Aristoteles, "Varlığın, var olmayandan daha fazla var olmadığını, boş olanın cisimden daha fazla olduğunu" bildirmiştir. *(Aristoteles/Metafizik sayfa 98)*

Stephen Hawking *"Ceviz Kabuğundaki Evren"* adlı eserinde evrenimizin içinde sonsuz sayıda iç içe geçmiş soyut (metafizik) evrenlerin varlığından ve o evrenlerdeki eş benzer eşizlerimizden söz eder. O muhtemel evrenlerdeki eşizlerimizi de şöyle anlatır:

"Biz o eşizlerimizi göremeyiz ama bizim korkularımız becerilerimiz ve özlemlerimizi dahi etkiliyorlar. Yani bu fiziksel evrende her ne var ise onun yansıması olan sanal/soyut evrenlerde de var." Takyonların varlığı sanal evrenlerin varlığına delil olabilir mi acaba? Ortada hiçbir neden yokken bazı önsezilerimizi, ani korkularımızı, hayallerimizi hatta ani aşkları bile bu soyut evrenlerdeki eşizlerimize bağlayan S. Hawking'e göre mikro alem seviyesindeki bu evrenler makro alemin tüm dokusuna dağılmış vaziyette.

Acaba gerçekten Prof. Dr. David Bohm, Prof. dr. Karl Pribram ve Prof. Dr. Stephen Hawking'in ima ettiği gibi başka bir alemdeki gerçek varlığımızın sınırlandırılmış

Ve daha az yetkilerle donatılmış kopyaları olabilir miyiz?

"Bize öğretildiği gibi gerçekten bir beden varlık olma ihtimalimiz sizce var mı? Kuantum fiziğinin yıktığı nesnel gerçeklikten sonra olmamalı." Potansiyel enerji" dışında hiçbir şeyin olmadığı bir alanda madde dışı varoluşumuzu kavramak elbette kolay değil ama gerek kuantum fiziği gerekse holografik evren kuramı ile vardığım özet bilgiye istinaden diyorum ki, öz varlığımız "asıl aleminde" uyku benzeri bir düşün içinde ...Kendimize şahitlik ettiğimiz bu ilahi rüyanın gerçekliğine inanmamız için de tüm geçmişimiz unutturuldu. Avatar bedenlere senkronize edildik. Belki bunun için Kur'an "Her bilinç ölümü tadacaktır", diyor. Çünkü ölüm diye tanımladığımız, o vakit bir yok oluş değil sadece dünya rüyasından uyanıştır".

Kenz-ul Alem Syf 273.

ALEMLERİN ASLI HAYALDİR

Şimdi hayal ve gerçeklik arasındaki ince farkı anlatabilmek için sizi bir düşünce deneyine davet ediyorum.

Varsayalım odamızın tüm duvarları aynalardan oluşmuş. Bu odaya girdiğimizde bizimle birlikte sonsuz yansımamız oluşur. Çünkü aynalar paralel olduğu için aralarındaki açı sıfır derecedir. 360 sayısının sıfıra bölümü belirsizdir, yani bu aynadaki yansımalar sonsuza kadar çoğalır gider. Bu yansımalar "madde" olmadığından birbiri içine girmiştir.

Bu konuda araştırmalar yapan bazı bilim insanları ise şu görüştedirler:

Süper uzay kavramı ile paralel evrenlerin iç içe girmiş kutular gibi, aynı büyüklükte olduklarını fakat hepsi madde olmadığından buna bir engel olmadığını söylerler.

Işık hızını geçen sanal parçacıkların varlığı (takyonlar) bu sanal (Metafizik) evrenlerin olması gerektiğinin delilidir.

Yokluk mutlak varlığın aynasıdır.
Allah nurunun varlığı yoklukta görünür.
Yokluk aynadır
Alem o aynadaki akis
İnsan da o aksin gözü gibidir.
Aynanın karşısındaki ise o gözün içinde gizlenmiştir.
Sen, aynadaki aksin gözü,
Allah o gözün ışığı ve gözbebeğidir.
Âlem insan olmuştur, insan da Alem.
Gören de O'dur
Göz de O,
Görünen de O...

Gülşeni Raz/Mahmud Şebusteri

Albert Einstein'ın izafiyet kuramı ve enerji denklemi bize varlığın iki yüzü olduğunu göstermiştir.

Varlığın bir fizik yüzü, bir de metafizik yüzü vardır. Varlık ile yokluğun ayrılmaz bütünlüğünü anlayabilmek için fizik ve metafiziğin birleştiği kuantum fiziği yasaları bu nedenle çok önemlidir. Maddesel olmayan bir gerçekliğin olmadığına inanmak için yeterli sebebimiz var mı?

Tüm bu akıl almaz muhteşem varoluşun içinde bizler yalnızca bilincimizle gözlemleyebildiğimiz evreni bilebiliyoruz.

İbn Arabi'nin tabiri ile Alem-i misal,

Maddeden sıyrılan alem. . .

İnsan bilinci, düşüncesi ve hayalleri ile paralel olarak ortaya çıkan ve sürekli bilgi alışverişi ile dalgalanan sonsuz olasılıklar evreni.

"Sizler ancak ebediyet (sonsuzluk) için yaratıldınız......"

Ömer bin Abdülaziz(ra)

17. BÖLÜM

HAYAL, TAHAYYÜL

Kırılan dalgaların dövdüğü bir kıyının
Haykırışları içinde duruyorum:
Ve altın kum taneleri
Tutuyorum avucumda
Ne kadar az!
Ama nasıl da süzülüyorlar parmaklarımın arasından derinlere
Ben ağlarken.
Ben ağlarken!
Ah Tanrım!
Daha sıkı tutamaz mıyım onları?
Ah Tanrım!
Tekini bile kurtaramaz mıyım acımasız dalgadan?
Bir düşün içinde bir düş mü
Bütün gördüğümüz ve göründüğümüz?

Edgar Allan Poe (1809-1849)

İbn Arabi'ye göre "hayal" kurmak, metafizik (görünmeyen) âleme kapı açmaktır. Ona göre, hayal ya da düş, Hakk'ın zuhur ettiği mertebe ile bütün evrenler arasında kendine özgü bir işleyişi olan ara bir âlemdir.

Peki, hayal nedir? Hayal, maddesel (görünür) ile soyut (görünmeyen) evren arasında adeta bir köprüdür. Yok olanı hayal edemezsin. Ancak varlık âleminde, hayal mertebesinde mümkün ve mevcut olanı hayal edebilirsin. Yok olanı hayal edemezsek, o hâlde hayal, burada tezahür eden (görünür olan) gerçekliğimizden önce var olmalıdır!

Bu durumda, adına hayal dediğimiz "mümkünler", bir bilgi veya kayıt misali bir yerlerde muhafaza edilmektedir. Bunları daha iyi kavrayabilmek için şimdi tekrar evrenin temel yapısına göz atmamız gerekiyor.

Newton fiziği, evrenin temel yapısının atom ve dolayısıyla madde olduğunu bildirmişti. Einstein'ın izafiyet kuramı ise evrenin yapısının madde değil, enerji olduğunu ortaya çıkardı. Fizikteki ilerlemeler devam ettikçe, evrenin temel zerreleri ile ilgili büyük gerçek kuantum fiziğinden geldi. Evreni var eden enerji, başıboş bir enerji köpüğü değil; her bir kübiti (kuantum zerresi) enformasyon (bilgi) ile doluydu. Bu durumda evrenin yeni tanımı şu olmalıydı: Evren, temel yapısı bilgi olan bir enformasyon veya bilgi ağıdır. Evren/yaşam, bilgi işleyen sistemlerdir. Her şey bilgi ise, o hâlde hayal de bilginin bir formudur! Hayal, "mümkün olan geleceğimize" ait bilgidir.

Hayalin sanal bir varlık olması, yani katı fiziksel bir gerçekliğinin olmamasının, kuantum boyutundaki mekanikte hiçbir önemi yoktur çünkü mikro âlemde zaten külli varlık hayal mertebesindedir..

HER ŞEY SADECE VAR OLMA İHTİMALİ İLE VAR
O HALDE HER ŞEY ZATEN HAYAL...
VE DÜŞLER, GELECEKTEN GELEN BİLGİ ZERRELERİNİN
SURET KAZANMIŞ RESİMLERİDİR ZİHNİMİZDE ...

Soyut (sanal) kavramını, duyu organlarımızın yetmezliği ile algılamamız mümkün değildir çünkü maddesel olmayan, kütlesiz bir varoluştur. Zihnimiz, maddesel bir karşılığı olmadığı için hayal âlemine ait bilgileri sembollerle anlamlandırarak bilmeye çalışır. Hayal ile soyut olan somuta dönüştürülür.

Biz beş duyu organımızla algılamasak da bu duyuların dışında ve ötesinde bilemediğimiz bir gerçeklik var ve o hakikate ulaşmanın yolu, ancak bu duyu eşiklerimizin ötesine hayal ile geçebilmekten geçer.

TIRTILDAN KELEBEĞE

Çoğumuzun düşünce dünyasında hayal, adeta gerçeklikten kaçış zannedilse de aslında gerçekliğe doğru bir uzanıştır. Algılarımızla sınırlandırılmış eşiği ancak hayal ile aşabiliriz. Hayal gücü, bu bağlamda insanlığın gelişmesinde temel itici güçlerden biridir. Bir hayali hayata geçirebilmek, büyük bir çaba, inanç ve sabır ister. Hayatın gücünü hayalden alan zihnimize dair en güzel örnek, kelebeğe dönüşen tırtılın çabasıdır.

Tırtıl, ömrünü tamamlayıp yaşamının sonlarına geldiğinde etrafında ne varsa yemeye başlar. Bir anda irileşir ve artık hareket edemez hale gelir. Hareket edemeyen tırtıl, öleceğini düşünür ve kafasından başlayarak bir koza örüp ölüme hazırlanırken bir anda mucize gerçekleşir. Bu çalışmayı ve gözlemi yürüten bilim insanlarının "imaginary cell" (hayalci hücre) adını verdikleri bir hücre ortaya çıkar ve ölüme direnmek için bir dönüşüm başlatır. Bu hayalci hücrenin frekansı, tırtılın diğer hücrelerinden farklıdır. Farklı bir titreşim ve farklı bir bilgi taşır.

Bu farklılık nedeniyle, tırtılın bağışıklık hücreleri onu bir düşman olarak algılar ve ona savaş açar. Hayalci hücre direnir, taşıdığı farklı bilgiyle çoğalmayı başarır ve diğer hücrelerle iletişime geçer. Hep birlikte, bağışıklık hücrelerinin savaşına karşı direnirler ve çoğalarak bağışıklık sistemini pes ettirirler. Aynı "hayalin" bilgisini taşıyan hücreler savaşı kazanmıştır. Yaklaşık 15 gün sonra dönüşüm tamamlanır ve hep birlikte bir kelebeğe dönüşürler, kozadan çıkarlar.

Peki her tırtıl kelebeğe dönüşüyor mu? Ne yazık ki, hayır. Çok az bir kısmı bunu başarır. Çünkü bu dönüşüm, zorlu, yorucu ve çokça sabır ve enerji gerektiren bir süreçtir.

HER ŞEY HAYAL İLE BAŞLAR

Hayal kurmak, biz insanlar için de yoğun enerji gerektiren bir durumdur. Fonksiyonel manyetik rezonans görüntüleme çalışmaları, hayal kurmanın beynin birçok bölgesini aktive ettiğini ve çok enerji kullandığını göstermiştir. Beyin, hayal (soyut/sanal) ile maddesel gerçekliği ayırt edemediğinden, her hayalle birlikte nöronlar bu bilgiyi de gerçeklik olarak kabul eder ve sayısız sinaptik bağlantı kurar.

HAYAL VE FİZİKSEL TEZAHÜR ARASINDAKİ TEK FARK FREKANS YOĞUNLUĞUDUR. BİR FREKANS NE KADAR ÇOK TİTREŞİME SAHİPSE O KADAR HAYALİ YANİ GÖRÜNMEZ OLUR. FREKANS TİTREŞİMİ DÜŞTÜKÇE VE YOĞUNLAŞTIKÇA MADDE GİBİ GÖRÜNÜR OLUR.

Her şey hayal etmekle başlar sözünün özü budur. İnsan gerçekliğe dönüştürmek istediği her şeyin ilk gücünü bunun için Hayal'den alır. Ancak Hayal ciddi bir iştir. Büyük bir çaba, tekrar ve sabır ister. Hayallerde ısrarlı olmanın nöron aktivitesini oldukça uyardığı yapılan birçok bilimsel çalışma ile belgelenmiştir.

Peki sizce beyin daha önce hiç görmediği bir şeyin görüntüsünü (hayal) nasıl meydana getirebiliyor?

"Hayal gücü söz konusu olduğunda, bunun depolanmış algısal bilgi ve kavramları birleştiren ve değiştiren ve özneye özgü iç dünya tarafından şekillendirilen yeni "zihinsel nesneler" yaratılmasına yol açan bir "kurcalamanın" sonucu olabileceğini varsayıyoruz. Dolayısıyla, onun öz farkındalığıyla ilişkilidir. Kurcalama sürecinin nörobiyolojik alt yapısı, farklı mekânsal ve zamansal ölçeklere göre birleştirilebilen çok sayıda işlevsel modül (FM) ile karakterize edilen hiyerarşik bir beyin modelinde bulunabilir. Bu nedenle, hayal gücünün ortaya çıkması için olası bir mekanizmanın, FM'ler içindeki ve arasındaki iletişim kanalları boyunca "değiştiricilerin" geçirgenliğini kontrol eden ve bunların dinamik olarak yeni yapılandırmalara yeniden birleştirilmesine yol açan modüle edici mekanizmalar tarafından temsil edilebileceği varsayılmaktadır."

https://www.frontiersin.org/journals/psychology/articles/10.3389/fpsyg.2013.00296/full

"Özetlemek gerekirse, milyonlarca nöron, tıpkı kolaj yapar gibi, kayıtlarında mevcut olan ve aşina olduğu resimleri kullanır ve binlerce elektrik sinyalini eş zamanlı olarak yerlerine ulaştırır (gerçekliği algıladığı gibi). Aslında, gördüğümüzü düşündüğümüz her şey, zaten nöronlar tarafından kodlanmış bilgidir. Bu işleyişte en önemli görevlerden birini, nöronları kaplayan miyelin adlı yağlı yalıtkan madde üstlenir. Miyelin'in temel özelliği, elektrik

sinyallerini hızla iletmesidir ve miyelin tabakasının yoğunluğu ile kalınlığına bağlı olarak bu iletişim hızı ve kalitesi değişir. Miyelin adı verilen ve sinyal iletmekle görevli bu katmanlar, çocukluk evresinde oluşurken hayal gücü ile görüntü oluşturma (imgeleme) arasında zannedildiğinden çok daha derin bir bağ vardır."

İbn-i Sina'ya göre, öyle bir ruhsal hayal gücü vardır ki, bu güç hastalıkları oluşturabileceği gibi mevcut hastalıkları da ortadan kaldırabilir. Ona göre, bedenimiz aslında hayal gücümüze itaat eder. Düşündüğümüz ve hayal ettiğimiz şeylerin sağlığımız üzerindeki etkisini belirleyebileceğine dair kanıtlar her geçen gün artmaktadır. Birçok hekim, hastalıkların derinlerde yatan görünmeyen asıl sebeplerinin olumsuz düşüncelerimiz ve imgelerimizden kaynaklandığı konusunda hemfikir ve yine birçok hekim, iyileşmek istemeyen bir hastayı tedavi etmenin mümkün olmadığını ifade eder. Geniş bir yelpazede birçok hastalığın altında yatan gerçek nedenin, psikospiritüel durumumuz olduğu bilgisi gün geçtikçe daha fazla kabul görmektedir. Madem ki beyin ve bedenimiz bilincimize itaat ediyor, o hâlde bunu tersine çevirerek şifayı da yine bilinç yoluyla sağlamak mümkün olmalıdır.

Evrenin ve yaşamın tezahürünün itici mekanizması olan bilinç, bilgi işleyen bir sistem olan beyin/beden varlığımıza da yön veren mekanizma olmalıdır. Bu durumda beden, bilincin inandığını ortaya koyma eğilimindedir. Bunun nasıl gerçekleştiğine dair birçok bilimsel çalışma yapılmıştır ve bu noktada size Dr. David R. Hawkins'in 250.000'den fazla kalibrasyon sonrası kaleme aldığı eserinden bir paragraf paylaşmak istiyorum:

"Düşünce güçlüdür çünkü fiziksellikten daha yüksek bir titreşime sahiptir. Düşünce aslında maddesel bir şeydir, bir enerji kalıbı vardır. Bir düşünceye ne kadar çok enerji verirsek, fiziksel olarak kendini gösterme gücü de o kadar fazla olur. Bu, sözde sağlık eğitiminin paradoksudur. Paradoksal etki de şu ki, korku dolu düşüncelere o kadar çok güç veriliyor ki, salgın hastalıklar aslında medya tarafından yaratılıyor; örneğin domuz gribi. Sağlık tehlikelerine ilişkin korku temelli 'uyarılar', aslında tam da korkulan şeyin gerçekleşeceği zihinsel ortamı hazırlamaktadır. Bu nasıl mı olabilir? Fiziksel bedenin üzerinde, biçimi fiziksel bedeninkine çok benzeyen ve kalıpları fiziksel bedeni kontrol eden bir enerji bedeni vardır. Niyetler ve düşünceler bu kalıpları etkiler. İleri kuantum fiziğinin gösterdiği üzere, sadece gözlem bile atom altı yüksek enerji parçacıklarını etkileyebilmektedir. Zihnin beden üzerindeki gücü klinik araştırmalarla kanıtlanmıştır."

(Açıklamalı Bilinç Haritası, Dr. David R. Hawkins, s. 117)

Olumlu düşünceler, güzel hayaller, gülmek ve hatta kahkaha atmak bile şifalandırıcıdır. Benzer şekilde, manevi tüm öğretiler ve ibadetler de bizleri zihinsel olarak teslimiyete davet ederek yüksek ve olumlu bir frekansta tutma çabasındadır. Amerikalı ünlü *Saturday Reviev* derginin yayın yönetmeni Norman Cousins, kaleme aldığı "Bir Hastalığın Anatomisi" adlı eserinde, hastalığının en sancılı dönemlerinde komedi filmleri izleyerek bol bol gülmüş, kahkahanın bir iki saat sürebilen anestezik etkisiyle bu hastalıkla nasıl baş ettiğini biyografik olarak anlatmıştır.

HAYAL İLE HER ŞEY MÜMKÜN MÜ?

Hayal ettiğiniz her şey gerçektir.

Pablo Picasso

Hayali, var olan beş duyumuzun adeta fonksiyonel bir uzantısı olarak kabul eden Aristocu yaklaşımı, İbn Bacce de benimsemiştir. Ona göre, hayal, duyu idraki ve zihin idraki arasındadır *(Kitabün-Nefs 638/939)*. Hayal âleminde insanın isterse uçabilmesi, isterse gezegenlere gidebilmesi gibi durumlar, aslında insanın tüm evrenin bir numunesi olmasından kaynaklanmaktadır. Bu ilahi sistemin içindeki insan, hayal ilmi ile bunu kavrayabilir ve Ayan-ı Sabite'de

ne gibi özelliklere sahip olabildiğini yine hayal yoluyla anlayabilir. Çünkü varlık âleminde yaratılmamış hiçbir şeyi insanın hayal etmesi mümkün değildir.

Hayal, tümüyle kuantum olan bu evrende var olan diğer tüm mümkünlere uzanıştır. İnsanın sınırlı beden kabı içinde bilemediği tüm potansiyelleri hayal ile yaşaması mümkündür. Bizi sınırlayan bu üç boyutlu algımızın yarattığı gerçeklikten çıkabildiğimiz an, hakikat âlemine ve onun potansiyellerine uzanırız. Bu birleşik alan, gözle görünmeyen bir bilgi ve bilinç alanıdır. Burada bildiğimiz anlamda fiziksel/nesnel bir şey yoktur ve bedensel duyu organlarımız ile algılayabildiğimiz "zaman/mekân" illüzyonunun dışındaki gerçeklik burasıdır; bu nedenle kuantum âlemine yalnızca bilinç ve farkındalık ile ulaşabiliriz, çünkü burası fizik bedenle giremeyeceğimiz bir enerji okyanusudur.

BÜTÜN MÜMKÜNLERİN VAR OLMA İHTİMALİ İLE VAR OLDUĞU HER ŞEYİN KUANT OLDUĞU BU ÂLEMDE ZAMAN ENGELİ DE YOKTUR. BURADA BİLİNCİNİZ İLE YETERİNCE KALMAYI BAŞARIRSANIZ BİLİNMEZLİĞİN İÇİNDEKİ MÜMKÜNLERİN TEZAHÜR EDİŞİNE ŞAHİT OLURSUNUZ!

Peki, hiç düşündünüz mü, bu maddesel evrende insan neden "zaman" ile sınırlandırılmıştır? Zaman engeli neden vardır? Bu sorunun cevabı, belki insanın hayal edebilme ve hayalini gerçeğe dönüştürebilme potansiyelinde gizlidir. Zaman, en basit tanımıyla, tüm olayların aynı anda oluşmasının önündeki engeldir.

Kanada'da bir nöroloji merkezinde yapılan manyetik

rezonans çalışmaları göstermiştir ki, insan zihninden günde ortalama 6.000 düşünce geçiyor ve bunların birçoğu da olumsuz/yıkıcı düşünceler. Tekâmülünü tamamlamamış ve düşüncelerini, hayallerini kontrol altında tutamayan bir insan, zaman ile sınırlandırılmamış olsaydı, bu yıkıcı düşüncelerinin anında tezahürü (görünür olması) ile nasıl bir kaos doğardı, düşünebiliyor musunuz?

Hayal... Düş-ince... Düşünce...

İnsan düşüncesinin her an gerçekliğe dönüşmesinin önündeki engeldir zaman! Tabii, böyle bir tanımın üzerine ister istemez şu soru takılıyor zihinlere: Zamanın böyle bir engel oluşturmadığı ve hayallerimizin, zamanın esaretinden kurtulup "La Zaman" anında gerçekleşebileceği bir yer var mıdır?

Evet, Cennet...

Zamanlar üstü Âlem: Cennet...

Evrenin yukarı bölümlerinde, farklı gök katmanlarında yer alan âlemlerde ve Cennet'te, zamanın bu dünya zamanına hiç benzemediği ve her şeyin çok yüksek bir hızda gerçekleştiği, arzuların bu dünya zaman algımıza göre neredeyse "anında" görünür olduğunun bilgisi, bize hem Kur'an hem de hadisler yoluyla oldukça net bir şekilde bildirilmektedir. Buna en güzel örneklerden biri, zamanın âlemler arasında ne kadar değişebildiğini ifade eden Mearic Suresi'nin 4. ayetidir:

> "Melekler de ruh da oraya bir günde yükselip çıkarlar ki mesafesi (dünya seneleriyle) elli bin yıldır."
>
> (Prof. Dr. Celal Yeniçeri Tefsiri)

“Görüldüğü gibi, genellikle dünya göğü ile dünya arası gidiş-dönüş bin yıllık bir zaman mesafesi olarak kabul edilmiştir ve buna karşın en alt noktada bulunduğu düşünülen yedinci arz ile göklerin, daha doğrusu yedinci göğün en üstündeki noktaya ve bazılarına göre aradaki bir merkeze sadece gidiş, 50 bin yıl zaman mesafeli kabul edilmiştir. Her iki mesafe arasında büyük bir fark olduğu hâlde, bir günlük gibi eşit bir sürede alınabilmektedir. Bu da zamanın evren katlarına göre değiştiğini gösterir.”

(Sayfa 187, Uzay ve Varlık Ayetleri Tefsiri)

“Zaman neden yaratıldı?” sorusunun cevabına, Cennet’te zamanın farklı işleyişi üzerinde tefekkür ederek ulaştım. Kanımca, henüz tekâmüle varmamış beşerî insanın yıkıcı da olabilecek, bozguncu hayallerinin zuhurunun önünde bir engel/sınır olmalıydı. İşte bu engel/sınır, ışığın hızına sabitlenmiş bir şekilde, hayallerimizin anında tezahür etmemesi için yaratılmış olan zamandır. Geleceği görmek mümkün müdür? Zaten her gece rüyalar ve hayaller yolu ile geleceğe ait bilginin zerreleri zihnimizde suretler giyiniyor. Bilinç durumuna bağlı olarak bazılarınız bunları hatırlar, büyük kısmı ise unutur; ama bazen de görüp unuttuğunuz o şey ile anında karşılaşınca “Ben bunu daha önce görmüştüm” dersiniz. Ağırlaştırılmış/yavaşlatılmış zaman algımız ile aslında olmuş bitmiş hayatımızı bazen gerçekten hatırlarız.

Tezekkür et...

"Ey akıl alemine takılı kalan kişi, aklın üstünde, akla açılmayan alemlerin varlığını bil."

İmam Gazali (Mişkat)

"Bil ki iki alem vardır. Ruhani ve cismani. İstersen bunlara hissi, akli veya ulvi ve süfli de diyebilirsin. Bunların hepsi birbirine yakındır, fark sadece senin bakış açındadır, kimi zaman bunlar mülk ve şehadet ile gayb ve melekut alemleri olarak isimlendirilir. Hakikatten, lafızlardan elde etmeye çalışanlar, kimi zaman şaşkınlığa düşer de lafızların çokluğundan dolayı manaların da çok olduğu vehmine kapılır.

Gazali (Mişkat, 298/299)

Hayal âlemi, büyük oranda insan zihninin dışında bir işleyişe sahiptir; yani, iradi olarak şekillendirebileceğimiz bir âlem değildir. Bazen tek bir kelime, bir koku veya bir melodi, bizi alır ve hayal âlemine, çok uzaklara götürebilir. Hayal gücü olmasaydı, kitaplar yazılamaz, keşifler yapılamazdı.

Peki, insan hayal gücünden yoksun olabilir mi? Evet, "Afantazi" denilen bu durum doğumdan itibaren mevcut olabilir ya da sonraki yaşamda gelişebilir. Geç ortaya çıkmasının nedenleri, genellikle psikolojiktir ve beyin hasarlarıdır. Bu insanlara "gözlerini kapat ve gökyüzünü hayal et" dediğinizde, bunu başaramazlar. Hatta bu insanların bazıları, zihinsel bir koku, ses ve hatta duygu bile oluşturamazlar. Buna karşın, rüya görebildikleri tespit edilmiştir.

Bir başka durum da hayal gücünün aşırılığında doğan bir hastalıktır. Bu kişiler, gerçekle rüya ve hayal gücünü ayırt edemez; şizofreni spektrum bozuklukları ortaya çıkar.

Hayalin gücünü, bilimsel metodoloji ile uygun bir şekilde harmanlamayı başaranlar ise Albert Einstein ve Richard Feynman gibi çağımızı şekillendiren insanlar oldular. Hayal gücü kapılarını asla kapatmadan gerçeğe ve hakikate yürümek, belki de insan olmanın en büyük kazanımıdır. Sınırlı maddesel bedenimizin yetersiz duyularıyla eşiği aşmak için inançla hayale sarılmalıyız.

> "İhtiyacımız olan tek şey, tüm önemsiz dünyevi ayrıntıları boş vermek, en karışık görünen düşünceleri bile, o tek bütünlüğün içine almak ve yaşamın derinliğine bakarak yeni bir çığır açmaktır. Bakış açısını değiştirerek, olaylara ve maddelere değil, ilişkilere, etkilere ve bağlantılara bakmalıyız. İşte o zaman insanlık, kozmik zekâ ailesinin bir parçası haline gelecektir."
>
> Edgar Allan Poe, Eureka (1848)

18. BÖLÜM

RÜYALAR
ÖNGÖRÜLEMEZ BİR SONRANIN
İZDÜŞÜMLERİ

Peygamberimiz şöyle demişti:

"Benden sonra, peygamberlikten sadece mübeşşirat (müjdeciler) kalacaktır!"

Yanındakiler sordu: "Mübeşşirat da nedir?"

"Salih (gerçekleşebilecek) rüyadır!" diye cevap verdi.

Buhari, İmam Malik, Ebu Davud

Peygamberimiz kendisinin vefatından sonra vahiy alametlerinin tamamen sona ereceğini, başka bir peygamberin de gelmeyeceğini açıkça bildirmiştir. Nübüvvet, Yaradan'ın elçilerine vahiy göndermesidir ve Hz. Muhammed'in vefatı ile de nübüvvet (vahiy) kapısı kapanmıştır. Yine peygamberimizin bildirdiğine göre bundan böyle müminlerin gönüllerine Salih rüyalarla ilahi bilgiler gelecektir. Burada salih rüya, mutlaka gerçekleşmesi beklenen değil, mümkün olabileceğe en uygun olan rüyadır. Müminlerin rüyalarının değeri Ebu Hureyre'den şöyle aktarılmıştır:

"Zaman yaklaşınca (ahir zamanda) mü'minin rüyası yalan çıkmaz. Mü'minin rüyası nübüvvetin kırk altı cüzünden biridir."

Buhari, Müslim, Ebu Davud, Tirmizî, İbni Mâce

Sadık rüyalar, nübüvvetin kırk altıda biri hadisi üzerine alimler çokça düşünmüşlerdir, en dikkat çeken sonuç şudur ki;

Hz. Muhammed'in, nübüvvetin ilk altı ayının sadık rüyalar şeklinde geçtiği, bu sürenin 23 yıllık peygamberlik süresinin kırk altıda birine denk geldiği hesaplanmıştır. Nitekim Hz. Aişe'den gelen rivayete göre Peygamber'e gelen ilk vahiyler rüyalar şeklindedir.

Kuşeyri gibi alimlere göre sadık rüya bir keramettir ve rüyanın kendisi doğru ve yorumu haktır. Rüyaların anlatılması konusu ise rüyanın iyi ya da kötü olmasına göre değerlendirilmiştir ve rüyanın her ortamda, herkese anlatılması uygun bulunmamıştır. Hz. Yakup'un oğlu Hz. Yusuf'tan rüyasını kardeşlerine anlatmamasını istemesi de bu gerçeği teyit ve tespit etmektedir.

İbn Sînâ, hayal gücü güçlü olan ruhların bilinçlerine uykuda veya uyanıkken fizik ötesi âlemden bilgilerin gelebileceğini ve böyle insanların başkalarının rüyada gördüklerini uyanıkken de algılayabildiklerini ve yine rüyalar aracılığıyla geçmişe veya geleceğe ait bilgileri de bilebileceklerini idaa eder.

"Gazali (ö. 505/1111) , Levh-i Mahfuz ile insan kalbini, aralarında perde bulunan karşılıklı iki aynaya benzeterek rüyayı açıklar. Aynaların arasındaki perde kaldırıldığında, birindeki görüntü diğerine yansır. Rüya olayı da buna benzer. İnsan uyuduğunda, kalbin duyu organlarıyla olan ilgisi azaldığından, Levh-i Mahfuz'daki bazı bilgiler kalbe yansır. Hayal gücü (mütehayyile) bu bilgileri sembollerle alarak korur; insan uyandığında ise hayalindeki sembolleri hatırlar."

(Küçük, 2014:34)

İnsanlığın çağlar boyunca en merak ettiği, kutsal metinlerin içerisinde sık sık yer verilen rüyaya bazı kadim toplumlar o kadar önem vermiştir ki sayısız kitaplar yazılmıştır. Arapça "görmek" anlamına gelen rüyet kelimesinden türeyen rüya, genel kabule göre uyku sırasında zihinde beliren tahayyüllerdir. Bilinç halinin "bilinçsizlik" durumuna geçmesi olarak kabul ettiğimiz uykuyu ne ilginçtir ki Kur'an ölüm olarak tarif etmiştir. Şimdi Kur'an'ın Enam suresinde adına ölüm dediğimiz olguyu nasıl tarif ettiğine bir göz atalım:

"Geceleyin sizi öldüren, gündüzün de neler yaptığınızı bilen; sonra belirlenmiş eceliniz tamamlansın diye (her) sabah sizi dirilten O'dur. Sonra dönüşünüz yine O'nadır. Sonunda O, yaptıklarınızı size haber verecektir."

Enam suresi 60 ayet

Kur'an, bu ayette her gece öldüğümüzden bahsediyor; oysa biz uyuyoruz. Uyku, nasıl olur da ölüm olabilir ki? Nereye ölüp, nereye diriliyoruz? Dünya rüyasında ölüp hakikat âlemine mi uyanıyoruz acaba? Kur'an'ın bildirdiği ölüm ve diriliş, sadece farklı âlemlere, başka boyutlara bir uyanışsa, asıl bu âlemde rüyada olmalıyız.

> "Bizler sırlarla dolu bir evrende bir rüyanın rüyasını görmekteyiz."
>
> Immanuel Kant

Rüya, hayal veya düş gibi ifadeler, kadim medeniyetlerden kutsal metinlere kadar hep güncelliğini korumuştur. Eski Mısırlılar, Babilliler ve Asurlularda rüya tabiri bir

gelenek hâline gelmişti. Kadim dönemin kâhin ve büyücülerinin de en önemli argümanı rüya yorumlamaktı. Rüya konusunda ilk metinler M.Ö. 5000'de Asurlular tarafından yazılmıştır. Yine M.Ö. 1000 yıllarında Hindistan'da yazılan Vedalarda rüyalara ait listeler yer almaktadır. Binlerce yıldır hep merak edilen bu konu hakkında modern psikoloji, "fiziksel bir süreç" (Freud, rüya) yorumunu yapmış, dinler ise "hikmet" yönü ile rüyalara çok önem vermiştir. Ancak en muhteşem yorum, son yüzyılın en önemli bilim insanlarından olan ve kolektif bilinçdışı olgusunu ve eşzamanlılıkları keşfeden Carl Gustav Jung'dan gelmiştir:

"Rüyalar uyumakla ilgili değil, uyanmakla ilgilidir."

Rüya olgusu yüzyıllar boyu bilimin kapsamına girmemiş ve daima farazi kabul edilmiştir, ta ki kuantum fiziği mekaniği bize "Dünyanın Rüya benzeri" bir doğası olduğunu bildirene dek. Çünkü kuantum parçacıklarının tüm hareketleri, tıpkı rüyalardaki olgularla eşleşmektedir. Örneğin, evreni oluşturan kuantum zerrelerinin "zaman/mekân" dışında hareket ettiğini biliyoruz ve yine tıpkı rüyada olduğu gibi aslında evrende zaman zaten yoktur. Anlık, saniyelik rüyalar sırasında bile çok uzun olaylar görürüz o boyutta iken. Bunun nedeni aslında çok açık. Rüya âlemi maddesel değildir ve zaman boyutu sadece madde ile birlikte vardır. Sanal/soyut, kütlesiz âlemlerde yani maddeden sıyrılmış âlemlerde zamanın hükmü yoktur!

Kendimizi uyanık kabul ettiğimiz evrede, evrene ait tüm deneyimlediklerimiz bize nesnel olarak varmış gibi görünse de aslında yok hükmünde, hayali ve rüya benzeri. Dışarıda nesnel bir dünya varmış izlenimi sadece algılarımıza dayalı bir illüzyonsa, bunun bir rüya olup olmadığı da kesinlikle bilinemez.

Rüyaları genel olarak birbirlerinden ayrı, kesintili gördüğümüzü düşündüğümüz için hayal zannederiz. Ve uyanık olduğumuza inandığımız şu AN'da da dışarıda akışta bir yaşam olduğuna inandığımız için bunu gerçek zannederiz.

Ancak, bugün fiziğin zirvesi kuantum mekaniğinin bildirdiği Planck zaman birimi, bize akışta bir yaşamın olmadığını kesinlikle bildiriyor.

Kuantum mekaniğinde bir gözlemcinin gerçekliği, ihtimaller arasından nasıl uyandırıldığına veya "düşlediğine" dair süreç aslında lüsid olamayan bir çeşit rüya içinde olduğumuz anlamına da gelir. Peki, uyanık gördüğümüz bu rüya ile uyurken gördüğümüz rüyalar gerçekten algıladığımız kadar farklı mı?

Ya da asıl soru, rüyayı gören kim, hangi "ben" rüyada olan?

Bundan yaklaşık 2.500 yıl kadar önce Çinli düşünür Chuang Tzu, bir gece rüyasında kelebek olduğunu görür ve uyandıktan sonra kendisine şu soruyu sorar: "Chuang Tzu kimliğimle, kendimi rüyamda bir kelebek olarak mı görmüş olduğumu, yoksa aslında şu anki kelebek kimliğimle kendimi rüyamda Chuang Tzu adlı bir adam olarak mı görmekte olduğumu nasıl ayırt edebilirim?"

Şüphecilik akımının babası büyük düşünür Rene Descartes da benzer soruları kendisine sormuş ve hayatımızın tümüyle bir rüya olma olasılığı üzerine bir hipotez geliştirmiştir. Bu hipotezde ifade ettiğine göre, zaten rüyalar, uyanıkken deneyimlediğimiz olaylara benzer, çünkü rüyada deneyimlediğimiz gerçekliğin o AN içindeyken bir rüya olduğunun asla farkında olmadan yaşanmaktadır ve gördüğümüz şeyler ne kadar saçma olursa olsun o esnada bize gayet olası ve tutarlı gelir. Bunların tutarsız olduğuna

ancak buradaki gerçekliğe uyandığımızda kanaat getiririz. Peki ya biz, algılarımızın çok üzerinde olan bir gerçeklikten buraya uyanmadan önce, zaten burada duyumlarımızla oluşturduğumuz bir gerçeklikte yaşıyorsak?

Sadece düşünün istiyorum...

Çünkü gördüğümüz, duyduğumuz ve hatta dokunduğumuz her şey, sadece elektriksel sinyaller aracılığıyla yaşatılıyor ve algılarımıza göre bize gerçek bir deneyim gibi hissettiriliyor. Gerçek hayatta şu an sizi paraşütle bir uçaktan atsam, kalp atışlarınız, adrenalin seviyeniz bu heyecana senkronize olur, korku ve heyecan hissedersiniz. Peki bu olay bir rüyada yaşanırsa ne olur dersiniz? Rüyada da aynısı gerçekleşir, aynı duyguları hissederiz!

O hâlde algılarımızın esareti altındaki bu gerçekliğimizin rüya olup olmadığından hiçbir şekilde emin olamayız! Descartes, *"Rüya Argümanı"* adını verdiği çalışmasında bu durumu şöyle izah etmiştir:

> "Rüyadaysak ancak rüyada olduğumuzu bilmiyorsak, bunu hiçbir zaman fark edemeyebiliriz."

1993 yılında rüya ve acı ilişkisi üzerine bilimsel bir deney gerçekleştirildi. Bu deneydeki katılımcılara uyurken dışarıdan fiziksel bir acı uyaranı uygulandı. Katılımcıların bazıları acı hissetmesine rağmen uyanmadı. Fiziksel

olarak hissettikleri acıyı rüyalarına dâhil ettiler. Ancak bu durum sadece fiziksel bir acı karşısında gerçekleşmiyordu. Rüyada ağrı ve acı, dışardan fiziksel uyaran olmadan da gerçekleşebiliyordu. Buradan çıkan sonuç, acının zihinsel bir deneyim olduğudur. Yani, kendimizi yaraladığımızda ağrı ve acı, etkilenen bölümde değil, beynimizde bir bilgi olarak işleniyor.

> "Kim bilir kaç kez rüyamda da burada olduğumu, giyinik olduğumu, ateşin karşısında olduğumu görmüşümdür, gerçekte çırılçıplak yatağımda yatarken!"
>
> Rene Descartes

Rüyalar, "zaman ve mekân" ile sınırlandırıldığımız bu illüzyonu kırmaya yardım eder. Çünkü "zaman ve mekân" bize sadece hakikati farklı bir surette göstermek için var!

> "Fizikçilerin yeni kuantum dünyasında keşfettikleri doğa yasaları, alışık olduklarından farklı, Alice'in tavşan deliğine düştükten sonra karşılaştığı dünya kadar garipti. Nobel ödüllü Leon M. Lederman ile Christopher T. Hill, ortak kitapları Quantum Physics for Poets'te, kuantum alanının kurucularının 'yeni bir tür rüya mantığı gerçekliği' keşfettiklerini söylüyorlar. Psikolog ve fizikçi Arnold Mindell'i alıntılarsak, 'kuantum teorisi, aslında gerçekten rüyaya çok benzediğinden dolayı saçmadır ve rüyaya benzemesi kesin sonuçlar vermekte-

dir.' Pratik olan ile ezoterik olanı sentezleyen kuantum teorisinin kesin sonuçları, içinde yaşadığımız bu evrenin, hepimizin her an iş birliği içinde gerçekleşmesini düşlediğimiz paylaşılan bir müşterek hayalin özü gibi göründüğünü ortaya çıkarıyor."

(Syf 41, Kuantum ve Spiritüellik / Paul Levy)

"Bilim tarihinin şüphesiz en sarsıcı deneyi olan çift yarık deneyi ile aslında nesnel bir dünyanın olmadığı ve bizlerin de "düşler âlemi" diyebileceğimiz rüyamsı bir varoluşun içindeki "gözlemciler" olduğumuz gerçeğiyle yüzleştik. Kutsal kitapların ima ettiği gibi burası gerçekten de bir hayal âlemiymiş! Belki de sadece anlık bir rüya!

"Allah onlara 'Yeryüzünde kaç yıl kaldınız?' diye sorar. 'Bir gün veya günün bir kısmı kadar kaldık. İşte sayanlara sor!' derler."

(Mü'minun Suresi, 23/112-113, Kenzül Alem Syf 48/49)

BİR DÜŞ MÜ TÜM GÖRDÜĞÜMÜZ VE GÖRÜNDÜĞÜMÜZ?

İsviçreli büyük psikanalist C. Gustav Jung, tüm insanlığın ortak deneyimlerinin bilinçdışı alanını keşfetmiş ve bu bilgi alanına "kolektif bilinçdışı" adını vermiştir. Ona göre bu veri tabanı ile, zamanın herhangi bir anında yaşanmış her şeyin bilgisine ulaşabiliriz. Jung'a göre bu veri tabanı (kuantum alan) sezgi, önsezi ve rüyalar yoluyla gelen tüm bilginin kaynağıdır. Zaten, hâlihazırda bir cevap potansiyeli yoksa hiçbir soru da sorulamaz!

Maddesel bir dünyada yaşıyor zannımız, kuantum fiziği ile yıkıldı. Hakikati, maddesel olmayan bu âlemde metafizik ile iç içe geçmiş şekilde yaşıyoruz aslında ve gerçekliği de gölgemizi bildiğimiz kadar biliyoruz. Kutsal metinlerde, efsanelerde yer alan en kadim bilgi olan bu âlemin bir hayal, bir rüya olduğu vurgusu, günümüz bilimi ile desteklenince, burasının simüle edilen rüya benzeri bir dünya olma ihtimali gitgide yükselmekte. Bu gerçek bizi asla hakikatin ve kendimizin varlığının reddine götürmez. Tam tersine bunun ilahi ve nihai amacını ve hedefini öğrenmeye gayret etmek belki de bu rüyanın hikmetine hizmettir.

Rüyalar, öngörülemez bir sonranın izdüşümleridir. Sırrı asla çözülemeyecek bir İlmi Ledun'dur. Mitlere, masallara ve yaradılışın tüm zamanlarına aittir. Kırk kilitli kapı ardına saklanmış simgelerin ardındaki hakikattir rüyalar... Rüyada iken rüyada olduğunuzu hissettiğiniz AN, uyanmaya en yakın olduğunuz AN'dır. Ve kalben inandığım tıpkı Yasin Suresi 52. ayette bildirdiği gibi, uyutulduğumuz hakikat âleminden ölüm ile asıl âleme uyanacağımız:

> "Demiş olurlar ki, 'Eyvah bize! Bizi kim uyuduğumuz yerden kaldırdı? İşte bu, Rahman'ın vadettiğidir ve gönderilmiş olanlar, doğru söylemiş.'"
>
> (Ömer Nasuhi Bilmen Meali / Yasin Suresi 52. ayet)

19. BÖLÜM

KUANTUM ALANDAN RÜYA YOLUYLA BİLGİ ALMAK

Rüyalar ve ilhamlar yoluyla geçmiş ve geleceğe ait bilgi almak gerçekten mümkün mü? Kuantum fiziğinin işaret ettiği gibi, eğer evren bir veri tabanıysa, buradan bir kısım veriye/bilgiye (geçmiş/gelecek) ulaşmak da olası olmalıdır. Pratik olarak bunun mümkün olması için, evrene ait tüm zamanların zaten yaşanmış olması gerekmektedir. Her şeyin zaten "olmuş bitmiş" olması halinde, geçmiş de gelecek de aynı planda var olur ve tüm zamanlara ait külli bilgi bir matriks şeklinde muhafaza altındadır. Bu durumda da veriye/bilgiye erişmek gayet mümkün görünmektedir.

Evrenin kuantum boyutundan görülen gerçekliği tam da bu şekilde ifade edilmiyor mu zaten? Evrene ait en güncel tanım, evrenin fiziksel olmayan, sanal bir bilgi alanı olduğu, tamamıyla data/enformasyon ile dolu olduğu ve bu alanda geçmiş ve geleceğin birlikte var olduğu yönündedir. Kutsal kitaplarda, rüyalar ile geleceğe ait bilginin alınabileceği, bizlere özellikle Hz. Yusuf kıssasında anlatılmıyor mu?

Bize hâlâ ısrarla okullarda öğretilen klasik atom modelinin geçersiz olduğu, günümüz bilgisinde elektronların güneşin etrafında dönen yıldızlar gibi sabit dönüşlerle hareket etmediğini, kitabın ilk konularında da değindiğim gibi yörünge kavramının artık demode ve kuantum mekaniğini anlamamızın önünde engel olacak kadar yanlış bir bilgi olduğunu yazmıştım. Gerçek olan ise, elektronların çekirdeğin etrafında bir olasılık yani bilgi bulutu gibi olduğudur ve bilgi, frekans ve ışık olarak tespit ediliyor. Yani her elektrona ait frekans, onun taşıdığı bilgi ile ilgilidir.

Heisenberg'in bilim tarihini değiştiren belirsizlik ilkesine göre, tüm ihtimalleri içinde barındıran "bilgi bulutunun" tam olarak nerede görüleceği (tezahür) de bir kesinlik içinde bilinemez. Kuantum fiziğinin sihri de bu belirsizlikten doğmaktadır. Çünkü elektronun her zaman fiziksel olarak tezahür etmediğini, gerçekte her zaman sadece ihtimallerle var olan sanal bir yapı olduğunu biliyoruz. Sadece bir gözlemci bilinç, bu olasılıklar âleminden o elektronu "zaman/mekâna yerelleştirir" ve bilinç oradan çekildiği an her şey yine asli varlığına, tekrar hayal âlemine, yerelsizliğine/belirsizliğine geri döner.

Çağın en önemli fizikçilerinden biri olan Fransız fizikçi Alain Aspect, 1980'lerde Bell deneyleri adı verilen bir grup çok önemli kuantum fiziği deneyine öncülük etti. Bu çalışmalarda, eş zamanlı iki fotonu birbirlerine yaklaştırarak birbirlerine bağlamayı başardılar. Ardından bu iki fotonu birbirlerinden zıt yöne göndererek aralarında bir miktar mesafe yarattılar ve fotonlardan birini etkileyerek yok ettiklerinde, diğerinin de hiçbir dış etki olmadan kendiliğinden yok olduğunu tespit ettiler. Bu deney, fizikte büyük bir çığır açarken bize; evrendeki tüm parçacıkların uzay-zamanın ötesinde var olan ve her şeyin birbirine bağlı/dolaşık olduğunu ve bu dolaşıklığı sağlayan bir "bilgi ağı" (levhi mahfuz) içinde bulunduğunu ispat etti.

2022 yılında, Alain Aspect liderliğinde son yüzyılın en büyük üç teorik fizikçisi olan Alain Aspect, John Clauser ve Anton Zeilinger birlikte dünyayı sarsan şu tarihi açıklamayı yaptılar:

> **"Çevremizdeki evren yerel (belirgin/fiziksel) olarak gerçek değil."**

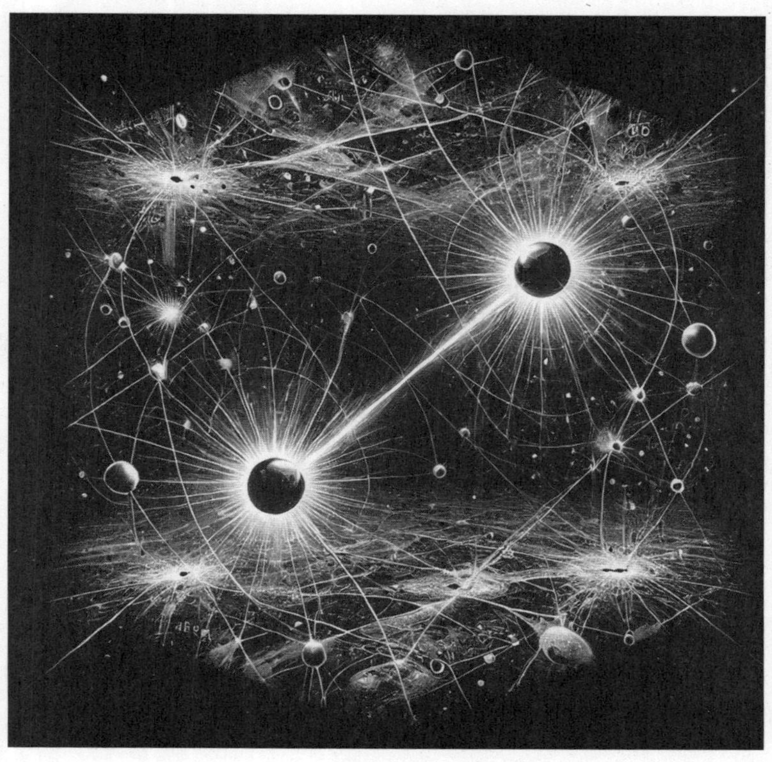

Tıpkı rüya gibi...

Rüyayı gören bizler ise bu rüyanın katmanlarını açan bilinçler olarak zaten o bilgi okyanusunun içinde değil miyiz?

Bu bilgiden hareketle anlaşılan o ki evrende var olan, uzay, zaman, madde ve bilinç yani tüm varlık "külli şey", uzay/zamanın ötesindeki başka bir âlemde bilgi (frekans) ile birbirlerine bağlı/dolaşık ve aralarında kesintisiz ve düzenlenmiş bir bilgi alışverişi ile var!

İnnâ kulle şey-in ḣaleknâhu bikader (in)

Kamer Suresi 49. ayet

Maddenin ötesinde her şey birlik ile birlenir. Tüm noktalar tek bir noktada, tüm zamanlar tek bir anda birlenir.

Tevhid...

Ve bizler, üç boyutlu sınırlı algımız içinde dış dünyaya ne kadar yoğunlaşırsak, hakikat ve tevhidten o kadar uzaklaşırız. Ne kadar bilincimizi eşyanın hükmünden kurtarabilirsek, o denli birlik bilincine, tekliğe/tevhide yakınlaşırız. Bu yakınlaşma gerçekleştiği ölçüde de saf bilginin kaynağına doğru yolculuğumuz başlar. Kuantum fiziğinin ileri çalışmalarında, daha önceki bölümlerde yazdığım sezyum gazı deneyiyle ortaya çıkan sebep/sonuç ilişkisinin hiç de göründüğü gibi olmadığını fark ettiğinizde, evrendeki "buradaki"nin, "oradakinin" nedeni olmadığını, her şeyin zaten var olduğunu ve eş zamanlı hareket ettiğini öğreneceksiniz. Tüm bu görüşümüz, sahip olduğumuz sınırlı algısal gözlemlerimizden kaynaklı olarak bizi çokluk ve ayrılık ile aldatır. Kaotik bir evren yoktur; tüm olgular tutarlı bir matematiksel örüntü içindedir. Evren, parçaların birbirinden ayrı olmadığı, her şeyin birbirine dolaşık olduğu evrensel bir bilgi alanıdır ve bilinç bu alanın okuyucusudur!

İkra/ bi-ismi rabbike-lleżî ħalak (e)

Yaratan Rabbinin adıyla oku!

Alak Suresi 1. ayet

- Sinir sisteminin fizyolojisi ve insan organizmasının bütünsel işleyişi üzerine yapılan klinik araştırmalar, 1970'lerde yeni kinesiyoloji biliminin gelişmesine yol açtı.
- Bu arada, teknolojik alanda, milisaniyeler içinde milyonlarca hesaplama yapabilen ve yapay zekânın yeni araçlarını mümkün kılan bilgisayarlar tasarlanıyordu. Daha önce akıl almaz veri yığınlarına bu ani erişim, doğal olaylara devrimci bir bakış açısını doğurdu: Kaos teorisi.
- Eşzamanlı olarak teorik bilimlerde, kuantum mekaniği ileri teorik fiziğe yol açtı; ilişkili matematik yoluyla, evrende gerçekten kaos olmadığını doğrulayan yepyeni doğrusal olmayan dinamik çalışması ortaya çıktı; düzensizliğin görünümü sadece algının sınırlarının bir fonksiyonudur.

(Dr. David R. Hawkins, Açıklamalı Bilinç Haritası, sayfa:44-45)

Bu tezahür alanı, bilincimize açık olan saf bilginin kaynağıysa, şimdi ilk soruya tekrar geri dönüyorum ve soruyorum: Rüyalar ile geçmiş/geleceğe ait bilgiye ulaşmak mümkün müdür?

Hayır diyorsanız, şimdi sizi hipnogojik rüyalar ile tanıştırmak istiyorum.

Hipnogoji, uyku anlamına gelen "hipno" ile bilgi taşıyan anlamına gelen "agogos" kelimesinden türeyen Yunanca bir kelimedir: Manası, uykudan bilgi getiren...

Hipnogojik an, bazen uykuya dalmadan önce, bazen de uykudan çıkarken gerçekleşen son fazdır. Ancak burada fazdan kasıt, uykudan bir saniye öncesi veya uyanmadan bir saniye öncesi değil, bilinç ile bilinçsizlik arasındaki sınır demektir.

Rüya âlemine girmeden önceki an...

Bu fazda işitsel, görsel ve hatta dokunsal halüsinasyonlar olabilir; fakat bir rüya içinde değilsinizdir. Hipnogojik halüsinasyonlar adeta canlı bir rüyadır. Rahatsız edici ses ve görüntüler de eşlik edebilir. Kontrolü mümkün değildir ve bazen birtakım akıl sağlığı hastalıkları ile karıştırılabilir.

Hipnogojik aşamada kas hareketleri, uyku felci ve berrak rüyalar (lucid rüya) da yaygın bir şekilde izlenmiştir. En basit tabiriyle uyur-uyanıklık arası bu hal, yapay olarak da oluşturulabilmekle birlikte çoğunlukla doğal olarak ortaya çıkar. Bu hal, kişilerin tam uykuya dalarken veya uyanırken kendiliğinden oluşan bir durumdur. Bunun dışında narkozun etkisiyle ya da başka nedenlerle, bayılmalarda da bu halin ortaya çıkması mümkündür.

Birçok sanatçının, kâşifin, bestecinin, yazarın ve hatta bilim insanının bazı özel bilgileri hipnogojik rüyalar ile edindiği tarihe not düşülmüştür. Bunlardan en bilinenlere bir iki örnek vermek isterim.

Paul McCartney "Yesterday" şarkısını uykusunda bestelemiştir. Stephenie Meyer, "Alacakaranlık" adlı romanını yine bir rüya ile yazmaya başlamıştır. Ünlü mucit Thomas Edison'un, bazı keşiflerini yapmak için hipnogojik rüya tekniğini kullandığı bilinmektedir. Birçok düşünür, uykudan yeni bir fikirle uyanır ve uyanır uyanmaz daha önce aklına hiç gelmeyen eksik parçaları tamamlar. Ben bu kitabı yazdığım günlerde haftalar boyu uyanırken hipnogojik olarak zihnime doluşan birçok satırı kaleme aldım. Hatta iki cümleyi bu kitapta iki bölüme başlık yaptım. Peki sizce bunlar tesadüf mü?

Ya da şu soru daha mı yerinde olurdu: Rüya ile yaratıcılığın, ilhamın bir bağlantısı var mıdır? Kaliforniya Üniversitesi'nde Matthew Walker tarafından gerçekleştirilen bir araştırma (The Year in Cognitive Neuroscience, 168/197), REM uykusunun (uykuda rüyanın görüldüğü kısım) insanın hem yaratıcılığını hem de problem çözme becerilerini artırdığını tespit etmiştir. REM uykusundan uyanır uyanmaz deneklerin bulmaca çözme yetilerinin %30 arttığı görülmüştür.

Uyku aslında bilinenin aksine, ne yazık ki hiç farkında olmadığımız ilhamın en güçlü kaynağıdır. Bunu fark eden Salvador Dali'nin ve Thomas Edison'un da hipnogojik ilhamı alabilmek için belirli bir teknik kullandıklarını biliyoruz. Bunu sağlamak için Salvador Dali, genellikle elinde bir kaşık ile sandalyede uykuya dalar; uyku derinleşip bilinç

kaybolunca elindeki kaşık düşer ve onun sesiyle uyanarak derhal kalkıp işe koyulurdu.

Çoğunlukla bir dakikadan daha az süren hipnogojik an'a, uyku araştırmacıları "yaratıcılığın tatlı noktası" demiştir. Birçok bilim insanının günümüzde problem çözmek için kullandığı bu uyku evresine İslam düşünürleri "ilhamın makamı" demişlerdir. Kültürümüzde "rüyaya yatmak" veya "istihareye yatmak" tabiri bunun için kullanılır.

O halde, içinde bulunduğumuz bilgi alanı ile bilincimiz, rüya evresinde ciddi bir şekilde etkileşime giriyor ve kortekse dış dünyadan gelen elektriksel sinyaller uyku evresinde kesildiğinde, görünen o ki bilinç daha yüksek bir boyuta uyanıyor.

Beynin ve bedenin ötesine geçebilen bilinç, bunu ancak dış dünyanın veri akışından kurtulabildiği zaman gerçekleştirebiliyor. Sanırım tam da bu nedenle Carl Gustav Jung, "Rüyalar, uyumakla ilgili değil, uyanmakla ilgilidir" demiştir. Bilinç ile fiziksel gerçekliğin keskin sınırları yoktur. Bilincin nerede bittiği, gerçekliğin nerede başladığı sorusunun da kesin bir cevabı yoktur ve bilincimizin dışındaki her şeyin rüya niteliği belki de hakikatin ta kendisidir.

TEZAHÜRÜN DÜNYASINDA
TANIDIK BİR HAYATIN
GÖLGE/GRAFİK BİR İCRASINI İZLİYORUZ.

20. BÖLÜM

EPİFİZ ve "RUH MOLEKÜLÜ"

Uykudan ve rüyalardan bahsedip beynimizde yer alan mercimek tanesi kadar minik bir bez olan epifiz bezinden, diğer adıyla pineal bezden, onun salgıladığı hormonlardan ve sihirli işleyişinden söz etmemek olmazdı.

Epifiz bezini modern zamanlarda ilk olarak filozof Descartes ele almış ve onu üçüncü bir göz olarak nitelendirmiştir. Ona göre insanın YÜKSEK BİLİNÇ hali burada gerçekleşmektedir. Descartes'a göre ruh ve bedenin birleştiği noktadır ve içimizdeki manevi ve duyular ötesi âlemi temsil eder.

Epifiz, insan bedeninde tüm bezlerin aksine çift değil, tektir. İki gözümüz ve iki kulağımızla ALGILANMAYAN şeylerin beynimize iletilmesinde görevlidir. Epifiz hakkında araştırma yaparken hangi kaynağa, hangi öğretiye yönelirseniz yönelin, daima ondan üçüncü bir göz olarak bahsedildiğini fark edeceksiniz. Tam olarak işleyişini çözene dek ben de kendime yıllarca şu soruyu sordum: Kapalı bir ortamda, dış dünya ile bağlantısı olmayan bir organ (beyin gibi) nasıl GÖZ diye nitelenebilir ve ne görüyor olabilirdi?

Bu sorunun cevabı yine kuantum fiziğinden geldi, çünkü dış dünyada gerçek manada görecek herhangi bir şey zaten yoktu. Algıladıklarımızı gördüğümüz zannı içindeyiz sadece. Bu durumda, esas olarak GÖRME, duyular ile iletilen sınırlı ve aldatıcı sinyallerin ötesinde olmalıydı ve aslında hakiki görme, duyular ötesine geçebilmekle mümkündü. O halde;

DUYULAR OLMAKSIZIN GÖREN GÖZ EPİFİZDİR.

Epifiz bezinin sağlığı, psişik sağlığımızı da kontrol altında tutar. Özellikle güneş, epifiz için olmazsa olmazdır; adeta onun gıdasıdır. Epifizin aktifleşmesi için güneşe en az 30 dakika maruz kalmamız gerekir. Ancak daha da önemlisi, direkt güneş ışığının göz bebekleri yoluyla epifize iletilmesidir.

DUYU ÖTESİ GERÇEKLİK

Kitabın bu bölümüne gelene kadar anlattığım GERÇEKLİK, duyularımız vasıtasıyla oluşan kendi içsel üç boyutlu gerçekliğimizdir. Peki ya DUYU ÖTESİ GERÇEKLİK nasıl algılanabilir derseniz, bunun kesin cevabı epifiz olurdu.

Kuantum fiziğinin mekaniği ile biliyoruz ki algılarımızın ötesinde, frekanslarla dolu bir bilgi ağı var ve bazı özel (tefekkür/ibadet/meditasyon) tekniklerle duyuları kullanmadan, onları devre dışı bırakarak bu evrensel ağa bağlanabiliyoruz. Bu evrensel kütüphane ile bağ kurduğumuzda, algıladığımız duyu ötesi gerçeklik de emin olun ki deneyimleriniz kadar gerçek görünür. Hiç kıpırdamadan, yoğun bir tefekkür ile gözleriniz kapalıyken, gözlerinizle gördüğünüz "gerçeklikten" ayırt edemeyeceğiniz kadar güçlü deneyimler yaşayabilirsiniz. O hâlde, kuantum birleşik bilgi alanı ile bağlantı kurmamızı sağlayacak biyolojik, nörolojik ve kimyasal bir altyapı da olmalıdır. İşte tüm bunları sağlayan hormonları salgılayan o minicik epifiz bezi ve onun salgıladığı melatonin, serotonin ve DMT.

1886'da mikro anatomi uzmanları H. De Graff ve E. Baldwin Spencer, birbirlerinden bağımsız olarak epifizin "dışsal gözlerin" tüm özelliklerine sahip, adeta dumura uğramış içsel bir göz olduğunu keşfetti. Daha sonraki araştırmalar, bu bezin çevresel ışığa hem doğrudan hem de dışsal gözden gelen iletiler vasıtasıyla tepki verdiğini gösterdi. Düzenli olarak ışık altında tutulan hayvanlarda, epifizin küçüldüğü gözlemlendi. Epifiz ışığa karşı o kadar duyarlı ki, karanlık bir odada uyku esnasında bedeninizin herhangi bir noktasına dahi ışık tutulursa, epifiz bu ışığı deri yoluyla algılar. Şimdi sizlere, bu denli özel, hassas ve sihirli işleyişleri olan bu muazzam organın salgıladığı hormonları ve etki alanlarını anlatmak istiyorum.

ÖLÜM (uyku) İLE DİRİLMENİN (uyanma) KİMYASI

Gece uykusundan uyanıp tekrar DUYULAR DÜNYASINA geri dönmemiz için epifiz bezi, algıladığı ışığın ardından gündüz nörotransmitterlerini (nöronlar arası bilgi taşıyan kimyasal ajanlar) uyarır ve onları SEROTONİN üretmeleri için bilgilendirir. Serotonin salgısı, bu anlamda gündüze uyanmanın kimyasal habercisidir. Ardından, sırasıyla beyin dalgaları Teta'dan Alfa'ya ve sonrasında Beta frekans bandına geçerek bize "Zaman ve mekân" DIŞ DÜNYA gerçekliği içindeki bir beden olduğumuzu hatırlatır. Gece bu süreç tam tersine işler ve dış dünyadan gelen ışığın azalmasıyla epifiz bezi yine sinyal gönderir, ama bu sefer bu sinyaller MELATONİN üretilmesi içindir. Ardından beyin dalgaları Beta'dan Alfa'ya ve en son Delta frekans bandına geçer. Bu süreçte fiziksel beden yavaşlar ve dış dünyadaki veri kaynağından uzaklaşan bilincimiz İÇE/RUHSAL ÖZE döner. Sonunda beyin dalgaları Delta frekans bandına girdiğinde ise derin bir uyku evresine geçiş yaparız.

Tüm bu bilgilerin ışığında, şimdi sizi de beni de çok etkileyen, ölüm ve yaşam gerçekliğini derinlemesine sorgulamama sebep olan bir ayete tekrar yer vermek istiyorum:

> "Geceleyin sizi öldüren, gündüzün de ne işlediğinizi bilen, sonra belirlenmiş ecel tamamlansın diye gündüzün sizi dirilten O'dur. Sonra dönüşünüz yine O'nadır. Ardından O, yaptıklarınızı size haber verecektir." (Bayraktar Bayraklı meali, Enam Suresi 60. Ayet)

Az önce yazmış olduğum satırları lütfen şimdi bir daha okuyun. Epifiz bezi, gece DIŞ DÜNYADAN ALDIĞI BİLGİ (azalan ışık) ile bu bilgiyi bir kimyasala dönüştürüyor (melatonin) ve onunla senkronize hareket eden beyin dalgalarıyla uyumlandığı frekans bandına geçişe (uyku) Kur'an ÖLÜM diyor. Yine sabah DIŞ DÜNYADAN ALDIĞI BİLGİ (artan ışık) ile epifiz bezi farklı bir kimyasal salgılar ve bu durumla senkronize hareket eden beyin dalgaları bu sefer daha farklı bir frekans bandına geçer (uyanma) ve buna Kur'an DİRİLME diyor.

Bu noktada epifiz bezinin diğer duyu organlarından önemli bir farkı göze çarpıyor. Epifiz, diğer duyularımızdan farklı olarak sadece iletiyi alıp beyne aktarmıyor, yakaladığı frekansları kendisi çözüyor, dönüştürüyor ve diğer tüm biyolojik ve nörolojik sistemleri harekete geçirecek bilgiyi kimyasal ajanlara dönüştürerek devreye sokuyor.

Tam bu noktada değerli doğum uzmanı Op. Dr. Banu Öndeş hocamızın bu kitaba katkı amaçlı verdiği çok kıymetli bir bilgi ile derinlemesine düşünmenizi rica ediyorum. Eminim aşağıdaki satırları okurken "ölmek nedir, doğmak nedir" diye derin derin tefekkür edeceksiniz.

"Epifiz bezi ve ondan salgılanan melatonin, maddesel dünyadaki doğum sürecine de bizzat katkı sağlamaktadır. Spontan doğumun başlamasındaki, doğum sürecindeki ve süt oluşumundaki fizyolojik yolaklarda görev almaktadır. Anne ve bebeği arasında o tarif edilemez bağın kurulmasında karşımıza yine epifiz bezi çıkmaktadır ve ayrıca plasenta yoluyla fetüse geçen melatonin, bebeğin büyümesi, bağışıklık sisteminin gelişmesi ve sirkadiyen ritminin (biyolojik saatinin) oluşmasında önemli rol oynamaktadır."

Op. Dr. Banu Öndeş

UYKU İLE UYANMA,
ÖLÜM İLE DİRİLME.
FREKANS TEMELLİ BİR GERÇEKLİKTEN
YİNE FREKANS TEMELLİ BAŞKA BİR GERÇEKLİĞE GEÇİŞTEN İBARET.

"Gerçekler yoktur, yorumlar vardır."
Nietzsche

MELATONİN İLE İLGİLİ BİLİMSEL GERÇEKLER

- Strese tepki olarak kortizon salgılanmasını durdurur.
- Bağışıklık sistemini (hücresel ve metabolik) güçlendirir
- Kanser gelişimini durdurur /yavaşlatır
- Kobay farelerde ömrü %25 arttırdığı görülmüştür
- Beyinde nöron koruyucu bir vazifesi vardır
- REM (uyku evresi) uykuyu artırır ve bütünsel sağlığı artırır.
- Yaşlanmayı sağlayan serbest radikallerin atılmasını sağlar.
- DNA onarımını destekler.
- Melatonin gece 1 ila sabah 4 saatleri arası en yüksek seviyededir.

Epifizin sihri bunlarla da bitmiyor. Kur'an'da geçen bir ayet ve o ayetin işaret ettiği vakte istinaden, bize yüksek frekanslarla rezonansa girebilmemiz için muazzam bir fırsat sunuluyor. Gece karanlıkta, sabaha doğru (gece 01:00-04:00 arası) en yüksek seviyede olan epifiz hormonları ile, gecenin bu vaktinde tam REM evresindeyken insanın uykudan uyanması ve ibadetle yüksek ilahi alana ve evrensel külliyata bağlanmasının mümkün olduğu işaret ediliyor diye düşünüyorum. Yine bu evrede, bu özel biyokimyasal yapı ile girdiğimiz frekans ve hâl ile, bu gölgeler âlemine o yüksek bilinçten şehadet etmemiz isteniyor olabilir. Bu evrede melatonin ve DMT zirvede, beyin dalgaları delta frekans bandında seyrediyor. Yani duyuların hükmünden kurtulduğumuz ve gerçek özümüz ile sınırsız duyu ötesi kuantum alana bağlanabileceğimiz bir evre. Bu durum, arzu edilen tefekkür odaklı dinsel ibadetlerin ve yine tefekkür temelli meditasyon öğretilerinin temelini oluşturur ve umulur ki Rabbin seni makam-ı mahmuda eriştirir (en yüksek frekans).

> "Gecenin bir kısmında uyanıp sana mahsus bir ibadet olmak üzere teheccüd namazı kıl. Umulur ki Rabbin seni Makâmı Mahmud'a eriştirir."
>
> İsra suresi 79. Ayet.

KRİSTALİZE BİR ALICI, EPİFİZ

Epifiz bezini tek kelime ile tarif et deseniz, özenle seçtiğim kelime ALICI/ANTEN olurdu. Algıladığımız tüm bu evrensel alanda (kozmik ağda), göremediğimiz ama var olduğunu bildiğimiz elektromanyetik enerjinin birçok farklı frekans aralığında olan radyo, televizyon, WiFi gibi dalgalar mevcuttur. Elektrik dalgaları ile taşınan bu "bilgiler", tutarlı bir sinyale dönüştürülerek ekranlarda görüntüye veya radyoda müziğe dönüşür ve duyu organlarımız tarafından algılanır. Temelde tüm duyu organlarımız aslında birer frekans dönüştürücü işlevine sahiptir ve tıpkı duyu organlarımız gibi epifiz de bir frekans dönüştürücüdür. Üç boyutlu algıladığımız varlığın duyu ötesindeki yüksek frekansları algılamayı sağlar. Epifiz bezi tam olarak aktif çalıştığında, algılarımızın eşiklerinin üstünde, uzay/zaman gerçekliğinin ötesindeki frekanslar âlemine bir kapı aralar ki burası, çok yüksek boyutlu vizyonların da görülebileceği bir alandır. Yeni bir çalışmada tespit edilen epifiz bezinin piezoelektriksel varlığı, bize epifizin sandığımızdan da önemli bir organ olduğunu göstermektedir.

> "İnsan epifiz bezinde yeni bir biyomineralizasyon şekli incelenmiştir ve uzunluğu 20 mikrondan kısa olan küçük kristallerden oluştuğu görülmüştür. Bu kristaller, yapıları ve piezoelektrik özellikleri nedeniyle epifiz bezindeki elektromekanik ve biyolojik dönüştürücü mekanizmadan sorumlu olabilir."
>
> (Simon Baconnier, Sidney. B. Lang, René de Seze. New crystal in the pineal gland)

Epifize dair bu bilimsel makalede gözüme çarpan iki sıra dışı tespit, piezoelektrik etki ve dönüştürücü etkidir. Bu tespitler, epifiz bezinin evrensel elektromanyetik spektrumdan frekans şeklindeki bilgiyi alıp çözebileceğini ve anlamlı mesajlara dönüştürebilecek kapasiteye sahip olduğunu açıkça göstermektedir. Daha basit bir şekilde ifade etmek gerekirse, epifiz, çok yüksek titreşimli frekansları alabilen bir alıcıdır ve bunu başardığımızda, sınırlı duyu organlarımızın eşiklerini de aşmış oluyoruz. Epifizde bu fonksiyonları sağlayan ise 1/20 mikron uzunluğundaki kalsiyum kristalleridir.

> "Piezoelektrik kelimesi Yunanca sıkmak ya da bastırmak anlamına gelen piezzein ve itmek anlamına gelen piezo kelimelerinden türetilmiştir. Bu yüzden sizden nefesinizi tutmanızı ve iç kaslarınızı sıkmanızı istemem tesadüf değil. Bunu yaptığınızda, beyin omurilik sıvısını epifiz bezine doğru iterek mekanik bir baskı uygularsınız. Bu mekanik baskı elektrik yüküne dönüşür. Epifiz bezindeki üst üste yığılmış kristalleri sıkıştırarak piezoelektrik etki yaratan tam da bu eylemdir. Epifiz bezi

kristalleri, uyguladığınız basınca yanıt olarak bir elektrik yükü üretir."

(Doğaüstü olmak Dr. Joe Dispenza, Sayfa 339)

RUH MOLEKÜLÜ DMT

Epifizin salgıladığı bir diğer önemli hormon DMT'dir. Bu, bilinen en güçlü halüsinojenik etkili kimyasaldır. DMT'nin psikedelik etkileri aslında yüzyıllardır biliniyor. Psikedelikler, olağandışı bilinç durumlarını tetikleyen halüsinojenik maddelerdir ve bu maddeler değişmiş bir bilinç durumuna neden olurlar. DMT'nin salgılanması, tam olarak uykunun REM (rüya evresi) evresine denk gelir. Descartes'ın "ruh molekülü" olarak adlandırdığı DMT'nin, uyku dışında iki evrede daha yüksek olduğu tespit edilmiştir: Biri doğum anı, diğeri ölüm anı. Bu, adeta bir hazırlıktır. DMT'nin yüksek oranda salgılanması durumunda bireyde "zaman algısında" değişim gözlenmiştir. Çok fazla artması durumunda ise psikedelik etki, yani gözle görülmeyen ruhani olguların görünür hale gelmesi gerçekleşir.

Yukarıda DMT'nin zirvede olduğu iki evreden birinin doğum olduğundan bahsettim. Doğumla birlikte tespit edilmiştir ki hem annede hem de yeni doğan bebekte bir müddet DMT yüksek seyretmektedir. Tam da bu noktada, dünyanın birçok yerinde olduğu gibi bizim coğrafyamızda da yaygın olan bir inançtan bahsetmek istiyorum. Yeni doğan bebek ve lohusa olarak adlandırılan anne, diğer boyut varlıkları ile temasa açık olduğu varsayımı ile bu dönemde asla yalnız bırakılmaz. Muhtemelen toplumlar, yüzyıllar boyu DMT ile ilgili bilgiye sahip olmasalar da gözlemleri ile bu evredeki psikedelik etkiyi fark etmişlerdir.

DMT'nin çok düşük olması ise kişinin dünyayı sönük, donuk ve neşesiz algılamasına sebep olabilir. İşte tüm bu nedenlerden dolayı bu hormona "Ruh Molekülü" denmiştir. DMT, insanların kozmik yolculuklara çıkabildiği canlı halüsinasyonlar oluşturabilen bir maddedir. Bu nedenle birçok ülkede sentetik formu yasaklanmıştır. DMT, birçok yerde doğal olarak da bulunabilir. İnsanlar bu maddenin halüsinojenik etkisini ilk kez Güney Amerika'da bazı bitkilerde keşfetmişlerdir. Yüzlerce yıl boyunca bu bölgelerde Ayahuasca adlı özel bir çayı kutsal bir iksir gibi kullanmışlardır. Birçok Şamanist toplulukta da şifa amaçlı olarak kullanılır.

Normalde tüm psikedelik maddeler sanrılara sebep olur, ancak DMT kullanan bireylerin deneyimleri çok ilginçtir ki, hepsi birbirine benzer olarak kaydedilmiştir. DMT kullanan deneklerin kayıtlara geçen deneyimleri o kadar gerçekçidir ki, insan adeta onların farklı bir paralel

evrene geçtiğine ve/veya algılarımızla göremediğimiz diğer yaşam formlarıyla iletişim kurduğuna inanacak hale gelir.

DMT'nin bitkisel formda bilinen en önemli iki kaynağı Ayahuasca çayı ve Üzerlik Tohumu'dur. Amazon havzasındaki yerli halklar tarafından bin yıldır kullanılmasına rağmen kökeni net olarak bilinmemektedir. Bu bitki, bu topluluklarda bir şamanın önderliğinde dünya dışı diğer âlemlere bağlanmak için kullanılır. Günümüzde Güney Amerika ve Peru dışında kullanımı kesinlikle yasaktır. Bu çayın ana bileşeni olan DMT'nin, insan beyin hücrelerini oksijen eksikliğine bağlı hasarlardan koruduğu da tespit edilmiştir. Bunun yanı sıra, beyindeki sinir hücrelerinin de hızla büyümesini ve daha fazla sayıda sinaptik bağlantı kurmasını sağladığı görülmüştür.

Epifiz bezi, tüm geçmiş kadim medeniyetlerde o kadar önemli bir yere sahiptir ki, kozalak görünümlü yapısı pek çok inanca ilham kaynağı olarak sembolleştirilmiştir. Bu sembolleri dünyanın her yerinde, tüm inanç topluluklarında görmek mümkündür. Epifiz bezinin sembolünü, Buda heykellerinin başından, Vatikan Meydanı'ndaki kozalak heykeline, hatta Papa'nın asasına kadar birçok yerde görebiliriz. Sümer tabletlerinde, Annunaki olarak adlandırılan varlıkların bile ellerinde bu sembol vardır. Antik Mısır tasvirlerinde karşımıza çıkan Horus'un gözü olarak bilinen sembol de epifiz bezinin yapısına oldukça benzer.

Yaratılışımızın birçok sırrını barındıran bu minicik organın bizim kültürümüzde de çok önemli bir yeri vardır. Tasavvufta kalp gözünün açılması için, adaylar 40 gün boyunca karanlık bir odada az bir besinle yaptıkları çile ve uzlet törenlerinde, aslında epifizi aktive ederek DMT'nin yüksek oranda salgılanmasını sağlarlar. Yine, müzik aleti ney'in bol miktarda DMT içeren kargı kamışından yapılması da oldukça düşündürücüdür.

> "Üzerlik tohumu karanlığı örttü ve gerçek göründü"
>
> Mevlana

Mevlana'nın kastettiği karanlık bu alemdir. Yani ışık konisi içinde kalan gölgeler alemidir. Gerçek alem ise ancak bu karanlıktan öteye ışık konisinin ötesine bakabildiğimizde görülecektir ve orası gözle görülemez.

EPİFİZE SALDIRI

Sizce günümüzde epifiz bezini hedef alarak onu devre dışı bırakıp pasifize edilmiş bir insanlık hayali kuranlar ne gibi yöntemler kullanıyor? İlk olarak 2. Dünya Savaşı'nda, askerlerin itaatkâr olmaları için gıdalarına florür eklendiğini biliyoruz. Florürün epifiz bezi üzerindeki yıkıcı etkilerini bilen karanlık eller, daha sonraki yıllarda florürü diş macunlarına ve şebeke sularına kattı. Florür, adeta bir mıknatıs gibi epifiz tarafından çekilerek bu minicik bezin kireçlenip devre dışı kalmasına sebep oluyordu.

Günümüzde artık tamamen egemen olan endüstriyel gıda, diş macunları, vücutlarında yüksek oranda cıva bulunan balıklar, sigara, alkol, karbonlu içecekler ve kirli hava, bu mucizevi organımızı tahrip etmiştir. Elbette ki tüm bunları bir tesadüf olarak görmek mümkün değildir. Epifiz, algısal varlığımızın ötesindeki hakikate ulaşmamızı sağlayan bir yapıdır ve bu nedenle dünyanın kötücüllerinin hedefine konmuştur. Amaç, insanın ruhani tekâmülünü sekteye uğratmak ve ilahi bilinç ile ulaşılması hedeflenen tekliğe, birliğe varışını geciktirmektir.

Henüz bozulmamış olan minik çocuklarımızın rüya ve hayallerinin zenginliği, işte bu mucizede, yani epifiz bezinde saklıdır. Bilge yaşlılarımızın sahip olduğu ferasetin de altında yine bu organın sırrı yatmaktadır. Ne yazık ki günümüzde, tarihte hiç olmadığı kadar da hedef alınmış durumdadır. Beş duyu organımızın yetmezliğinin ötesinde, soyut olarak ifade ettiğimiz zihinsel bir duyu vardır. Kimileri buna altıncı his, kimileri öngörü der. Eskilerin deyimiyle, hissi kablel vuku. İşte bu, duyu ötesini algılamamızı sağlayan epifizdir.

Şimdi, biliyorum ki çoğunuzun zihninde şu soru uyandı: Bu değerli organı nasıl korumalıyız ve tekrar nasıl aktive edebiliriz?

EPİFİZ AKTİVASYONU

Epifiz bezi, gerçek kapasitesiyle çalıştığında, yardımcı olarak kabul edilen hipofiz bezini uyararak iki çok önemli kimyasalın salgılanmasında rol oynar. Bu kimyasallardan biri oksitosin, diğeri ise vazopressindir. Oksitosin, en çok anne-bebek arasındaki eşsiz ve karşılıksız sevginin kimyası olarak bilinir. Empati, koşulsuz sevgi, şefkat, merhamet ve bağışlama gibi yüksek frekanslı duyguların da kimyasalıdır. Yapılan bazı araştırmalar, oksitosin seviyesi yüksek olan insanların kin tutamadığını göstermiştir. Ayrıca, hipofiz kimyasalları salgılanıp yükseldiğinde, beynin amigdalasındaki hayatta kalma merkezlerinin kapanması ile birlikte korku, üzüntü, acı, endişe, saldırganlık ve öfke devrelerinin soğuduğu görülmüştür. Bu kimya, adeta koşulsuz sevginin ve şüphesiz teslimiyetin kimyasıdır.

Oksitosin kadar önemli bir diğer hipofiz kimyasalı da vazopressindir. Bu hormona antidiüretik hormon adı verilmesinin temel nedeni, seviyesi yükseldikçe fiziksel bedenin su tutma kapasitesini artırmasıdır. Bu ayrıntı, sanıldığından çok daha önemlidir çünkü yüksek frekansların bilgiye dönüştürülerek metabolik olarak kullanılabilmesi için su, gerekli olan iletkenlik görevini üstlenir. Evrensel veriden ne kadar yüksek titreşimli frekans alırsanız, biyokimyanız da onunla senkronize şekilde değişecektir. Bu, daha gerçekçi görüntülerin eşlik ettiği yüksek enerjili deneyimler yaşamanıza yol açacaktır. Bu deneyimler, kimi zaman vizyonlar kimi zaman rüyalar yoluyla gerçekleşirken, epifiz bezindeki kalsit kristalleri, kozmik bir anten gibi sizi yüksek titreşimli alemlere bağlayacaktır.

Kitabın bu bölümüne kadar okuyan herkesin "Epifiz bezimi tekrar nasıl aktifleştirebilirim?" diye düşüncelere daldığını hissediyorum. Buraya kadar bu gizemli organın hormonlarını ve etki alanlarını anlatmaya çabaladım; şimdi de bu aktivasyon için neler yapabiliriz, paylaşmak istiyorum.

Epifizin sağlığı için kesinlikle uzak durulması gerekenlerden başlamak lazım diye düşünüyorum. Birinci sırada elbette diş macunlarındaki florür (ağır metal) var. Ardından, yüksek düzeyde kafein kullanımı ve şeker oranı yüksek tüm endüstriyel (paketli) gıdalar, epifiz ve hormonlarının sağlıklı çalışmasını engeller. Sigara, alkol, yetersiz ve düzensiz uyku, bilhassa gece saatlerinde yoğun ışığa maruz kalmak, yatak odalarında televizyon, bilgisayar, Wi-Fi gibi elektromanyetik alan yaratan cihazlar bulundurmak ve gün içinde doğal güneş ışığından faydalanamamak, epifiz bezinin bilinen en önemli düşmanlarıdır.

Biyoritim içinde yaşamak, bütünsel sağlığımız için gerçekten çok önemlidir. Yani güneş ışığının artışı ile güne başlamak, yine güneş ışığının azalmasıyla daha loş ve sakin bir ortamda akşamı karşılamak ve gece 12'den önce uykuya geçmiş olmak fevkalade önemlidir. Günümüz modern şehir yaşamı içinde gerçek manada gece karanlığı elde edilemediği için mutlaka göz bantları ile uykuya hazırlanmak, epifizin uyarılıp melatonin üretimi için iyi bir önlem ve destek olabilir.

Ben kişisel olarak, tüm ibadetlerin de temelinde epifizin aktive edilerek insanın üst benliği ve bilinci ile yüksek alemlere bağlanmasının hedeflendiği görüşündeyim. Bu konuda Dr. Ali Konuksever'in aşağıdaki satırlarının sizde de yeni ufuklar açacağını umuyorum.

> "Zikir yapılırken beynin belli bir bölgesindeki hücre grupları arasında üretilen biyoelektrik enerji, zikrin devamı hâlinde bu bölgeden taşarak, görevsiz bekleyen yan hücrelere yayılır ve onları da mevcut kapasiteye ilave ederek devreye sokar. Zikir konusu ne ise, o anlamda bir frekans yayarak bu hücreleri devreye alan beyinde, elbette ki o istikamette de faaliyet gelişir. Mesela Allah'ın isimlerinden birisi zikredildiğinde, kişinin beyninde

boş duran hücreler, bu ismin frekansında titreşimle programlanarak devreye girdiği için, bir süre sonra bu ismin manasına uygun şekilde frekanslar yaymaya ve kişide bu manaya uygun haller tezahür etmeye başlayacaktır. Zikir yapıldığı zaman beyinde ilgili hücre grubunda bir biyoelektrik akım meydana gelmekte ve bu bir tür enerji şeklinde manyetik bedene yüklenmektedir. Zikirle tekrarlanan kelimenin tekrarından oluşan biyoelektrik enerji daha da güçlenerek yeni hücre birimlerini devreye sokmakta ve bir kapasite genişlemesi söz konusu olmaktadır. Böylece normalde çok küçük bir yüzde ile çalışıp geri kalan miktarı kullanılmaz bir hâlde bekleyen beynin, bu boş duran kapasitesinin devreye sokulması yolu zikirle mümkün olmaktadır.

Zikir yapıldığında yani aynı kelimeler söylendiğinde beyinde konsantrasyon artar ve bununla birlikte beyin faaliyetleri hızlanır. Çokça tekrar edilmesi halinde ise beyinde farklı farklı bölgeler çalışmaya başlar. Bunu yüksek konsantrasyon ve düşünme ile birleştirebilirsek duyu ötesi algılamalar çalışmaya başlamaktadır. Yüksek mertebelere ulaşmış kutsal kişilerin duyu ötesi algıları bu faaliyetleri neticesinde gerçekleşmektedir. Zikir sadece beyin dalgalarını hareketlendirmez, aynı zamanda duyu ötesi algıları sağlayan hormonların merkezi olan epifiz bezini de uyarır........."

(https://www.yenimesaj.com.tr/zikir-sifadir-H1401620.htm)

Göklerde ve yerde olanlar
Allah'ı tesbih ederler.
O güçlüdür, Hakim'dir.

21. BÖLÜM

FREKANSLAR UMMANI

"Her şey enerjidir (ışık) ve her şey yalnızca bundan ibarettir. Sahip olmayı istediğiniz gerçekliğin frekansına uyumlandığınızda o artık size ait olur. Bu felsefe değil, fiziktir."
Albert Einstein

Yüzyıllar boyunca, evreni ve yaşamı madde üzerinden anlamaya dayalı materyalist temelli ideolojiler ve klasik fizik, kuantum fiziğinin ilk bulguları ortaya çıkmaya başladığında büyük bir çıkmaza girdi çünkü artık karşılarında iki gerçeklik duruyordu. Bu gerçekliklerden biri, beynimiz aracılığıyla algıladığımız maddesel yani somut/fiziksel gerçeklik; diğeri ise kuantum fiziği ile ortaya çıkan fizik ötesi sanal/soyut gerçeklikti. Albert Einstein'ın belirttiği gibi, aslında varlığın iki yüzü vardı. Bunlardan biri, bizim algılarımızla bildiğimizi sandığımız fiziksel suret; diğeri ise bilmediğimiz, duyu ötesinde kalan sanal suretti. Fakat burada en şaşırtıcı olan, her iki suretin de aynı gerçekliğe ait olmasıydı!

Bu noktada önemli bir ayrıntıyı daha açmak istiyorum çünkü çoğunluğun düşüncesinde "soyut/sanal" kavramı, bir gerçekliği temsil etmez; adeta yokluk gibi algılanır. İşte bilimde ve insanın düşünce dünyasında büyük sarsıntı da tam bu noktada, kuantum fiziği mekaniği ile ortaya çıktı ve anlaşıldı ki gerçekte somut/madde diye bir gerçeklik yok! Evrende her şey en temelinde sadece soyut/sanal enerji şeklinde!

Biz ise bu frekans temelli enerji varlığa duyularımızla biçim verip, zihnimizde resimlere çevirip madde gibi algılıyoruz ama bu da sadece algısal bir illüzyondan ibaret.

Robert Lanza, Biyosentrizm adlı kitabında (Bob Berman ile birlikte yazmıştır), alevin; her biri elektriksel ve küçük elektromanyetik paketler olup, foton yayan sıcak gaz olduğunu anlatmaktadır. Beyin, bilgiyi deşifre ederek, gördüğümüz alevi üretir. Lanza şöyle açıklamaktadır:

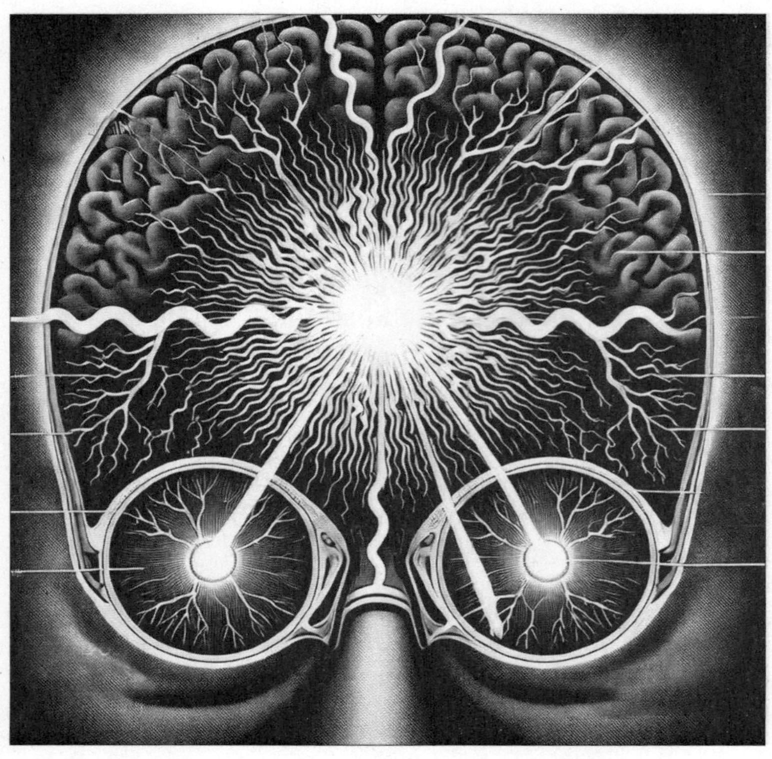

"Günlük deneyimlerden hatırlanacağı üzere, elektriğin de manyetizmanın da görsel özellikleri yoktur. Dolayısıyla, yalnız başına mum alevinin görsel, parlak olmayan veya renkli hiçbir şey olmadığını kavramak zor değil. Şimdi aynı görünmeyen elektromanyetik dalgaları insan gözündeki retinaya vurduralım ve dalgalar tepeye 400-700 nanometre olsun, o zaman onların enerjileri retinadaki koni biçiminde 8 milyon hücreye uyarıcı iletir. Her biri sırayla komşu nörona elektrik pulsu gönderir. Bu sırayla, 250 mhp'de, başın arkasındaki beynin ılık ıslak art kafa lobuna ulaşıncaya kadar gider. Orada, uyarıcıdan peş peşe nöronlar ateşlenir ve öznel olarak bunu, 'dış dünya' demeye koşullandırılmış olduğumuz yerde beliren sarı bir parlaklık olarak deneyimleriz."

(Sayfa: 38/39 Bilmeniz gereken her şey/David İcke)

Her şeyin sadece titreşimlerden oluştuğu bu frekanslar ummanında tıpkı yukarıdaki örnekte görüldüğü gibi bizler koşullu algılarının tutsağı olan gözlemcileriz. Bedenimizden düşüncelerimize, sözlerimizden hayallerimize kadar her şey aslında sadece titreşim. Dışarıda ne renk, ne müzik, ne de varlığa ait herhangi bir koku var beynimiz ve duyumlarımız olmasa VARLIK ALEMİ, onu tanımladığımız tüm bu sıfatlardan mahrum olurdu ve dünyanın ne renginden ne büyüklüğünden,

Ne yerden,

Ne gökten,

Ne çiçekten ne de böcekten söz edemezdik......

Tüm bu kavramlar nöronlarımızın titreşimlerle birbiri

ile etkileşimi ile ortaya çıkan KOŞULLANDIRILDIĞIMIZ ZİHİNSEL SURETLERDEN ibaret.

Ben olmayınca bu güller, bu serviler yok.
Kızıl dudaklar, mis kokulu şaraplar yok.
Sabahlar, akşamlar, sevinçler tasalar yok.
Ben düşündükçe var dünya, ben yok o da yok.

Ömer Hayyam

KOZMİK WEB

Evren içindeki her şeyle birlikte, bilgi taşıyan frekanslarla dolu kozmik bir ağdır ve nasıl ki elektriksel dalgalarla işleyen internet gibi sanal bir bilgi ağını göremiyorsak, evrenin bu sanal/soyut yüzünü de göremiyoruz. Bizim "görünür evren" dediğimiz varlık, yani tüm maddesel alem, aslında sadece elektromanyetik spektrum içinde kalan ve algılarımıza görünür olan belirli bir frekans bandından ibarettir. Tıpkı Wi-Fi sinyallerini göremediğimiz gibi, evrende görünmeyen bu alanda kayıtlı bilgilerden, yani data/enformasyon (kader) den ibarettir. Kısacası, fiziksel sandığımız alem tamamen enerjidir, yani metafizikseldir.

Kuantum fiziği ile evrene ait tüm klasik fizik kuralları değişse de, değişmeyen bir evrensel yasa vardır: Termodinamik yasaları. Evrenin enerjisinin nasıl muhafaza edilebildiğini daha iyi anlayabilmeniz için şimdi size bu yasalar hakkında biraz bilgi vermek istiyorum. Ancak bu yasaları okurken bilin ki bu yasalar tüm biyolojik (yaşam) sistemler için de geçerlidir.

Termodinamik 1. Yasası: Enerjinin (bilgi) korunumu yasası, evrende toplam enerji miktarının mutlak olarak korunduğunu, yoktan enerji var edilemeyeceğini, var olan enerjinin de yok edilemeyeceğini, sadece form değiştirerek başka bir forma dönüşebileceğini açıklar.

Termodinamik 2. Yasası: Evrenin düşük entropiden* yüksek entropiye doğru ilerleyen mutlak sürecini açıklar. Evrendeki tüm sistemler (biyolojik sistemler de dahil) mutlak sona doğru bozulmak zorundadır.

Termodinamik 3. Yasası: MUTLAK SIFIR...

Varlık ve bilgi birdir,
Varlık ve yokluk birdir,
Hepsinin toplamı hiçliktir.

Değişmeyen evrensel termodinamik yasalarına dayanarak biliyoruz ki evrende hiçbir frekans (bilgi) yok olmuyor, kayıt altında muhafaza ediliyor. Düşüncelerimizden sözlerimize, duygularımızdan eylemlerimize kadar her şeyin bilgisi/frekansı olduğu gibi dağın, taşın ve coğrafyaların dahi frekansları vardır ve bu frekansları varlığın, evrene yaydığı ve korunmakta olan titreşim dalgaları olarak düşünebilirsiniz.

Bu frekanslar sisteminde yüksek titreşimli frekanslar daha düşük titreşimli frekansları etkisi altına alırken, birbirine eş frekanslar uyumlanarak rezonansa girer ve birlikte morfik bir rezonans alanı oluşturur. Bilincimiz de hangi frekans düzeyinde ise tıpkı bir radyo alıcısı gibi bize o frekansın taşıdığı bilgi ile geri döner.

***Entropi:** Faydalı enerji miktarının azalır, faydasız enerji miktarı çoğalmasının ifadesidir. Bing Bang dan bu yana evrenin sıfır entropiden (mutlak düzenden) mutlak sıfıra doğru tüm sistemleri ile bozulduğunu ifade eder.

1900'lü yıllarda Tainio Teknoloji'den Bruce Tainio ve Gary Young, sağlıklı insanların gün içindeki frekanslarını ölçmeyi başardı.

Sağlıklı bir insan vücudunun 62-72 MHz aralığında bir frekansı olduğunu tespit ettiler. İyi hissettiğimizde farklı frekans yaydığımız ortaya çıktı. Olumsuz düşüncelerin insanın frekansını 12 MHz'e kadar düşürebildiğini, olumlu ve yapıcı düşüncelerin ise 10 MHz daha yükseltebildiğini kavradılar.

> "Dışarıdaki hiçbir şey yaşam deneyiminize neden olmaz. Yaşamınızı etkileyen daha ziyade "burada" olan şeydir, ki bu yaşamınızda faaliyet gösteren enerji alanıdır. Kendi algılarımızın sonuçlarının sorumluluğunu üstlenerek kurban rolünü aşabilir ve dışardaki hiçbir şeyin sizin üzerinizde güçlü olmadığını anlayabilirsiniz. Olayların yaşamınız üzerinde olumlu ya da olumsuz bir etkisi olup olmadığını belirleyen, yaşamdaki olaylar değil, sizin onlara nasıl tepki verdiğinizdir. Hiçbir şey kendi içinde stres "yaratma" gücüne sahip değildir. Bir kişinin tansiyonunu yükselten yüksek sesli müzik, bir başkası için keyif kaynağı olabilir. Boşanma, eğer istenmiyorsa travmatik olabilir ya da isteniyorsa sizi özgür bırakabilir. Bu nedenle, yaşam deneyiminizi değiştirmenin tek yolu, yüksek enerjili çekici örüntülerle uyumlanmak ve böylece bilincinizi evrimleştirmektir."
>
> (Açıklamalı bilinç haritası, sayfa 70)

Tamamı ile varlığın frekans olduğu bu alemde bizler hem bedenimiz hem de bilincimizle sadece dış dünyadaki frekansları işleyen sistemleriz. Güzelliğe, iyiliğe, yardımlaşmaya ve barışa yönelik bir eylem, önce bilinçle bizi daha yüksek titreşimli bir alana taşır ardından değişen bilinçle birlikte biyokimyamız ve duygu durumumuz değişir çünkü İbni Sina'nın da vurguladığı gibi beden, zihnimize itaat eder ve;

ALGILADIĞIMIZ GERÇEKLİK DEĞİŞİR.

1920'de Dr. Raymond Rife, sadece belirli ses frekanslarını kullanarak virüsleri ve bakterileri dahi yok edebilmeyi başarsa da bu buluş küresel ilaç sanayisi tarafından durdurulmuştur ve kimyasal ajanlara mahkûm edilen insan sağlığı gerçek şifasını küresel ilaç endüstrisi ile yitirmiştir.

Dr. Raymond Rife

İnançla korku seviyeleri kesinlikle azaltılabilir. Stres hormonları azaldığında ortaya çıkan yüksek titreşimli endorfin, serotonin gibi nörotransmitterlar bizi, bilincimizi yukarı taşır. Unutmayın ki zihnimizde tuttuğumuz her şeyin var olma ihtimali vardır. Ancak sevgi ve teslimiyetin hakikatine bağlandığınızda hastalıkların aslında bilincinizi bir yere, bir şeye dikkat çekmek üzere gelen bir mesaj olduğunu kavrarsınız.

Evren ve yaşam çok kaotik görünse de öngörülemezlik içindeki bu kaostan muazzam bir düzen çıkıyor. Her şey titreşimsel, tüm seslerin ve tüm sözlerin frekans olarak kayıtlı olduğu bu alanda ses tüm varlığı etkiliyor. Kitabın ilerleyen bölümlerinde daha genişçe yer vereceğim bazı bilimsel çalışmaların sonuçlarına göre insan DNA'sı sadece insan diline ait kelime ve cümleler kullanılarak dahi değiştirilebiliyor.

SES, SÖZ, DUA, ZİKİR......

KOZMİK SES DALGALARI

"Müzik aletlerinin tellerinin sesinde geometri varken, kürelerin arasındaki boşlukta müzik vardır."

Pisagor

Tarihteki tüm kadim filozoflara baktığımızda, hepsinin evrene dair armonik bir teori geliştirdiğini görebiliriz. Pisagor ile başlayan "kürelerin armonisi" varsayımına göre evrende her şey armonik bir ses düzeni (ses uyumu/müzik) içinde var olur. Ona göre tüm göksel küreler kendilerine has bir ses yayar ve bu sesler, aralarındaki mesafeye bağlı olarak değişir. Pisagor'a göre bu gezegen dizilimleri, müzikteki armonik ölçülere sahiptir ve bu nedenle hareketleri ile küresel bir müzik yaratırlar.

> "Yedi gök, yer ve bunlarda bulunanlar O'nu tesbih eder; O'nu hamd ile tesbih etmeyen hiçbir şey yoktur. Fakat siz onların tesbihini anlayamazsınız."
>
> İsra suresi 44 ayet.

Pisagor'un bu öğretisinden yola çıkan Platon ise astronomi ve müziği birlikte incelemiştir. Günümüzde ise NASA,

hassas dinleme aygıtları ve ileri teknoloji teleskopları ile göksel küreler arasındaki mesafeleri notalara dönüştürmeyi başarmıştır. Fermi Large Area Teleskobu, galaksilerde yaşanan patlamaların frekanslarını kaydedip armonik bir düzene dönüştürmüştür.

Bugün bilim, evrenin ilk yaratılış anında ortaya çıkan ve evrenin oluşumunu titreşime sokarak tetikleyen kozmik ses dalgalarının varlığını ilan etti. Bu ilahi ses hakkında "New Scientist" dergisinin hazırladığı bilimsel makalede şu ifade yer alıyor:

"Big Bang'den hemen sonra ortaya çıkan 'kozmik ses dalgaları' evrenin tüm dokusuna entegre edildi. Erken evrende fotonlar tarafından emildiği düşünülen bu ses dalgalarının varlığı ilk kez 2005 yılında keşfedilmişti. Erken evren kabul edilen ilk 300.000 yıla ait 'yankıları' taşıyan bu kozmik ses dalgalarından, galaksilerin dağılımını anlamada faydalanıyoruz."

.........Kün fe yekün

Bakara suresi 117 ayet.

Bilim insanları, bu kozmik ses olmasaydı belki de evrenin hiç oluşmayacağını düşünüyorlar. Evrenin o ilk anında, onun ilk titreşimini tetikleyen o ilahi ses, hâlâ her zerrede mevcut. Hâlâ Yaradan'ın "OL" emrinin içindeyiz. Bir sesle başlayan bu varlık alemi yine bir sesle sonlandırılacaktır.

"(O gün) sûra üflenecek, ardından Allah'ın diledikleri dışında göklerde ve yerde bulunanların hepsi düşüp ölecek; sonra sûra yeniden üflenecek ve onlar birden ayağa kalkmış, etrafa bakıyor olacaklar."

Zümer Suresi 65 Ayet

Ses frekanstır ve termodinamik yasalarına göre de asla kaybolmaz. Çayı karıştırırken bardağa çarpan kaşığın çıkardığı ses bile evrendeki tüm zerrelere iletilir.

SES İLE ŞİFA

Ses frekanslarının insan psikolojisi üzerindeki olumlu şifalandırıcı etkileri yüzyıllardır bilinmekte ve kullanılmakta. Kültürümüzün geçmişinde müzikle tedavi yöntemleri vardı. Hanende ve sazendeler haftada bir iki gün şifahanelere gelir ve özel makamlarla müzik icra ederek hastaların ruhani olarak rahatlamasına yardımcı olurlardı.

Büyük Türk Bilgini Farabi (870-950) makamların ruha etkisini şöyle sınıflandırır:

- Rast makamı: İnsana sefa (neşe, huzur) verir.
- Rehavi makamı: İnsana beka (sonsuzluk fikri) verir.
- Küçek makamı: İnsana hassasiyet (duyarlılık) verir.
- Büzürk makamı: İnsana havf (çekinme, sakınma duygusu) verir.
- İsfahan makamı: İnsana hareket kabiliyeti ve güven hissi verir.
- Neva makamı: İnsana lezzet ve ferahlık verir.
- Uşşak makamı: İnsana gülme 'dilhek' verir.
- Zirgüle makamı: İnsana uyku 'nevm' verir.
- Saba makamı: İnsana şecaat (cesaret, kuvvet) verir.
- Buselik makamı: İnsana kuvvet verir.
- Hüseyni makamı: İnsana sulh (sükûnet, rahatlık) verir.
- Hicaz makamı: İnsana tevazu (alçak gönüllülük) verir.

Büyük İslam bilgin ve filozoflarından İbn-i Sina musikinin tıpta oynadığı rolü şöyle tanımlamaktadır:

> "...tedavinin en iyi yollarından, en etkililerinden biri, hastanın akli ve ruhi güçlerini arttırmak, ona hastalıkla daha iyi mücadele için cesaret vermek, ona en iyi musikiyi dinletmek, onu sevdiği insanlarla bir araya getirmektir..."

(https: //tumata.com/muzik-terapi/reseptif-muzik-terapi/)

Tarihte bilinen ilk hekimler olan Şamanlar, çeşitli ritim ve ses frekansları yardımıyla hastaları tedavi ederdi.

Eski Yunan ve Roma'da müziğin insanı sıkıntılardan kurtarmakta etkili olduğuna inanılıyordu. Yine antik Mısır medeniyetinde müziğin ses frekansları kullanılarak hastalara güç verildiğine inanılırdı.

Günümüzden 900 sene önce Selçuklu Sultanı Nureddin Zengi tarafından Şam'da yaptırılan Nureddin Hastanesi'nde musiki makamları tedavi amacıyla kullanılmıştır. Sonraki dönemlerde 700 seneden beri Amasya, Sivas, Kayseri, Manisa, Bursa, İstanbul (Fatih Külliyesi) ve Edirne şifahanelerinde 100 sene önceye kadar musiki ile tedavi uygulanmıştır. Evliya Çelebi seyahatnamesinde şöyle yazılıdır:

"Merhum ve mağfur Bayezid Veli ... Vakıfnamesinde hastalara deva, dertlilere şifa, divanelerin ruhuna gıda ve def'i sevda olmak üzere on adet hanende ve sazende gulam tahsis etmiştir ki, üçü hanende biri neyzen, biri kemani, biri musikarı, biri santuri, biri udi olup, haftada üç kere gelerek hastalara ve delilere musiki faslı verirler..."

Anlaşıldığına göre, Horasan kaynaklı Türk Sanat musikisi ve Horasan-Anadolu musiki makamlarımızın olgunluğu ile gelişen pasif-reseptif müzik terapi geleneği icrası sırasında hastalar rahat bir şekilde oturarak veya uzanarak dinlenme halinde idiler. Bu tedavi şeklinde amaç, hastaların emosyonel (duygu) durumlarını değiştirerek onları rahatlatmak ve kendine güvenlerini kazanmalarına yardımcı olmaktadır."

(https: //tumata.com/muzik-terapi/reseptif-muzik-terapi/)

Günlük yaşamda dahi ses frekanslarının etkisiyle olumlu ya da olumsuz duygulara geçiş yapabiliyoruz. Nostaljik bir müzik dinlediğimizde, adeta sihirli bir şekilde geçmişte deneyimlediğimiz belirli bir yere ve zamana geri dönüyoruz. Nörolojik olarak, aslında dinlediğimiz müzik, dış dünyadan gelen bir işaret fişeği gibi nöronlarımız arasındaki bir ağın tekrar ateşlenmesine sebep oluyor ve ardından zihnimizde zamanda donmuş kalmış resimler görülüyor.

Peki, sizce bu imgeleme geleceğe yönelik de yapılabilir mi? Ne dersiniz?

Yaşamayı hayal ettiğiniz geleceğe dair çok güçlü ve etkili görüntüleri zihninizde planlı olarak birbiriyle eşleştirip, etkisini güçlendirmek için kuvvetli ifadeler ekledikten sonra, bu zihinsel imgelere ilham verici bir müzik de eklediğinizde biyokimyanız, sizi geçmişten geleceğe taşıyacak uzun süreli sahte anılar yaratır. Başka bir deyişle, görüntüler, geleceğinizde yaşamak istediğiniz deneyimlerle ilişkili duyguları ortaya çıkarır. Sonrasında evrensel bilgi kayıtlarında yazılmış olan olasılıklardan açılan sihirli bir dünya bizi kucaklar çünkü sandığınızın aksine;

DÖNÜŞÜMÜ FİZİKSEL BEDENİMİZ DEĞİL

BİLİNCİMİZ GERÇEKLEŞTİRİR

SOLFEGGİO FREKANSLARI

Orta Çağ Avrupası'nda Gregoryan rahipleri tarafından ilahi müziğin özel frekansları olarak kaydedilen Solfeggio frekansları daha sonradan kaybolmuştur. Yıllar sonra Dr. Joseph Barker tarafından yeniden keşfedilen bu özel frekansların insan psikolojisi üzerindeki varsayılan etkileri bir şablon haline getirilmiştir.

Peki neden SOLFEGGİO FREKANSLARI insan psikolojisi üzerinde diğer müzik tonlarından daha olumlu bir etkiye sahip?

Bunun cevabını verebilmek için öncelikle SCHUMANN REZONANS'ını bilmek gerekir. 1952'de fizikçi Otto Schumann dünyanın elektromanyetik rezonansları olduğunu keşfetti. Schumann'ın, Dünya'nın kalp atışı olarak tanımladığı bu dalgalar 7.86 ve 8 Hz. aralığında seyretmektedir. Herbert Konig ise, Schumann Rezonansının birçok beyin dalgasına benzerlikler taşıdığını keşfetti. Herbert e göre Schumann rezonansı delta, teta, Alfa, beta ve gama beyin dalgaları ile uyumlu idi. Tüm bu bilgilere ek olarak solfeggio frekanslarının da, Schuman rezonansı ile uyumlu olduğu anlaşılmıştır.

Toplamda 9 tane Solfeggio Frekansı bulunmaktadır.

Bunlar: 174 Hz, 285 Hz, 396 Hz, 417 Hz, 528 Hz, 639 Hz, 741 Hz, 852 Hz, 963 Hz.

174 Hz: Acıyı ve stresi serbest bırakmaya yaramaktadır. Konsantrasyonu ve bedendeki güvenlik hissini artırır. Özellikle sırtın aşağı bölümü, ayak ve bacaklardaki ağrılar için faydalıdır.

285 Hz: Vücuttaki küçük yaraları iyileştirmekte, hücreleri tedavi etmektedir.

396 Hz: Korku ve suçluluk duygusuna direnç. Negatif duygularla bağ kurarak bireydeki korku, suçluluk gibi duygulara karşı direnç oluşturmaktadır.

417 Hz: Yeni başlangıçlara işaret etmektedir. Negatif enerjiyi vücuttan uzaklaştırmaktadır.

528 Hz: Dönüşüm ve mucizelere işaret etmektedir. Ayrıca "Aşk/ Sevgi Frekansı" diye de adlandırılmaktadır. Bu frekans hayal gücünü aktive etmektedir.

639 Hz: Bağ kurma ve enerjisel denge. Kalp çakrasını etkilemektedir. Bireysel ve çevresel ilişkilere uyum getirmektedir.

741 Hz: İfade gücü ve çözüme ulaşma. Kendini ifade etme, analiz, neden-sonuç ilişkisi kurabilme ve hedefe yönelik ilerleme konusunda aktivite göstermektedir.

852 Hz: Kendine dönüş. Spiritüel bir frekans olarak bilinmektedir. Gizli olanı açığa çıkarmayı, içe dönmeyi, sakinleşmeyi esas almaktadır.

https://www.kampustenevar.com/kategori-bilim-ve-teknoloji/psikoloji-de-ses-titresimleri-solfeggio-frekanslari

Solfeggio frekanslarının sonuncusu 963 Hz.'dir ve insanı yüksek bir bilince taşıdığı varsayılır. Bu frekansın aynı zamanda epifizi uyararak YÜKSEK ALEMLER ile bağ kurmayı sağladığı da iddia edilir.

GÖRÜNMEZ ALEMLERİN SESİ

Evren'de bu kadar etkili olan ses frekanslarının görsel karşılığını tespit eden bir bilim dalı vardır: Siyamatik. Siyamatik, ses dalgalarının madde üzerinde oluşturduğu geometrik desenlerin incelenmesiyle ilgilenen bir bilim dalıdır ve maddesel olmayan bir enerjinin maddeye nasıl tesir ettiğini araştırır. Bu bilim dalı, seslerin fiziksel karşılığını bulmak amacıyla geliştirilmiştir. Alman fizikçi Ernst Chladni, siyamatik biliminin kurucusu olarak kabul edilir. Chladni, metal bir plakaya döktüğü kumlara bir yay yardımıyla ses frekansları gönderir ve bu frekansların kumları hareketlendirdiğini tespit eder. Zamanla bu deneylerini su ile de yaparak günümüzde çok önemli bilgilerin temellerini atar.

Günümüzde, sesin şeklini gösterebilen bir cihaz geliştirilmiştir: CymaScope. Bu cihaz, siyamatik çalışmaları için özel olarak tasarlanmış olup, ses ve titreşimin analog görüntülerini sağlar. Aynı zamanda, ses dalgalarını görsel olarak analiz edip kaydedebilmek için de kullanılır. Cymas-

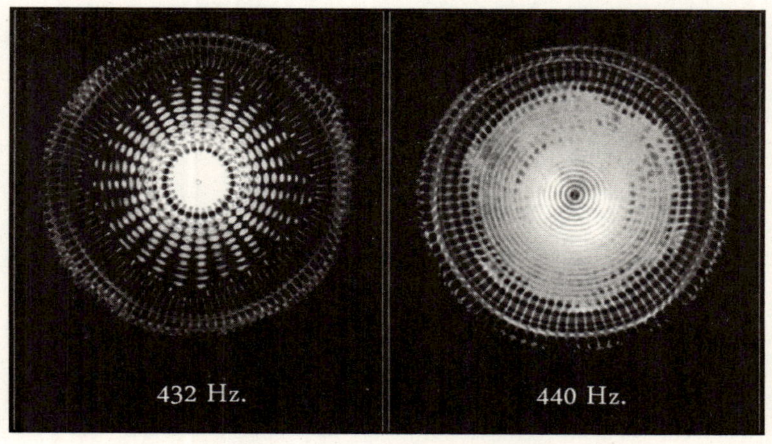

432 ve 440 Hz'nin suda aldığı şekiller

cope, bir su yüzeyinin altında veya üstünde oluşturulan ses dalgalarını yüksek hızlı kamera ile kaydederek, dalgaların oluşturduğu geometrik desenleri yakalar. Bu desenler, ses dalgalarının frekansına, şiddetine ve ortama bağlı olarak farklılık gösterebilir. Elde edilen bu görüntüler, sesin madde üzerinde nasıl etkiler yarattığını anlamada ve görsel olarak temsil etmede kullanılır.

Siyamatik bilimi, özetle, ses frekanslarının dünyamızı, hayatımızı ve tüm evreni nasıl değiştirebileceğinin görsel kanıtlarını sunar, çünkü sandığımızın aksine;

FİZİKSEL DÜNYAYI

FİZİKSEL OLMAYAN GÜÇLER YÖNETİR.

22. BÖLÜM

SES BÜYÜDÜR

A B R A C A D A B R A
A B R A C A D A B R
A D R A C A D A B
A D R A C A D A
A D R A C A D
A D R A C A
A D R A C
A D R A
A D R
A D
A

"DE MEDİCİNA PRAECEPTA"

Çocukluğuma dair zihnime kazınmış asla unutamadığım bir söz.

ABRACADABRA......

Aramice'den günümüze gelen kelimenin manası, sözlerimle yaratıyorum......

Yukarıda yer verdiğim bu alıntı MS 200 yıllarında Roma imparatoru Caracalla'nın doktoru Serena Sammonicus tarafından yazıldığı rivayet edilen bir şiir ve bu şiirin insanın sağlığına tekrar kavuşması için söylenen sihirli sözler olduğu bildirilmiştir.

Neden bilmem ama çocukluğun o saf hali içinde gerçekten de sözlerin sihirli olduğuna inanırdım. Peki ya siz, sözlerin seslerin sihirli olabildiğine inanır mısınız?

Ses gerçekten başlıkta yazdığım gibi büyü müdür?

Düşüncelerimizin, niyetlerimizin sese (frekans) bürünmesi ile biyokimyamız bile değişebiliyorsa bu sihir değildir de nedir?

Düşüncelerimizden değil ama onları seslendirdiğimizde artık o sözlerden sorumlu olduğumuz bilgisi oldukça kadim bir öğretidir ve anlaşılan o ki varlığın büyük bir sırrı üzerine bilinmiştir. İnsan farkında olmasa da düşünceleri çoğunlukla iradi değildir ama siz bu düşünceleri iradi bir şekilde söz ve sese dönüştürdüğünüzde artık onun sorumluluğunu alıyorsunuz çünkü o artık varlığın hayal mertebesinden tezahür sahasına inmeye uygun hale bürünüyor. Bugün ise bilim sürekli ve tekrar tekrar (zikir) kullandığımız olumlu ve yüksek frekanslı sözlerin nöron ağlarında belli bir bölgeyi ateşleyerek bizi yeni bir gerçekliğe taşıdığını açıklıyor. Stres hormonlarının da azalmasıyla genlerimiz dahi epigenetik değişime uğrayabiliyorken siz hâlâ sihri dışarıda mı arıyorsunuz?

İnsanlık manevi bir buhran döneminden geçerken, bilim dahi bu bilgileri yeni yeni bize açarken, zamanının ötesinden gelen yüce kelam Kur'an, bakın bizlere GÜZEL SÖZ ün taşıdığı enerjiyi ve bu enerjinin, ilahi ve yüce aleme olan bağlantısını nasıl ifade ediyor;

> "Görmedin mi Allah nasıl bir örnekleme yaptı. Güzel söz, kökü yerde sabit, dalları gökte olan verimli bir ağaca benzer."

(Bayraktar Bayraklı meali İbrahim suresi 24/25 ayet)

İsviçreli doktor ve doğa bilimci Hans Jenny ses dalgalarının akustik etkilerini araştırmış ve Siyamatik terimini ilk kullanan bilim insanı olarak tarihe geçmiştir.

Hans Jenny, sesin insan yaşamına ve biyolojisine direkt olarak tesir ettiğini keşfetmiş ve bilgilerini CYMATİCS: A STUDY OF WAVE PHENOMENA AND VİBRATİON adlı eserinde kaleme almıştır. Bu çalışmalarında frekansların DÜZENLENMİŞ KAOS'un bir parçası olmadığını, tam tersine dengeli bir sistemden kaynaklandığı sonucuna varmış, bu çalışmalar için TONOSKOP adını verdiği bir cihazı icat etmiştir.

> "Jenny, titreşimin üçlü yapısının hareketin, ritmik sistemlerin (dolaşım ve solunum) ve genlik modülasyonları da dahil olmak üzere frekanslar ve modülasyonlar olarak bize belirginleşen sinir fizyolojisinin karmaşık organizasyonlarında bulunduğunu savunuyor. Bu sistemler, nörolojide veya süreçleri kimyasal, termal, enerjitik, kinetik ve yapısal türden olan organların işleyişinde bulunabilen seri nitelikteki desenlere ve ritmik dürtülerin dinamiğine sahiptir- hepsi ritim ve titreşimle tanımlanır.
>
> Aynısı nefes alma, nefes akışı ve ses üretimi için de söylenebilir. Ritmik aktivitelerin ritmikliğin fizyolojik alanlarına dayalı olarak yaratılması, doğanın fizyolojik periyodikliğini daha yüksek bir düzeye yükseltir. Biyolojik periyodikliğin konuşmaya dönüşmesi, bu daha yüksek bir düzeye yükselmenin bir örneğidir."

https://geometrymatters.com/hans-jenny-and-the-science-of-sound-cymatics/

"Kelimelerin sihirli bir gücü vardır.

Ya en büyük mutluluğu ya da en derin çaresizliği getirebilirler;

bilgiyi öğretmenden öğrenciye aktarabilirler.

Kelimeler hatiplerin dinleyicilerini etkilemesini ve

kararlarını dikte etmesini sağlar.

Kelimeler, en güçlü duyguları uyandırabilir ve

tüm insanların eylemlerini harekete geçirebilir."

Sigmund Freud

HÜCRELERİN FREKANSI

Evrenin tamamı bir frekans okyanusu ise bu okyanusun içindeki tüm biyolojik varlıklarda ve dolayısıyla onların en küçük birimi olan hücre de bir frekans titreşimine sahip. Frekans özetle birim zamandaki titreşim sayısıdır ve bu birim de hertz (Hz)' dir.

1998 de yayınlanan THE BODY ELECTRİC adlı kitabında Dr. Robert Becker, insan bedeninin elektriksel yapısını yazmış ve burada sağlığın olmazsa olmazı olarak şifalı frekanslardan söz etmiştir. İddiasına göre gerek fiziksel gerekse zihinsel hastalıklar frekansların değişimine bağlı olup yine frekanslarla dengelenerek şifalandırılabilir.

Tainio bu çalışmaları biraz daha genişleterek yiyeceklerin de frekanslarını ve onların metabolik etkilerini araştırmış ve örneğin; Konservelerin titreşimlerinin 0 olduğunu, taze otların 20/27 Hz. aralığında titreştiğini, bu otlardan elde edilen yağların ise 52/320 aralığında titreştiğini bulmuştur. Bu konuyu araştırırken ister istemez Kur'an'ın haram olarak bildirdiği gıdalara da kesinlikle bu gözle

HER DUYGU
BELLİ BİR ENERJİ FREKANSINA SAHİPTİR

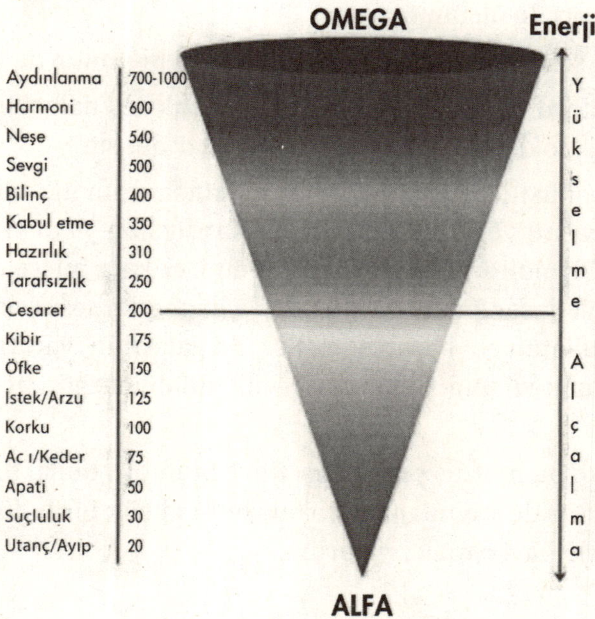

bakılması gerektiği kanaatindeyim. Yediğimiz içtiğimiz temas ettiğimiz hatta içinde bulunduğumuz alan ve dinlediğimiz müzik bile bizi frekans olarak ya yukarı ya aşağı taşır. Hücresel boyutlarda 62-72 MHz (106 Hz) civarında olan frekans aralığı soğuk algınlığı, grip gibi durumlarda 58 MHz'e kadar düşmektedir. Kanser gibi hastalıklarda ise bu frekans aralığı 42 MHz gibi daha düşük seviyelere inmektedir.

Peki insan hücrelerinin ses frekanslarına nasıl cevap verdiğini hiç düşündünüz mü? Ses dalgaları ve stres metabolizması üzerine yapılan araştırmalarda ses frekansları ile hedef organizmanın, biyokimyasal yapıları üzerinde etkili olduğu artık çok bilinen bir gerçektir. Ses frekanslarının hücre seviyesinde etkilerini gördüğümüz kadar DNA üzerinde de geri dönüşü olmayan hasarlara yol açacak kalıcı tesirleri de ölçülmüştür.

Peki ses ile hücresel boyutta şifa dahi mümkün desem?

Stanford üniversitesinde biyo-akustik ses dalgaları ile yeni kalp dokusu oluşturmayı başardılar desem?

Biyoakustik ses tıbbında, ses frekanslarının her hücreye damgasını vurduğu öğretiliyor. Kardiyolog Sean Wu ve akustik biyoloji-mühendis Utkan Demirci, kalp hücrelerini Siyamatik desenlere dönüştürmek için gerekli ses frekanslarını kullanmayı başardılar. Ses dalgalarının yaratmak, uyumlamak ve temizlemek için kullanılabileceğini açıkladılar.

Şimdi bu müthiş çalışmaya ait ve Stanford department of medicine de yayınlanan makalesinin küçük bir bölümünü sizlerle paylaşmak istiyorum;

> "Kalp hücreleri, vücuttaki en yoğun şekilde paketlenmiş hücreler arasındadır. Yaklaşık 100 milyon hücre, bir şeker küpü büyüklüğündeki bir alana sığar. Bu kompakt yapı, hücreleri birbirine o kadar yakın sıkıştırır ki hücreler birbirleriyle iletişim kurabilir ve tek bir yumru gibi atabilirler. Ancak bu durum, doku mühendisleri için zorlu bir engel teşkil eder: Hücreleri çok sıkı paketlerseniz bazıları yeterli besini alamaz; çok gevşek paketlerseniz ise bir atışı koordine edemezler.
>
> Kardiyolog Sean Wu, MD, PhD, bu sorunu araştırırken akustik biyomühendisi ve radyoloji profesörü olan Utkan Demirci, PhD ile tanıştı. Tıp do-

çenti Wu, 'Utkan, hücreleri çok yoğun bir şekilde paketlemek ve yine de organizasyonlarını kontrol etme ve ayarlama yeteneğini korumak için akustiği kullanabileceğimiz fikrini ortaya attı ve biz de gerçekten heyecanlandık,' diyor."

Demirci'nin fikri, sıvı ve havanın ara yüzünde fiziksel bir bozulmadan kaynaklanan Faraday dalgaları yaratan bir tür akustik sinyalden yararlanır (eğer bir içecekle türbülanslı bir uçakta uçtuysanız, bardağınızda Faraday dalgalarına tanık olmuşsunuzdur). Dalgalar sıvıda dalgalanmalara neden olur ve sıvıda yüzen her şey de etrafa sıçrar.

"Bu dalgaları mikro ölçekte tetikleyebilirsiniz," diye açıklıyor Demirci. "Okyanusun gelgitleri batık bir geminin hazinelerini kıyıya sürüklediğinde olduğu gibi, biz de kalp hücreleriyle aynı şeyi yapıyoruz." Ancak büyük fark, Demirci ve Wu'nun dalgaları değiştiren bir düğmeyi ayarlayarak "dalgayı" kontrol edebilmeleridir. Wu ve Demirci daha sonra kalp hücrelerini istedikleri hemen hemen her desene yönlendirebiliyorlar. Demirci, "üçgenler, altıgen şekiller, daireler, çizgiler yapabilirsiniz- hatta küçük bir insan şekli bile yapabilirsiniz" diyor.

Wu, "Ve," diye ekliyor, "eğer deseni beğenmezseniz, herhangi bir sebepten ötürü, onu kelimenin tam anlamıyla beş veya altı saniye içinde değiştirebilirsiniz. Frekansı ve genliği değiştirirsiniz ve hücreler gözlerinizin önündeki yeni bir noktaya hareket eder. "

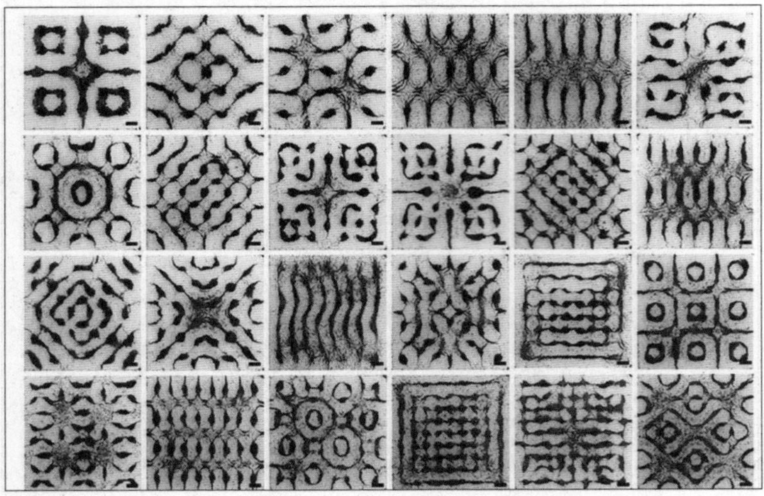

Utkan Demirci, bu dalgaları mikro ölçekte tetikleyebildiklerini söylüyor. Okyanus gelgitlerinin batık bir geminin hazinelerini kıyıya sürüklediğinde olduğu gibi, biz de kalp hücreleriyle aynı şeyi yapıyoruz diyor. Ancak büyük fark, bu dalgaları kontrol edecek bir mekanizmayı kullanıyor olmaları.

Diğer doku mühendisliği taktiklerinden farklı olarak akustik, kalp hücrelerini doğal kalp dokusuna çok benzeyen sıkı bir konfigürasyona yerleştirir ve ortaya çıkan, atan kütleyi tıbbi açıdan değerli bir şeye dönüştürür.

Wu ve Demirci, akustik mühendisliğinin daha gerçekçi kalp hastalığı modellemesi ve ilaç taramasının geliştirilmesine yardımcı olabileceğini düşünüyor. Daha uzaktan, ancak yine de ufukta, ikili, ürettikleri dokuyu zayıf kalp duvarları olan veya kalp krizinden hasar görmüş hastalarda kalp yamaları için bir seçenek olarak görüyor."

(@StanfordHealth Stan. md/3LTZbpl)

(Acoustic choreography)

SES İLE ZİHİN KONTROLÜ

Ses öyle güçlüdür ki yapıcı olabildiği kadar yıkıcı da olabilir ve hatta doğanın düzenini bile altüst edebilir. Ses frekanslarının insan bedenine olan etkisini kavradıktan sonra, ister istemez akla şu soru geliyor: Ses frekansları kullanılarak insan zihni de kontrol edilebilir mi? Bunu anlamak için öncelikle beynin yaydığı dalga frekansları ile ilgili temel bilgilere bir göz atalım.

Bugün artık biliyoruz ki duyu organlarımızın algıladığı her şey; okuma, yazma, düşünme, duygular ve hatta bir nesneye dokunmak bile aslında onun frekanslarını algılamaktan ibarettir. Bu kodlamayı sağlayan nöronlar, birbirleriyle iletişim kurarken çeşitli elektromanyetik dalgalar yayarlar. Peki, bu dalgaların algoritması çözüldüğünde, değiştirilerek beyin kandırılabilir mi?

Aslında, bu yolla yapılan zihin kontrolüne yıllardır hepimiz farkında bile olmadan maruz kalıyoruz, üstelik gündelik yaşamımızda. Televizyon programları, müzik endüstrisi, telefonlar, bilgisayarlar ve özellikle son yıllarda sosyal medya gibi alanlar, en yaygın kitlesel zihin kontrolüne hizmet eden araçlardır. Müziğin içindeki ses frekanslarının, beynin elektromanyetik dalgaları ile rezonansı (uyumlanması), en bilinen zihin manipülasyonlarından biridir. Hüzünlü müziklerle hüzünlenmemiz, neşeli şarkılarla neşelenmemiz hep bu etkiden kaynaklanır. Bir başka örnek de gelgit olaylarıdır. Beynin yaydığı frekansların etkileşimine en keskin örneklerden biridir. Bu örnekler uzar gider çünkü ilk başta da belirttiğim gibi, interaktif bir frekanslar sisteminin içindeyiz. Biz bu sistemi etkileyebildiğimiz gibi, bu sistemden de etkilenmeye açığız.

Şimdi de insan beyninin EEG sonuçlarına göre yaydığı beyin dalga frekanslarına bir göz atalım:

1. **Alfa dalgası:** 8-13 Hz. frekans aralığındadır. Bu dalga boyunda iken kişi gözlerini kapatmış, dinlenme halindedir. Bu dalga boyunda insandan huzurlu, sakin ve olumlu yapıcı düşünceler çıkar. 8-10 Hz. aralığı ise en ideal öğrenme zamanı kabul edilir.
2. **Beta dalgası:** 13-20/30 Hz. frekans aralığındadır. Beynin bilinçli olarak çalıştığı uyanık evredir.
3. **Teta dalgası:** 4-8 Hz. frekans aralığındadır. Kişi bu evrede uykuya geçiş halindedir. Bu evreye "güçlü hafıza aralığı" da denir ve uzmanlarca kullanılan bir evredir.
4. **Delta dalgası:** 1-4 Hz. frekans aralığındadır. Kişi bu evrede deliksiz uyku tabir edilen evrededir, büyüme hormonu bu aralıkta salgılanır.

Beynin bu dalgalarının keşfinden sonra insanın üçüncü gözü olarak kabul edilen bir dalga boyu daha tespit edilmiştir. Gamma dalgaları. Bunlar o kadar güçlü dalgalardır ki adeta taştan dahi geçebilirler.

Parapsikolojik yetenekleri olan insanlar işte bu gamma frekansını kullanabilenlerdir. Hayalin gücünü aldığı frekans aralığı. Bugün "Gamma" dalgaları insanın beşinci boyut algılayıcısı olarak kabul edilmiştir.

İnsan zihninin kontrol edilebilir olmasının temel nedeni tüm frekanslara açık olmasıdır. Teta dalga boyuna ulaşıldığı an, kişinin zihni kontrol altına alınabiliyor. Ancak kişi yüksek bilinçli ise bu girişim başarısız kalabiliyor. Yine de kitlelerin zihinlerini topluca bilinci devre dışı bırakacak halde etkilemenin yolları çoktan bulundu bile.

Günümüzde özellikle film ve reklam sektörü 25. kareyi kullanarak her türlü subliminal mesajı zihinlere ekmeyi başarıyor. Bu teknikler yalnızca görsel değil, işitsel olarak da kullanılmaktadır.

Şöyle bir örnek verebiliriz:

İnsan müziği sağ ve sol kulaklarında birbirinden farklı frekanslarla algılar. Varsayalım sağ kulağa 300 Hz. sol kulağa 310 Hz. olarak geldi. Kulaklar bu sesleri beynin iki yarımküresinde senkronize eder, aradaki 10 Hz.'lik frekans farklılığını algılar. Peki bununla neler yapılabilir?

Hormonlarımız etkilenebilir, iştahımız azaltılabilir, bazı bağımlılıklar ortadan kaldırılabilir, ancak ne yazık ki kötü niyetler için de rahatça kullanılabilir. Bir insanın beyninin bu dalga boylarına nüfuz ederek onu canlı bir bomba olmaya ikna etmek bile mümkündür.

SES İLE İNSANLIĞA SALDIRI

Tahminen 2005 yılından itibaren televizyon ve bilgisayar oyunları yolu ile bu tekniklerin kitleler üzerinde kullanıldığı iddia edilmektedir. Bilhassa küçük çocukların izlediği çizgi filmlere eklenen 25. karelerle o tertemiz zihinlere uygunsuz sembollerin ekildiği birçok uzman tarafından dile getiriliyor. Şimdi ise artık avuçlarımızın içinde telefonlarla tüm insanlığın zihni karanlık odakların çıkarları uğruna hedefe konmuş durumda. Bunların zihinlerimizde ve kitlesel hafızamızda ne gibi yıkımlara sebep olduğunu ancak ilerideki yıllarda anlayabileceğiz.

Bu amaçlar için proje olarak yükseltilen "ünlü" insanların yaşam şekli ile gençlerin zihinleri adeta yeniden

programlandı. Günümüzde frekanslar tıpkı bir silah gibi kullanılıyor. Ya da dijital bir uyuşturucu...

Ses frekansları araştırıldıkça görüldü ki frekanslar ile hücre duvarlarında "stres"e yol açan reaktif oksijen türlerini üretmek dahi mümkündü. Frekansın şiddeti, süresi ve mesafesi ayarlanarak, istenilen hedef organizmada ROS üretim artırılıp DNA molekülünün yapısı bir daha tamir edilemeyecek şekilde bozulabilir. Gelecek nesiller için ne büyük bir tehdit ve tehlike. Zamane Firavunları frekansları kullanmak için işitsel, görsel tüm araçlarla insanlığa saldırıyor. Frekans savaşlarının çoktan başladığını fark edenler seçimlerini o yönde kullanmaya va daha sade, daha insanca bir hayatı yürürlüğe sokmaya başladı bile.

Peki yüce kitap Kur'an'ın bildirdiğine göre hem kıyametin hem de kıyamet sonrası yeniden dirilişin ses üzerinden başlayacağının farkında mısınız?

Alimlerin çoğunluğu sura iki defa üfleneceğini, Yasin suresinden hareketle önce kıyametin korkunç bir ses ile başlayacağını ardından yine bir sesin duyulup bu sefer yeniden diriltmenin inşası için ikinci kez sura üfleneceğini bildirmektedir.

Yaratılmış bu Evren, bilimin adına "kozmik ses dalgaları" diye bildirdiği "CENAB-I HAKKIN OL EMRİNİN" sesinin yankılarını hâlâ her zerresinde taşıyor.

En küçük hücreden en büyük gezegenlere kadar her şey hâlâ o zikirle titreşiyor.

Ve her zerrede Allah'ın Alim'i mutlaklığı ve

Kadir'i mutlaklığı bilinmeden çalışıyor....

RAHMAN'IN FREKANSINA BAĞLANMAK

Binlerce yıl evvel her şeyin titreşim ve frekanstan ibaret olduğu biliniyor muydu acaba? İnsanlık belki bilmiyordu ama peygamberler aracılığı ile insanlara gönderilen öğütler, ibadet ve dualarla hedeflenen sanırım insanın bu ilahi zikre uyumlanması.

Ses, söz, dua...

"And olsun Nuh bize dua edip seslenmişti.
Biz ne güzel cevap verdik."

Saffat Suresi 75. Ayet

Yaradan Es Semi’ sıfatı ile her “Ses”i işitendir.

Hiç düşündünüz mü, neden namazda dualarımızı az da olsa işitebileceğimiz kadar bir sesle yapmamız istendi?

Frekansların anlaşılması ibadetlerin altındaki birçok sırlı manayı da anlamamıza vesile oldu. Sesli okumamız istendi çünkü ses evrende asla kaybolmayacak bir kayıttır.

SES MÜHÜRDÜR,
BİR İLMİ LEDÜN’DÜR...

Ses ve dua ile şekli dahi değiştirilebilen bir su damlasından yaratıldık.

Asla bilemeyeceğimiz bir sesle başlayan bu hayat yine bir sesle sonlandırılacaktır. İşte insandan bu ilahi aşkın zikrine katılması istenmekte ve insan bunu ancak yüksek bir bilinçle yapabilir ve arzu edilen Rahman'ın frekansına uyumlanarak İLAHİ TEVHİDİN morfik alanına rezone olabilir.

Ses, söz, dua ile zikrullah.

23. BÖLÜM

MORFİK ALAN REZONANSI

Buraya kadar evrenle ilgili yazdığım bilgileri toparlamak ve özetlemek gerekirse anlaşılan odur ki, evren bu yüzyılın başına kadar zannedildiği gibi birbirinden ayrı ayrı parçalardan oluşan bir maddeler toplamı değildir. Aksine, evren "bilgi/data" taşıyan enformasyon zerreleri olan kübitlerin (kuantum zerreleri) doldurduğu, parçalanmaz bütünsel bir alandır.

BİR BİLGİ AĞIDIR... KOZMİK BİR WEB...

Şimdi de kuantum fiziği mekaniğinden öğrendiğimiz, evrenin işleyişini anlatan yasalara tekrar bir göz atalım. Bu yasaların en önemlisi, kuantum boyuttaki tüm zerrelerin "zaman ve mekândan" (yerelsizlik) bağımsız olma halidir ki, bunu Heisenberg belirsizliği olarak tanımlıyoruz. Yani evren, MÜMKÜN OLAN TÜM İHTİMALLERE dair enformasyonu taşıyan bir bilgi bütünü (olasılık bulutu) gibidir. Bir diğer önemli yasa ise tüm bu zerrelerin kuantum boyutta, mesafeler ne olursa olsun birbiriyle dolanık halde olmalarıdır. Bu dolanıklık, aynı zamanda kesintisiz ve eşzamanlı bir bilgi alışverişi içinde olmalarını sağlar. İşte bu dolanıklık (kuantum dolanıklılık), evrenin ayrı ayrı parçalardan değil, bir bütün olarak var olduğunu ve yine bir bütün olarak da hareket ettiğinin evrensel delilidir.

Tüm evrenin bütünlüğü tanımı içine elbette ki insan bilinçleri de girmektedir; yani tüm bilinçler de birbiriyle dolanık haldedir. O halde tüm bilinçler, kuantik boyutta iletişim yani bilgi alışverişi içindedir. Bunun sonucu olarak da tüm bilgi/enformasyon (hafıza), evrenin tamamında var olan bir alan olgusudur. Kuantum fiziğinin en güncel tanımına göre evren, devasa bir "HAFIZA"dır ve bu durumda da âlemin tüm bilgisi bu alanda/hafızada kayıtlıdır.

Şimdi de insan bilinci ve bu evrensel hafıza nasıl birbiriyle iletişime geçiyor, bunu anlatabilmek için insan beyninin çalışma prensiplerine kısaca yer vermek istiyorum.

İnsan beyni, trilyonlarca sinaps (kavşak) ile birbirine bağlanan milyarlarca nörondan oluşmuş, EVRENSEL HAFIZADAN bilgi işleyen kompleks bir sistemler bütünüdür. Evrenin bir bilgi alanı olduğu kabulünden sonra "Morfik Alanlar" kavramı, ilk olarak Dr. Rupert Sheldrake tarafından ortaya konmuştur. Kuantum fiziğinin "Belirsizlik Yasası"na dayanarak biliniyor ki bir zerre hem parça hem de dalga (olasılık) halinde olabilir. Bunun açık manası, evrenin aslında tamamının BELİRSİZ BİR BİLGİ BULUTU şeklinde olduğudur. İşte Dr. Sheldrake, buradan yola çıkarak bilgiyi taşıyan zerrelerin meydana getirdiği "olasılık dalgalarının" bir "Morfogenetik Alan" oluşturduğunu ve yine tüm insan bilinçlerinin de bu alandan bilgi işlediğini ileri sürmüştür.

EVRENİN HAFIZA KAYDI

Evren, dolanık haldeki frekansların bir ummanıdır ve bu ummanda önceki sistemlerin sonrakileri etkilemesine rezonans denir. Her sistem, belirli bir frekansa tepki verir. İnsanların DNA'sı da insana ait olan tüm frekansların bir alıcısı durumundadır. Bu konunun detaylarını epigenetik bölümünde daha ayrıntılı olarak izah edeceğim. Şimdi konumuza geri dönelim. DNA ile algılanan frekansta sadece o beden için gerekli olan bilgi değil, aslında tüm insanlık türüne gerekli olabilecek bilgi de vardır. Etki ne kadar yoğun ve şiddetli ise yeni sistem de bundan o kadar şiddetli etkilenecektir. "Morfik rezonans" işte bu şekilde gerçekleşir. Evrenin içinde kesintisiz bir bilgi akışı olduğuna göre morfik ileti de kesintisiz devam edecektir. Kuantum boyuttaki zerreler (ışık) üzerinden gerçekleşen bu bilgi alışverişinde zerrelerin "zamansız ve mekânsız" olmaları nedeniyle bu bilgi akışı hiçbir engel karşısında duraksamadan devam etmektedir.

Dr. Rupert Sheldrake'in kuramına göre yeteri kadar "tekrarlanan" her olay, gerçekleştiği alanda bir morfik alan oluşturur ve o olayın frekans şifresi evrensel hafızaya kayıt edilir. Bu kaydedilen şifrelere dayanarak aynı olayın evrenin başka herhangi bir yerinde de tekrarı, yüksek bir ihtimalle mümkündür. Olayın tekrarlanmasına ise "morfik rezonans" denir.

Evrenin bu hafıza kaydıyla, adına içgüdü dediğimiz ancak kökenini bilmediğimiz birçok hayvan davranışı da anlaşılabilir olmuştur. Örneğin bir hayvanın yavrusunu büyütürken sergilediği birçok davranışın bilgisi, kendisinden önceki sayısız aynı türün oluşturduğu "morfik rezonansa" dayanır.

Sheldrake, kuramını ilerleyen yıllarda daha da genişleterek "morfogenetik alanlar" kavramını ortaya atmıştır. Ona göre, yeryüzündeki canlı yaşamın sadece davranış modelleri değil, görüntüleri yani fiziksel tezahürleri (şekil yasaları) de ortak morfik bir bilgi alanından gelmektedir ve her gelişim süreci belli bir organizasyon şablonuna göre bir sistemden başlar. Bizler bu şablonların ne olduğunu henüz bilmesek de canlı yaşamın fiziki tezahüründe ayrıntılı olarak görmekteyiz çünkü şekil yasaları evrenseldir. Evrenin her örüntüsünde (bitki, hayvan ve insan şekilleri) görülebilen bu şablon temelli düzen, morfik alanlardan bilgi alıp işleyen mikrokozmoz olan DNA ile gerçekleşmektedir. Morfogenetiğe göre, sandığımızın aksine biyolojik sistemlerin fiziksel suretleri DNA'ya değil, morfogenetik şablonlara bağlıdır.

Evet, evren kadar yaşam da sadece bilgi işleyen sistemlerdir ancak bunu anlamakta çektiğimiz güçlüğün temel nedeni, hâlâ varlığımızı salt maddesel bir beden olarak algılamamızdır. Oysa beden olarak gördüğümüz varlığımızın bu sureti, tamamen elektrik yüklü bir enerji alanıdır ve yavaşlatılmış/yoğunlaşmış frekanslardan ibarettir. Bu nedenle evrenin aslı olan enerji alanı ile iç içe bilgi alışverişi ve etkileşim içindeyiz.

Bilincimiz, mademki tüm evrensel spektrum ile birlikte gözlem/tezahür alanında şekillendirici bir potansiyele

sahip, o halde bilincimizin zaten beden ile sınırlı olmadığını da kabul etmek durumundayız.

Uzay/zamanı aşabilen bilinç için bugün artık bilim şunu tartışıyor:

BEYNİN BİLİNCİ ÜRETMEDİĞİNİ BİLİYORUZ,

PEKİ YA TERSİ OLUYORSA?

YA BİLİNÇ, TÜM EVRENİN FİZİKSEL TEZAHÜRÜNÜ SAĞLADIĞI GİBİ, BEYNİN VE BEDENİN GÖRÜNÜMÜNÜ DE KENDİNDEN PROJEKTE EDİYORSA?

BEDENİN DE KUANTUM

Kesin olan şu ki, evrende her şey zaten kuantum düzeyinde, dolayısıyla hiçbir şeyin keskin sınırları olan fiziksel bir yapısı yok ve bu durumda her şey, var olma ihtimaliyle var iken, bedenin de buna dahil!

O halde dışarıda gördüğünü düşündüğün evren gibi, bedenin de bilincine ait bir illüzyon! Bu iddiaya en kuvvetli delil, "fantom organ ağrısı" olarak bilinen fenomenden gelir. Bazı organ kayıplarında, fiziksel olarak artık o beden bütünlüğünde yer almayan uzuvlara ait ağrı duyulmasının başka bir açıklaması olamaz. Önceki bölümlerde rüyada hissedilen ağrı ve acıları anlatırken yapılan deneylerin sonucunda, acının aslında zihinsel olduğunu yazmıştım. Hayalet organlara ait hissedilen acı da tıpkı rüyalarda olduğu gibi zihinseldir.

Morfogenetik alan hakkındaki bilgiler arttıkça, biyolojinin bir sonraki aşamada "kuantum biyoloji" olarak anılmasının çok daha gerçekçi olacağı görüşündeyim. Çünkü en temele, mikro aleme indiğimizde, bilgi işleyen tüm sis-

temlerin temelde aynı olduğunu ve bilgi ile etkileşim içinde her şeyin de canlı olduğunu görüyoruz.

Varlık ve yaşam = bilgi

Cenab-ı Hakk'ın ilim (bilgi) ile yarattığı âlem...

BİLGİ ALEMİN TEMEL ZERRESİDİR

Bilginin evrenin temel yapı taşı olduğunu ve Morfik alanlardaki bilginin ve rezonansın en çarpıcı örneğinin "100. Maymun Deneyi" adlı çalışma olduğunu söyleyebiliriz. Bu deney, Ken Keyes Jr. tarafından kaleme alınmış gerçek bir araştırmanın öyküsüdür. Ken Keyes Jr. kitabında bu deneyden bahseder. Pasifik Okyanusu'nda yer alan Japonya'nın Koshima Adası'nda, Macaca Fuscata türü maymunlar üzerinde otuz yılı aşkın süren bir gözlemi anlatır.

Maymunlar, bilindiği üzere birçok davranışıyla insana en yakın hayvan türüdür. Bu deneyde, denek olarak maymunların seçilmiş olması özellikle önemlidir ve çok ilginç sonuçlar ortaya çıkarmıştır. 100. Maymun Deneyi, bilim insanlarının 1952 yılında adadaki maymunların beslenmesi için kumlara patates bırakmasıyla başlamıştır. Maymunlar patatesi severler ancak kumlu olmaları hoşlarına gitmez, yine de kumlu patatesleri yemeye devam ederler.

Bir gün, henüz 18 aylık olan Imo isimli dişi maymun, kumlu patateslerini en yakın su birikintisinde yıkar ve öyle yemeye başlar. Imo'nun bu davranışını daha sonra annesi görür ve o da patatesleri yıkayarak yemeye başlar. Bu davranış önce Imo'nun aile bireylerine yayılır. Daha sonra bunu gören diğer maymunlar da patatesleri yıkayarak yemeye başlar (1952/1958).

Burada ilginç olan durum, bazı maymunların bu yeniliğe direniş gösterip patateslerini ısrarla kumlu yemeye devam etmeleridir. Ancak 1958'in sonbaharında çok ilginç bir olay gerçekleşir. Kashima maymunlarının 99'u patatesleri yıkayarak yerken, 100. maymunun da aynı şekilde yemeye başlaması üzerine o akşam adadaki tüm maymunların bir anda patateslerini yıkayarak yediği gözlemlenir.

BİLGİ DE MADDENİN BİR HALİ Mİ?

Burada "yüzüncü maymun" kritik bir eşiği temsil ediyordu. Yani öğrenme ve bilinme gibi bazı davranışlar belirli bir sınırı (tekrar eşiğini) aştıktan sonra yeni bir bilinç süreci ortaya çıkıyordu. Daha da ilginç olan, bu adadaki maymunlarla fiziksel teması olmayan diğer adalardaki maymunların da bir anda patatesleri yıkayarak yemeye başlamalarının tespit edilmesiydi.

Buna benzer birçok deney yapıldı ve görüldü ki kritik bir tekrar eşiği aşıldıktan sonra doğan yeni bilinç yayılıyordu. Yani bir bilgi bir kez öğrenildiğinde, bu alışkanlık kazanılabiliyor ve daha sonrasında da türün diğer üyeleri tarafından çok daha kolaylıkla öğrenilebiliyordu.

Materyalist ideolojilerden doğan madde merkezli bilimler, bilgiyi bize yüzyıllarca soyut bir olgu olarak sundu. Ancak kuantum bilimi ile maddenin bu gerçekliği ters düz edilince, soyut, hayali, gerçekdışı sandığımız bilginin aslında maddenin beşinci hali olduğu ortaya çıktı. AIP Advance Dergisi'nin Mart 2022 tarihli sayısında, Portsmouth Üniversitesi'nden Dr. Melvin Vopson, bilginin maddenin beşinci hali olduğunu test etmek için geliştirdiği yöntemi özetlediği bir çalışma yayınladı. Maddenin genel kabul edilen dört hali katı, sıvı, gaz ve plazmadır. Ancak Dr. Vopson, son birkaç yılını bilginin de maddenin bir hali olduğunu savunmaya adadı. Ona göre bilgi, fiziksel bir varlıktı. Teorik bulgularını "bilgi varsayımları" adı verilen birleşik bir hipotezde birleştiren Vopson, tüm temel parçacıkların "kendileri hakkındaki bilgiyi" depoladığını savunuyor. Bu, canlı organizmaların DNA'sındaki bilginin kodlanmasına benzer bir süreçtir.

Dr. Vopson, "Bilginin fiziksel ve kütleli olduğunu ve temel parçacıkların kendileri hakkında bir DNA bilgisine sahip olduklarını varsayarsak, bunu nasıl kanıtlayabiliriz? Son makalem, bu teorileri bilimsel topluluk tarafından ciddiye alınabilmesi için teste tabi tutmakla ilgili" dedi.

MADDENİN BEŞİNCİ HALİ

Bir madde parçacığının bir antimadde parçacığı ile çarpıştırıldığında, birbirlerini yok ettiklerini biliyoruz. Ve parçacıktan gelen bilgi yok edildiğine göre, bu bilgi bir yere gitmek zorundadır. Büyük ihtimalle bu "bilgi," iki düşük enerjili kızılötesi foton şeklinde serbest kalır. Dr. Vopson'un hesaplamalarına göre, bu yok etme reaksiyonu oda sıcaklığında gerçekleştiğinde, bu iki fotonun dalga boyu kabaca 50 mikrometre ölçmektedir. Bu fotonların tespiti, iki yok edilmiş parçacık halinde fiziksel formda "bilginin" varlığını kanıtlayacaktır.

Dr. Vopson, bu deneyin mevcut teknolojilerle kolayca gerçekleştirilebileceği konusunda ısrarcıdır ve gerekli pozitronları üretmek için radyoaktif sodyum izotoplarının kullanılmasını tavsiye etmektedir. Bilgi enerjisi fotonlarının başarılı bir şekilde saptanması, her iki bilgi varsayımını da doğrulayacaktır. Böyle bir bulgu, evrendeki maddenin beşinci hali olarak "bilgi"nin varlığını da kanıtlayacaktır. Eğer evrenin en derin, en temel cevheri olan fotonun aynı zamanda "bilgi"nin iletilmesini ve depolanmasını sağlayan yapı olduğunu kabul edersek, buradan yola çıkarak diyebiliriz ki evrenin varlığının temeli de maddenin bu hali, yani "bilgi"dir. Asla kaybolmayan, zaman ve mekândan bağımsız, tüm zerrelere dolanıklık ilkesi ile iletilen "bilgi" ve onun oluşturduğu Morfik Alan, sadece insan ve hayvan türü ile sınırlı değildir. Bir evin, bir eşyanın, bir aracın hatta bir coğrafyanın da "bilgi"ye dayalı bir "Morfik Alanı ve hafızası" mevcuttur.

"Coğrafya kaderdir" sözü tartışılıyor, ancak bu bilgiler ışığında değerlendirildiğinde gerçekliği yadsınamaz. Alanların, toprakların, coğrafyaların geçmişindeki olayların tekrar etme ihtimali de işte bu Morfik Alan'ın rezonans düşüncesine göre oldukça yüksektir. Bir olaya ait bilginin bir kere ortaya çıktığında evrensel hafıza alanında kayıt olup tekrar edebileceğine dair muazzam bir öğüde Kur'an'da Hicr suresinde denk geldim. Kur'an-ı Kerim'e göre, Hicr Ashabı, ayetleri inkâr eden bir kavimdi ve sonuçta büyük bir helak yaşadılar. Şimdi bu kıssaya bir göz atalım:

Hz. Muhammed, Tebuk gazvesi sırasında Hicr'den geçerken ashabına buradan su içmemelerini nasihat eder.

Ancak onlar, "Biz geçerken bu sulardan aldık, kaplarımızı doldurduk, hem de hamur yoğurduk o sular ile" derler. Bunun üzerine Peygamber şöyle der:

"Öyleyse atın o hamurları ve suları dökün."

Buhari, Müslim

Peygamberin buradaki buyruğu ashabını korumaya yönelik olduğuna göre, sizi düşünmeye davet ediyorum. Daha önce yaşanmış bir felakete ait BİLGİ ŞİFRELERİ'nin aynı alanda kayıtlı olduğunu ve o alandaki her şeye de nüfuz etmiş olabileceğini ve dolayısıyla aynı olayın tekrar etme olasılığının biliniyor olması elbette peygambere özel bir durum olmalı. Yani bu uyarı mutlaka ki rastgele değil.

Anadolu'da yaygın bir söz vardır, mutlaka işitmişsinizdir: "havasından mı suyundan mı?" derler eskiler. Demek oluyor ki bilimden önce de bu sırlar bir şekilde insanlık tarafından ön görülebiliyordu.

PARAPSİKOLOJİK OLAYLARIN ARDINDAKİ GERÇEK

O halde özetlemek gerekirse bir davranış, bir "bilgi" bir kez ortaya çıktıktan sonra ve yeteri kadar tekrar edilmesi halinde o "bilgi"nin frekansı evreni etkileyebilir ve bambaşka bir yerde dahi tekrar edebilir. Çünkü morfik rezonansa giren "bilgi" evrendeki tüm zerrelere eş zamanlı iletilir.

Dikkat edin, tekrar edilen davranışların sonuçlarının da tekrar ettiğinden bahsediliyor. Bu gerçeği anladığımızda, insanların neden daima barışçıl ve yapıcı bir bilinçte kalması gerektiği daha net bir şekilde idrak edilebilir. Ben, bu bilgilerin ışığında, "helakların" da aynı sistemle devreye girdiği kanaatindeyim. Tıpkı ayetin belirttiği gibi, başımıza gelenler aslında hep kendi sebep olduğumuz negatif olayların sürekli olarak insanlar tarafından tekrar edilmesiyle ortaya çıkan sonuçlardır. Bu, hem kişisel yaşam deneyimlerimiz hem de evrensel ölçekte tüm insanlık için geçerlidir.

Dr. Rupert Sheldrake, teorisinde bir adım daha ileri giderek, canlı olmayan eşyaların dahi bir hafızaya sahip olduğunu belirtmiştir. Bu duruma örnek olarak, kaza yapan bir arabanın, bu olayın frekansını kaydettiğini ve oluşan morfik alandan dolayı kazanın tekrar etme olasılığının yüksek olduğunu ifade eder.

Bu durum, aracımızdan evimize, kullandığımız eşyalardan coğrafyalara kadar her şey için geçerlidir. "Tarih tekerrürden ibarettir" sözü kanımca temelini bu evrensel işleyişten alır. Yeryüzündeki coğrafyaların sürekli olarak benzer döngülere sahip olması ancak bu şekilde anlaşılabilir. Tekrar eden döngüler, nasihatları dikkate almayıp aynı hataları ısrarla tekrarlayan insanlığın, bir bakıma kendi eliyle hazırladığı ve evrensel hafızaya kaydettiği tüm sonların bir sonucudur.

> "Görmediler mi ki, onlardan önce yeryüzünde size vermediğimiz onca imkânı kendilerine verdiğimiz, gökten üzerlerine bol bol yağmur indirip (evlerinin) altlarından ırmaklar akıttığımız nice nesilleri helâk ettik. Biz onları günahları sebebiyle helâk ettik ve onların ardından başka nesiller meydana getirdik."
>
> Enam suresi 6 ayet.

İNSAN VAZİFELİ Mİ?

Morfik alanın etkileri, aslında günlük hayatımızda gözle görülebilir olmasına rağmen, farkındalık düzeyi yüksek olmayan insanlar tarafından algılanmaz ve çoğu kişi yaşadığı deneyimlere rastlantı olarak bakar ve geçer. Daha önce hiç tanımadığınız bir insana duyulan ilgi ve sevginin açıklaması bile bu rezonans yasasına dayanır. Önceden hiçbir fiziksel tanışıklık yaşamadan, sadece sahip oldukları ortak morfik alandan dolayı birbirini sevebilen (rezonans oluşturan) insanların varlığı, telepati ve telekinezi gibi olgular da morfik alan teorisi ile oldukça net bir şekilde açıklanabiliyor.

Tüm inanç sistemleri, kendi inancına ait morfik alanı besleyip çoğaltmak için tekrara dayalı ibadet ve ritüeller sistemi geliştirmiştir. Aslında bu yolla "bilgi"nin yayılması sağlanmıştır. Çok sayıda insanın aynı anda, eş zamanlı olarak yaptığı bir duanın gerçekleşebilme olasılığı, bu rezonans ilkesinden güç alır. Frekanslara son derece açık ve duyarlı olan atmosferin yağmur duasına cevap vermesini bile morfik alan rezonansı ile açıklayabiliriz. İnsan, bu frekanslar okyanusunda ona etki edebilecek bir bilinçle yaratıldığına göre, muhakkak ki bu potansiyel öylesine var olmamalı—acaba insanın evrensel bir görevi var mıdır?

Elbette bunun tek yolu, bizi oyalayan maddi dünyanın hayali varlığının ötesine geçebilmek ve hakikati duyu ötesi bir şekilde kavrayabilmekle mümkündür. İnsan, bilinciyle evrenin tezahürünü gerçekleştiren varlıktır ve muhakkak ki bu ilahi donanımla görevlendirilmiştir. Bunun açık delillerini Kur'an'da birçok yerde görmekteyiz, ancak özellikle Casiye Suresi'nin aşağıda yer verdiğim ayeti beni derinlemesine etkilemiştir.

> "Ayrıca O, göklerde ve yerde ne varsa hepsini kendinden bir lütuf olarak emrinize vermiştir. Bütün bunlarda düşünenler için işaretler vardır."
>
> Casiye suresi 13 Ayet

Göklerde ve yerde ne varsa, insanoğlunun emrine verilmiştir diyen bu ayeti okurken, ister istemez, "Demek ki insan, şu an gördüğümüzden çok daha yüksek bir potansiyele sahip ve tüm bunlara hükmedebiliyor," diye düşünüyorum. Yaratılmış olan âlem, Allah'ın "halifem" dediği insanın emrine verilmiş, onun hakimiyetiyle hükmetmesi istenmiştir. Evren, sadece tüketilecek bir varlık değil, aynı zamanda onu şekillendirmemiz ve Allah'ın muradı olan evrensel barışı ve adaleti insan eliyle tesis etmemiz isteniyor. İnsan, bunu potansiyel olarak başarabilecek donanımda olmalı ki Cenab-ı Hak bunu bildiriyor.

24. BÖLÜM

LEVH-İ MAHFUZUN CÜZ'İ TECELLİSİ DNA

Canlı yaşamın üzerine vurulmuş
Tevhidin en büyük mührü, DNA.

Biyologlar James Watson ve Francis Crick, bilim insanı Rosalind Franklin'in yaptığı X ışını kristalografisi görüntüleme testleri sayesinde 1953'te DNA'nın çifte sarmal yapıda olduğunu keşfettiler. Artık DNA'nın, kendi üzerinde farklı şekillerde katlanarak genleri tek tek kontrol ettiğini biliyoruz. DNA, genlerimizi her biri farklı bir moleküle karşılık gelen G (guanin), C (sitozin), T (timin) ve A (adenin) harfleriyle kodlar. Yani, genetik alfabemizi ve genetik yazılımı kullanarak bireysel hikâyemizi yazar.

Ve bu hikayemize sürekli yeni kodlar eklenerek, yeni sayfalar ekleniyor; hayatımız böylece yazılıyor...

Bilimin "Artık DNA'yı çözdük, bütün sırları da anladık" dediği noktada, genetik ve biyoloji için bir dönüm noktası yaşandı. İsveç'te yapılan ve "Överkalix Çalışmaları" olarak bilinen araştırmaların neticesinde birçok bilim insanı, artık "DNA ile hikayemizin sadece yarısını biliyoruz." demeye başladı.

Peki, hikayemizin diğer yarısı nerede güncelleniyor?

HİKAYEMİZİN DİĞER YARISI

İnsan Genom Projesi aslında sadece bir başlangıçtı. Temel mekanizmalar genler değil, gen üstü mekanizmalardır ve hâlâ keşfedilmeyi bekliyorlar...

Bu harflerin sırası, hücrelerimizde hangi proteinlerin üretileceğini belirliyor; DNA, kodlanan bir yazılım gibi düşünülebilir ve bu şekilde bizi kontrol ediyor.

İnsan Genom Projesi ile protein kodlayan genlerin genetik bilgilerimizin sadece %1.06'sını taşıdığı anlaşıldığında, bilim camiasında büyük bir hayal kırıklığı yaşandı çünkü dizilimlerdeki değişikliklerin birçok hastalığın sebebi olduğu düşünülüyordu.

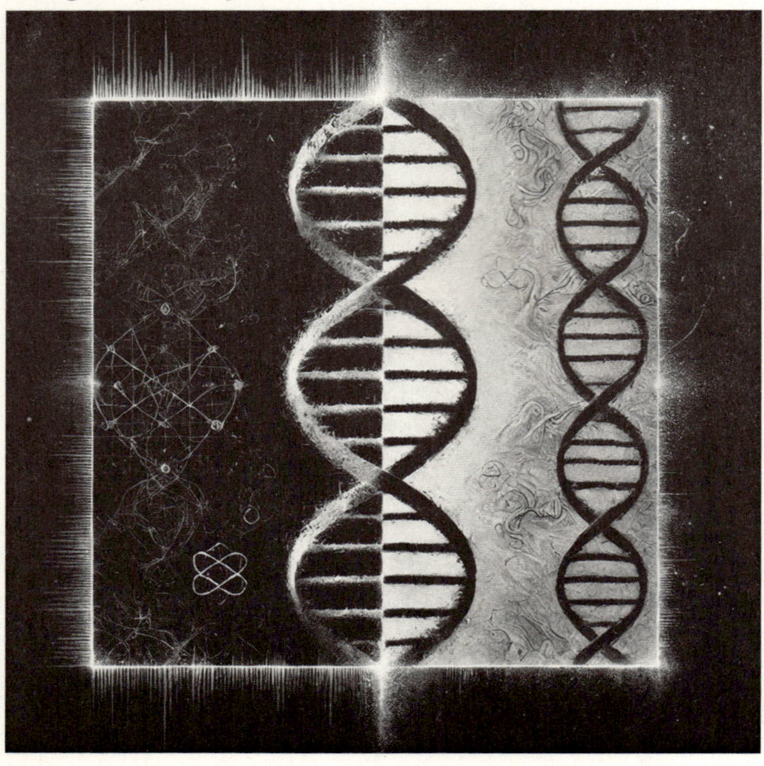

Geriye kalan büyük bölüm ise tuhaf bir şekilde görmezden gelinmişti. Yakın zamana kadar, DNA'nın %99'unu oluşturan ve hiçbir gen içermeyen kısmına bilim insanları "çöp DNA" diyordu çünkü bunların herhangi bir amaca hizmet etmediği düşünülüyordu.

İnsan DNA'sının yalnızca %1'i, canlılığın yapıtaşı olan proteinleri üretmek için kod içeriyor. Geri kalan %99'luk kısma kodlanmayan "çöp DNA" deniyordu.

26 Mart 2018'de eLife'da yayınlanan bir araştırmada ise, sanılanın aksine "çöp" olarak adlandırılan DNA'nın hayati bir rol oynadığı belirtildi.

University of Michigan'dan araştırmacıların yürüttüğü çalışmaya göre, bu genetik "çöp", hücrenin hayatta kalabilmesi için önemli bir mekanizma olan kromozomların hücre çekirdeği içerisinde doğru şekilde bir arada bulunmasını garanti altına alıyordu.

Ancak asıl şaşırtıcı bilgi, bu fonksiyonun mutlak bir muhafaza altında korunuyor olmasıydı. DNA'nın bugüne kadar gizli kalan ikinci veri katmanının varlığı keşfedildiğinde görüldü ki DNA, yazılım üzerine eklenebilen başka olgular içeriyordu.

Morfik alan teoreminin sahibi Dr. Rupert Sheldrake'e göre; DNA, morfik alandan sürekli veri ve bilgi alıp işliyordu ve bu durum, DNA'nın ana yazılımının üzerine farklı kodlar eklenerek adeta yeni kadersel açılımların oluşmasına sebep oluyordu.

Tıpkı (çoklu olasılık) süperpozisyon elektronları gibi, aslında DNA da içindeki temel yazılımda çoklu kadersel potansiyellerle var gibi görünüyor.

Yani adına "çöp" denilen DNA'nın %99'luk kısmının içinde, şimdiye kadar varlığını bilmediğimiz farklı komutlar ve kodlar taşıdığı ortaya çıktı. Örnek olarak, çöp denilen DNA'lar, gen taşıyan ve kodlayan DNA'ları (%1.06) yani en temel yazılımı kodluyormuş meğer!

> "Rus araştırmacılar, doğanın zeki bir sistem olduğunu önkoşul alarak, bu yüzde 90 oranında "atık" sayılan DNA'yı araştırmak için dilbilimcilerle genetik uzmanlarını bir araya getirdi. Elde ettikleri bulgular, sadece bilimin ilerleyişini değil, tüm yaşamımızı ve dünyayı kökünden değiştirecek nitelikte desek abartmış olmayız.
>
> DNA'nın sadece bedenimizin inşasından sorumlu olmadığını aynı zamanda veri saklama ve iletişim

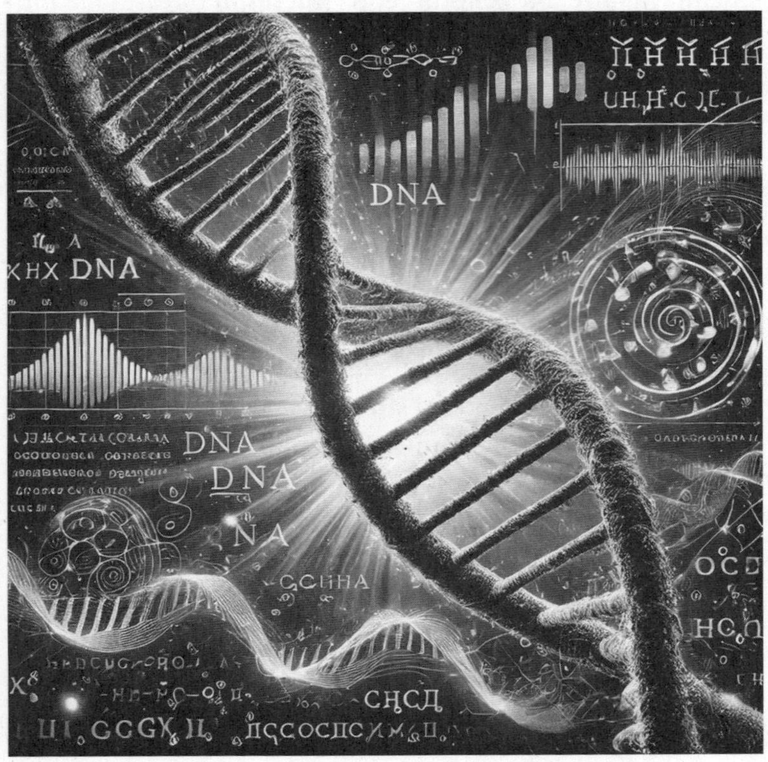

fonksiyonu olduğunu ortaya çıkardılar. Rus bilim insanları, gereksiz sanılan bu yüzde 90'lık kısımdaki genetik kodların bariz bir biçimde tüm dünya dillerindeki geçerli sentaks (söz dizimi) ve semantik (anlam bilimi) kurallarıyla aynı olduğunu keşfettiler. Bulgulara göre, DNA'mızın alkalinleri düzenli bir grameri izliyordu ve tıpkı dillerimizde olduğu gibi belli kurallar geliştirmişlerdi.

Rus biyofizikçi ve moleküler biyolog Pjotr Garjajev ve meslektaşları DNA'nın titreşimsel davranışlarını da araştırdılar. Sonuç şuydu: "Canlı kromozomlar tıpkı solitonik-holografik bilgisayarlar gibi fonksiyon görüyorlardı". Yani; belirli bazı frekans modellerini bir lazer ışınıyla ayarladılar ve bununla da DNA frekansını, yani genetik bilginin kendisini etkilemeyi başardılar. DNA-alkalin çiftlerinin dili, dillerin temel yapısıyla aynı olduğu için artık DNA'nın şifre çözümü gerekli değildi. Yani sadece insan diline ait kelime ve cümleler kullanılarak DNA yapısı değiştirilebiliyor!

Radyo dalgaları ve ışık frekanslarını kullanarak hücre metabolizmasını etkileyebilen araçlarla genetik bozuklukları da onarmayı başaran Garjajevâ'nın araştırma ekibi, x ışınları tarafından tahribe uğrayan kromozomların onarılabileceğini de tüm dünyaya göstermiş oldu. Hatta belirli DNA örneklerini, bir diğerine aktararak, hücreleri başka bir genoma yeniden programladılar. Sadece DNA bilgi örneklerini aktararak, kurbağa embriyolarını semender embriyolarına dönüştürdüler."

https://www.indeksiletisim.com/dna-kelimelerle-kodlaniyor/

Epigenetikteki bu son araştırmalar en az kuantum fiziğinin yarattığı şok kadar büyük bir etki yaratacaktır. Çünkü insan DNA'sının biyolojik bir internet gibi çalıştığı görülüyor. Hatta internete göre pek çok yönden çok daha gelişmiş bir potansiyele sahip. Bu bilimsel araştırmalar aynı zamanda öngörü, sezgi, şifa, kendi kendine şifa ve hatta insan bilincinin atmosfer üzerindeki etkisi gibi fenomenleri bile açıklamanın önünü açıyor.

Ses, söz, dua, zikir ile açılan DNA kodları ...

Oku......

DNA, KOZMİK BİR YAZILIM

DNA, tüm işleyiş prensipleriyle adeta bir yazılım, kozmik bir yazılım gibi işlev görür ve hiyerarşik bir yönetim kadrosu gibi kademeli bir komut sistemine sahiptir. Öyle bir yazılım ki hangi proteinin nerede, nasıl, ne kadar ve ne zaman kodlanacağını, nerede durdurulup ne zaman başlatılacağını, hangi hücre ve dokunun hangi organda ne kadar ve ne zaman üretileceğini, hangi genin hangi genle ya da proteinle birleştirileceğini, nereden nereye taşınacağını, büyüme ve gelişimin nerede nasıl düzenleneceğini, kök hücrelerin nerede hangi hücre, doku ve organlara dönüşeceğini, hangi genin hangi koşullarda susturulup çalıştırılacağını ya da daha önce sessiz kalan ve fonksiyon göstermeyen hangi genin hangi koşullarda yeniden çalışmaya başlayacağını, hücrelerin hangi koşullarda çoğaltılacağını ya da öldürüleceğini, ne zaman kanser geliştirileceğini, hücre çoğalması ve bölünmesini, kromozomların yapısını belirleyen bir yazılımdır. Ayrıca, bir nevi şalter konumunda bekleyen "çöp DNA"lar da bu süreçte rol oynar.

O şalteri neyin komutladığı ise daha üst bir programda yazılıdır ve asıl sır orada saklıdır. İnsan genomu üzerine birçok araştırma yapmış olan Prof. Chang, şu açıklamasıyla çok şey anlatıyor:

"DNA'mızda gördüğünüz her şey iki ayrı versiyondan oluşan bir programdır. İlk versiyon büyük temel koddur. Bu büyük kodu yaratıcı yazdı, uyguladı, bazı fonksiyonları değiştirdi veya yenilerini ekledi."

EVRENİN KOZMİK BİLGİSİ

Sabit genlerin kendisinden neredeyse dokuz kat fazla olan DNA'lar (çöp DNA) tarafından yönetiliyor olması adeta temel yazılımın üzerinde olan, OLASI KADER YAZILIMLARININ olabileceğinin kanıtıdır. Peki bu yeni versiyonların yeniden yazılımında insanın iradesinin ya da çevresel faktörlerin etkisi acaba ne kadardır?

Özetle, içimizde tek bir kader mi yazılı ve/veya bu olası potansiyel kader açılımlarında çevresel faktörler etkili mi?

Etkin ise biz içimizdeki bu yazılımı yönetebilir miyiz?

Başka bir ifadeyle tekâmül, düşündüğümüz şey olmayabilir mi?

> "İnsan Genom Projesi ile zirveye ulaşan eski gen merkezli görüş güncelliğini yitirmiştir. Yerini tam olarak neyin alacağı konusunda hâlâ belirsizlik olsa da üzülmek için bir sebep yoktur. Aksine, çevresel etkilere esnek ve belirgin bir şekilde tepki verme yeteneği, bu etkiler sayesinde kazanılan yeni özelliklerin kalıtım yoluyla aktarılabileceğine

dair kanıtlar çoğaldıkça, organizmalar gelecekte evrimin gerçekleşmesinde çok daha aktif bir rol oynayacaktır."

(Syf 323 Epigenetik/ Bernhard Kegel)

Dr. Rupert Sheldrake'in önerisine göre, DNA'nın sürekli etkileşim içinde olduğu ve bilgi aldığı morfik alanda tüm kozmik bilgi kayıtlıdır. Buna ek olarak, DNA'mızın içinde zaten mevcut olan hücresel genetik bir hafıza da bulunmaktadır. DNA, kuantum dolanıklık ilkesi gereği bu bilgi alanlarından sürekli ve kesintisiz olarak etkileniyorsa, bu etkilenmenin yönetilebilir olması gerektiği de açıktır. Bu durumun farkında olursak, parçası olduğumuz evrensel alanlardan nasıl etkilendiğimizi de anlayabiliriz. Bazı olgular vardır ki, tam olarak bilmesek bile tezahürü ile hissedebiliriz. DNA'nın içindeki kozmik bilgi de tam olarak böyle bir olgudur.

Bilim, DNA'nın sahip olduğu bilgi miktarını araştırdığında, muazzam bir bilgi yoğunluğundan söz etmektedir. Kimi bilim insanlarına göre, DNA'da dünyanın tüm kütüphanelerindeki kitaplardan daha fazla bilgi bulunmaktadır. Bazılarına göre ise 1 gram DNA içinde milyonlarca CD kapasitesinde bilgi kayıtlıdır.

DNA'NIN KAPASİTESİ

İnsanoğlu, evrenin en gelişmiş canlısı olarak bilinir. İnsanı anlama çabaları, son yüzyılda bilim insanlarını DNA üzerine yoğunlaştırdı. Bugün hâlâ DNA, sırlarını korumaktadır. Tamamlanan İnsan Genom Projesi, yeni soruları beraberinde getirerek Epigenetik'in doğmasına yol açtı. Şu anki verilerle diyebiliriz ki DNA, canlıya ait tüm bilginin şifrelerle yazıldığı devasa bir kütüphane ve bu bilgilerin işlendiği, aynı zamanda kontrol edildiği ana komuta merkezidir.

Kuantum Dolanıklılığı Yasası, evreni oluşturan tüm zerrelerin bilgi yüklü olduğunu ve birbirleriyle iletişimde bulunduğunu göstermiştir. Bu da, tüm canlı ya da cansız varlıkların bu evrensel yasa kapsamında değerlendirilmesi gerekliliğini ortaya koymuştur. Bu yasadan yola çıkarsak; altın oran ve fraktal geometriye sahip DNA, bilgi deposu özelliğiyle kübitlere benzer ve bilgi yüklü evrenle sürekli etkileşim halinde olduğu sonucuna varırız. Epigenetik çalışmalar tamamlandığında ve DNA'nın algoritması tamamen çözüldüğünde bu da ispatlanacaktır.

Zerre küle ayna ise DNA da evrenin tüm bilgisini neden taşımasın?

Doç. Dr. Güzin Özkurt

Bugüne kadar DNA'nın ancak %10'u keşfedildiğine göre elde edilen bilgiden çok daha fazlası olduğu aşikâr. Peki gerçekten DNA içinde ne kadar bilgi olabilir?

Bu soruya bugün net bir cevap verebilmemiz mümkün değil ancak akıl yürüterek bazı sonuçlara ulaşabiliriz.

DNA ve genetik yazılımın tam olarak bilinmesi günümüzde zor görünüyor. Bugün ancak 4 harf üzerinden (adenin, guanin, sitozin ve timin) bilgi depolandığını düşünüyoruz. Ancak bu her harfin kendi içinde ne kadar bilgi barındırdığı asla bilinemiyor.

Atomaltı kuantum boyutta yazılmış bilgiler varsa bunlara da ulaşmamız mümkün değil. O halde yapabileceğimiz tek şey akıl yürütmek.

Haydi başlayalım.

Yetişkin bir insanda ortalama 100 trilyon hücre olduğu tahmin ediliyor. Her hücre kendi varlık bilgisine sahip. Bu bilgi öyle bir bilgi ki, hangi hücre hangi doku içine girecek, hangi organ içinde vazife yapacak, nasıl bir yerde yerleşecek ve diğer fonksiyonlar ile ilgili tüm bilgi. En az 100 trilyon hücrenin her birinin kendine has tüm bilgileri DNA'nın içinde kayıtlı. 100 trilyon hücre deniyor ama bu hücreler de sürekli değişim içinde ve bu değişimin de kodları kayıtlı. Bir insan ömrünü ortalama 70 yıl varsayarsak yaklaşık 700 trilyon hücreden bahsediyoruz.

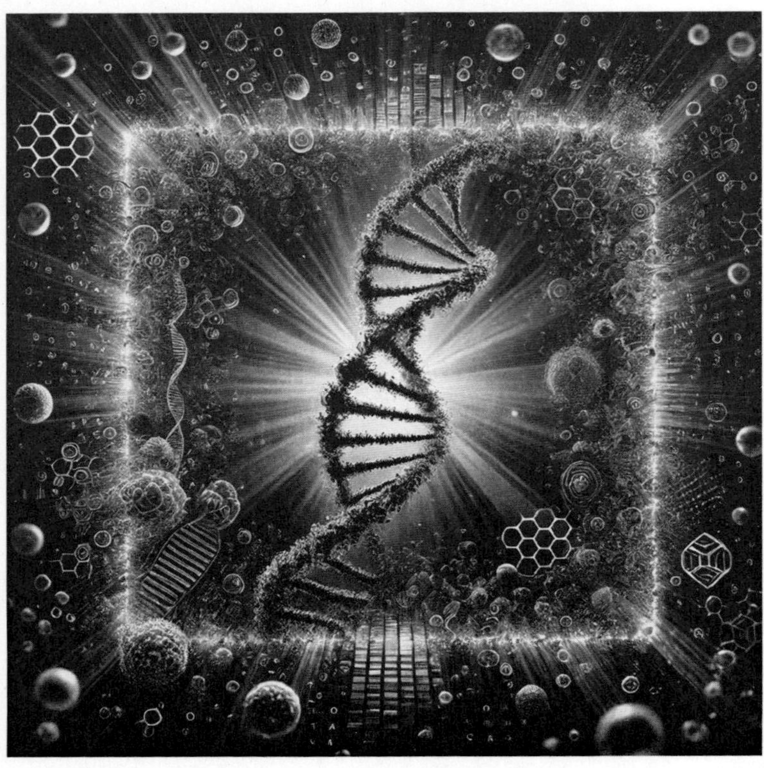

Yani 700 trilyon hücrenin bilgisi, o gözle görülemeyen sperm ve yumurta hücresi (eşey hücreler) içindeki DNA'da kodlanmış.

Yani akıl almaz büyüklükte bir bilgi.

Çıplak gözle görülemeyen bir hücrede, akıllara sığmayan miktarda bir bilgi.

Bölümün başlığını yazarken, Levh-i Mahfuz'un yani Evrenin yaradılış kodlarının cüz'i tecellisi demiştim DNA'ya. Şimdi bu başlığı daha da açacağım ve göreceksiniz ki, düşündüğümüzden de daha çok "bilgi" orada yazılı.

Evrenin varoluşundaki tüm element ve moleküllerin bilgisi de DNA'da kayıtlı olmalı. Çünkü bedenimizde başta azot, oksijen, hidrojen ve karbon olmak üzere daha onlarca element var ve bu element ve moleküllerle sürekli iletişim içinde (dolanıklık). Bu iletişimin gerçekleşebilmesi için tüm bu elementlerin ve moleküllerin de genetik yapı bilgisinin DNA içinde kayıtlı olması gerekli.

Örneğin demir, insan vücudu için yaşamsal bir öneme sahip. Metabolizmanın demiri doğru şekilde alıp kullanabilmesi için demir ile ilgili bilginin de DNA'da kodlanmış olması gerekli.

Çinko, magnezyum, sodyum vs. gibi birçok elementin de metabolizmamız tarafından doğru kullanılabilmesi için da varlık bilgilerinin yazılımımızda yine kodlanmış olması gerekir.

İnsan yaşamı ve yaşamının devamı için gerekli olan evrendeki her şeyin bilgisinin DNA'da yazılı olması gerektiği gibi.

Bizi çevreleyen ışık ve manyetik alanların da varlık bilgisi yine DNA'mızda yazılı olmalı. Aksi takdirde hayatiyetimizi sürdüremeyiz.

Özetle, "evrenin" tüm varlık bilgisi DNA'nın içinde kayıtlı olmalı.

KENZ-UL KENZ DNA

Evrenin en temel yasalarından biri olan Kuantum Dolanıklık İlkesi'ne göre, insan evrenle tümüyle dolanık halde, ayrılamaz ve ayrıştırılamaz bir bütünlük içerisindedir. Bu bütünlük ilişkisinin sürdürülebilmesi için, evrenin tüm varlık kodlarının insanın DNA'sında yazılı olması gereklidir. Kur'an ise bize bunun zaten böyle olduğunu aşağıdaki ayetle bildiriyor:

> "Âdeme (yeryüzünde ihtiyacı olan her şeyi) bütün isimleri öğretti ve onları (eşyayı) meleklerle karşı karşıya getirdi. Allah meleklere "Eğer doğru sözlülerdenseniz şunların isimlerini bana haber verin" dedi."
>
> İlyas Yorulmaz meali, Bakara suresi 31 ayet.

Bu ayetin bildirdiğine göre, Allah, Adem'e tüm varlık âleminin hakikat bilgilerini öğretmiştir (Talimi Esma). Benim bu ayetten anladığım, makrokozmoz olan evrenin kodlarının, mikrokozmoz olan Adem'in DNA zerresine de kodlanmış olduğudur.

İşte bu nedenle Hz. Ali, "Sen kendini küçük bir cisim sanırsın ama en büyük âlem sende gizlidir" demiştir.

DNA, Allah'ın sonsuz ilminin tecelligâhıdır. DNA, tevhidin mührüdür. Evren ölçeğindeki bilginin yazılımı ile insan ölçeğindeki bilginin yazılımı aynıdır!

Tüm evrensel külliyatın (Levhi Mahfuz) mikro tecellisi, kenz-ul kenz DNA'dır.

Her şeyi saran İlahi Nur'un varlığını kavrayamayanlar, bu hakikate asla yaklaşamayacak...

> "Hani Rabbin meleklere, 'Ben yeryüzünde bir halife yaratacağım' demişti. Onlar, 'Orada bozgunculuk yapacak, kan dökecek birini mi yaratacaksın? Oysa biz sana hamd ederek daima seni tesbih ve takdis ediyoruz' dediler.
>
> Allah da 'Ben sizin bilmediğinizi bilirim' dedi."
>
> Bakara Suresi 30. Ayet

25. BÖLÜM

EPİGENETİK
GENETİĞİN ÜSTÜNE GENSİZ KALITIM

Son yıllarda bilim ve teknolojide kaydedilen gelişmeler ışığında yapılan birçok çalışma, kalıtımda DNA dışı mekanizmaların etkin olduğunu göstermiştir. Bu mekanizmalara epigenetik adı verilirken, kalıtıma da yeni bir bakış açısıyla yaklaşma zorunluluğu doğmuştur. Çünkü sadece fiziksel özelliklerimizin değil, psikolojik stres faktörlerinin dahi gelecek nesillere aktarıldığı tespit edilmiştir.

Epigenetik, kısaca gensiz bir kalıtım demektir. Eğer genler değişmeden bilgi nasıl aktarılabilir diye düşünüyorsanız, hatırlatmak isterim ki:

EVREN VE YAŞAM BİLGİ İŞLEYEN SİSTEMLERDİR.

Yakın zamana kadar kalıtımsal özelliklerin sadece eşey hücreleri aracılığıyla geçtiği düşünülüyordu. Genetik aktarımın, yalnızca bu hücrelerin kromozomlarındaki bilgi olduğu varsayılıyordu. Ancak kalıtımın yalnızca genler üzerinden gerçekleşmediği, genlerde herhangi bir değişiklik olmadan bilgilerin değişip bir sonraki nesle aktarıldığı anlaşıldı. Bu durum epigenetik biliminin doğmasına neden oldu. Epigenetik, bu anlamda kısaca "gensiz bilgi aktarımı" olarak tanımlanabilir.

Yüzyılın başlarına kadar genlerin kilitli mekanizmalar olduğu düşünülürken, bazı psikososyal etkilerle bu genlerin açılabildiği ve kalıtımda farklı unsurların rol oynadığı anlaşıldı. 1990'da başlatılan İnsan Genom Projesi ilerledikçe gensiz kalıtım olduğuna dair şüpheler artmaya başladı.

DNA BİR SÜPER İLETKEN

Örneğin, soykırıma uğramış Amerikan yerlilerinin torunları üzerinde yapılan araştırmalarda, korkunun evrensel hafızaya kaydedilip sonraki nesillere epigenetik meka-

nizmalar aracılığıyla aktarıldığı tespit edilmiştir. Bir önceki bölümde detaylı olarak ele aldığım morfik rezonans etkisi, bu örnekte çok belirgin şekilde görülmüştür. Çünkü her şey en temelinde kuantik alandaki zerreler âleminde iletişim halindedir. Bu kural, canlı ve cansız tüm evren için geçerlidir. Evrendeki her şey gibi duygularımız, düşüncelerimiz ve özellikle korkularımız frekans yayar. Tüm bu bilgilerin frekans kodları evrensel hafıza alanında kayıt altına alınır ve DNA, biyolojik bir süper iletken olarak bu bilgiyi işler.

Korkuların bu şekilde kitlesel yayılımı ve gelecek nesillere aktarımı ürkütücüdür. 2019 yılından bu yana insanlığa empoze edilmeye çalışılan korkuların, gelecek nesillerimize ne şekilde etki edeceğini ve hangi yıkımlara sebep olacağını kestiremiyoruz. Çünkü DNA, insanın tüm frekanslarının alıcısı durumunda biyolojik bir internet gibi çalışmaktadır.

KORKU GENETİK YOLLA AKTARILIYOR

İlk yaratılış anında, evrenin oluşumunu tetikleyen o "kozmik ses dalgaları" hâlâ evrenin tüm zerrelerinde yankılanıyor.

OL EMRİNİN SESİ ....

O sesi işitmeyi başarırsan, korkunun bir aldatmaca olduğunu kavrar ve gaflet uykusundan uyanırsın. İnsan, duyguları ile hareket eden bir varlıktır. Duygularımızın en güçlüsü ne yazık ki korkudur ve bu nedenle korku üzerinden manipüle ediliriz. Eğer insan korkuyu yönetemezse, korkularını ilah edinir ve bir korkudan diğerine savrulup gider..

"İlahınız, bir tek Allah'tır. Öyleyse yalnız ona teslim olun."

Hac Suresi 34. Ayet

Emory Üniversitesi'nden Dr. Brian G. Dias ve Dr. Kelly J. Ressler, korku koşullanmasının genetik yollarla türün diğer bireylerine geçişini ispatlamak amacıyla sayısız deneyler gerçekleştirdi ve hep aynı sonuca ulaştı: Korkular, genlerde değişiklik olmadan epigenetik mekanizmalar yoluyla aktarılıyordu.

Ne dersiniz, dünya insanlığını bir korku pandemisi ile diz çöktürmeye çalışan karanlık eller, sizce bunu bilmeden mi tasarladı?

Korku üzerinden manipülasyona açık olduğunuz kadar yönetileceksiniz. Ancak insan, kendisi için yazılmış olan kadere iman ettiğinde tüm korkuların tıpkı rüyalarda yaşanan acılar gibi zihinsel birer illüzyon olduğunu kavrayacaktır.

Gerçek özgürlük, zihnin korkuyla ördüğü duvarların ötesindedir. Bugün yapılan birçok bilimsel çalışma, şükretmenin, teşekkür etmenin ve Dr. Sheldrake'in dediği gibi "kendinden yüce bir varlığa bağlanıp ilişki kurmanın" insanı bütünsel bir sağlığa taşıdığını kanıtlamıştır. İnsanın nihai tekâmülü DNA'da kayıtlıdır ve bu tekâmülü yavaşlatıp sekteye uğratacak öfke, kin, nefret ve korku gibi duyguların frekansları sadece bize değil, gelecek nesillerimize de zarar vermektedir.

Kur'an'ın en büyük öğretisi, kanımca bedenin ölümünden sonra bizi bekleyen ebedi yaşamdır. Gerçek iman sahipleri, dünyanın bu aldatıcı hayali suretine kanmayanlar, o ebedi âlemin varlığından emin olanlardır ve onlar için artık bu dünyada korku yoktur.

> "Bunlar, iman edenler ve Allah'ı zikrederek gönülleri huzura kavuşanlardır. Bilesiniz ki gönüller ancak Allah'ı zikrederek huzura kavuşur."
>
> Rad suresi 28 ayet

26. BÖLÜM

LEVH-İ MAHFUZ
KADER SIRRI

KUN.......
Varlık alemi o ilk titreşim ile başladı......
Zikrullah.
Tek bir noktada sıkışmış olan, aleme ait tüm mümkünler
O titreşimin gücü ile o tek noktadan,
Levhi Mahfuzda yazılı olanların
adım adım açığa çıkışını (tezahürü) başlattı,
Kaderullah.
İşte tüm bunlar tek bir ses ile başladı.
KUN FE YEKÜN ....

"Doğrusu bu Kur'an sana ve ümmetine bir öğüttür (zikirdir), ondan sorumlu tutulacaksınız."
Zuhruf Suresi 44. ayet.
(Diyanet işleri eski meali)

Levh-i Mahfuz, olmuşların/olacakların yaratılmış tüm ZAMAN VE MEKANLARIN, KÜLLİ ŞEYİN yazılı olduğu ilahi hafıza bir diğer adı ile AKAŞİK KAYITLAR.

Kur'an'ın açık olarak bildirdiğine göre evrensel tüm matriksin ana programının yazılı olduğu korunan levhalar...

Evrensel Hafıza....

Allah'ın El Hafız isminin tecellisi.

Mahiyeti bilinmemekle birlikte, soyut bir alem olduğu, varlığın MADDE'den önceki hali ile yazılı olduğu bilinen levhalar.

Kur'an onun için levha diyorsa, levhadır....

Yazılı diyorsa, kader (program) bu levhalara yazılıdır......

Elbette bu yazı, insanın kullandığı manada bir yazı olmayacaktır. Bilmediğimiz bir kodlama sistemi ile, frekanslarla yazılmış olmalı ama tezahürde gördüğümüz fraktal geometri bu yazının matematiksel temelli bir data olduğunu gözler önüne seriyor. Bu sizi korkutmasın çünkü matematik insan îcâdı değil, keşiftir. Matematik İlahi nizamın kullandığı dilin keşfidir.

> "Öyle anlaşılıyor ki, her şey ve hatta hareket ve davranış biçimleri bile kâinatın ve belki de bundan sonra kurulacak olan öteki âlemin ve Arş'ın beyni veya bilgi işlem merkezi niteliğindeki 'Levhi Mahfuz'da kaydedilip korunmaktadır. Kur'an'ın tanımıyla 'korunmuş levha' olarak adlandırılan bu ilahi kayıt merkezinin hiçbir şekilde tahribe veya yokluğa uğramayacağı, hem niteliğinden hem de işlevinden anlaşılmaktadır."
>
> (Sayfa 400 uzay ve varlık ayetleri tefsiri /celal yeniçeri)

Levh-i Mahfuz'da yazılı olmayan hiçbir şey, maddesel tezahürün bu şehadet boyutunda suret kazanamaz. Orada ne yazılı ise ancak o tezahür eder. Bir insanın ömründen hayallerine, hatta rüyalarına kadar, evrene ait her nanosaniyenin yazılı olduğu bu âlemde, devletlerin ve milletlerin kuruluşundan yıkılışına kadar hem beşeri hem de ulvi tüm OLASI POTANSİYEL KADER KAYITLARI yazılı ve muhafaza altındadır.

ALLAH'IN NUN VE KALEM SIRRI

"Nun. Kaleme ve satır satır yazdıklarına andolsun ki;"

(Abdullah Ahmet Akgül meali kalem suresi 1 ayet)

Bir ağacın boyundan ne kadar meyve vereceğine kadar her şeyin bilgisinin yazılı olduğu, ancak yine de asla dolmayacak yassı levhalar... Her şey orada, var olma ihtimalleriyle yazılıdır. Hayallerimizden hayatlarımıza, ilhamlarımızdan tüm seçebileceklerimizin yazılı olasılıklarına kadar her şeyin kayıt altında olduğu ilahi data...

Ayetlerde açıkça belirtilen ve beni uzun yıllar düşündüren bu evrensel külliyatın yazılı olduğu yere ait levha vurgusunu şimdi biraz irdelemek istiyorum. Tüm kader programının yazılı olduğu bu yassı, düz ve düz olduğu için iki boyutlu olma zorunluluğu taşıyan bu levhaların yapısal özelliği aslında neyin delili? Üç uzay boyutlu olarak algıladığımız (en, boy, yükseklik) bu gerçeklik nasıl olabilir de iki boyutlu (yazı, kod) olarak yazılmış olabilir? Levhaların iki boyutlu olduğu tartışmasız, peki iki boyutlu bir kodlama/yazı nasıl olabilir de bize üç boyutlu ve hareketli gibi görünür?

Bunun tek bir açıklaması var, o da şu: Bu gördüğümüz âlem, Planck birimi (zaman/mekân) ölçüsünde pikselize edilen anlık durağan görüntüler ve gerçekte anlara ait iki boyutlu resimlerdir! Zihinsel bir algı olan zaman boyutunun yarattığı illüzyon ile hareket kazandırılmış olan bu durağan resimleri akışta sanıyoruz çünkü beynimize ait "zaman ve mekân" programı bu illüzyonun görselleşmesi için var. Muhtemelen tüm ariflerin, mistiklerin ve artık teorik fizikçilerin bildirdiği gibi rüya doğası taşıyan evren, akışta değil, simüle edilen bir rüya.

Kitabın ilk bölümlerinde yer verdiğim sezyum gazı deneylerinin sonuçlarına baktığımızda, tüm bu gördüklerimiz sandığımızın aksine geçmişten geleceğe akmıyor, sonuç neden'den önce zuhur ediyor! O hâlde tümüyle yaşanmış, bitmiş bir geçmişe ait görüntülere şehadet ediyoruz. Tam bu noktada beni çok derinden etkileyen Kıyame Suresi'ne ait bir ayete ve onun tefsirine yer vermek istiyorum:

> "İnsan bilakis, kendi aleyhine gören bir (şahit) olacak,"
>
> Kıyame suresi 14 ayet.

> "Ancak ilahi değer ölçülerinin geçerli olduğu bu zamanda insanlar dünyadaki hayatlarını sesli ve görüntülü olarak izleme imkanına sahip kılınacaklardır. Sorgulama ilahi kayıt merkezindeki görüntü ve ses kayıtlarına göre yapılacak ve Kur'an'daki ifadeye göre insan sorgulama sırasında dünyadaki hayatını görüntülü kalarak izleyip hakkındaki kararı bizzat kendisi onaylamak zorunda bırakılacaktır." (Uzay ve Varlık Ayetleri Tefsiri, sayfa 399)

İnsan aklının sınırlarını aşan bir varoluş, tüm "yaradılış yasalarının" kayıtlı olduğu bu levhalarda her olasılık kendi içinde mutlak, değişmez ve değiştirilemez. Ve ancak Allah dilediğini sabit bırakır, dilediğini yok eder.

Levh-i Mahfuz'da yazılı olmayan hiçbir şey "zaman ve mekâna" tabi bu maddesel evrende gerçekliğe dönüşemez. Benim bu kitabı yazmam ve sizin okumanız da dahil.

İnsanın kavrayış sınırları belli olan aklının ve algılarının çok ötesinde bir varoluş bu onun için ne kadar anladık sansak, muhakkak ki eksik olacak.

KADER VE İNSANIN SORUMLULUĞU

"Kaderimiz böyle yazılmış, alınyazım buymuş" gibi ifadeler aslında Levh-i Mahfuz'un tam olarak anlaşılamamasından kaynaklanıyor. İnsan iradesi yok sayılmamıştır; eğer öyle olsaydı, kader sadece tek yönlü ve rasyonel bir süreç olurdu. Sadece epigenetik bile bunun böyle olmadığının bir delilidir. "Her şey madem ki orada yazılı, o halde ben niye uğraşayım ki?" diyenler de yanılgıya düşüyorlar çünkü Yaratıcı, "tüm olası kader potansiyellerini" yazmış ve seçimi insana bırakmıştır.

> "Her insanın yaptığı işleri boynuna astık, kıyamet günü de apaçık yazılmış bir kitap olarak meydana çıkaracağız onları, herkes, ne yapmışsa hepsini o kitapta yazılmış bulacak." İsra Suresi 13. ayet.

Bu noktada bilmemiz gereken tek şey, seçimlerimizi hangi zamanda ve hangi alemde yaptığımızı unuttuğumuzdur. Çünkü unutturularak dünya rüyasına daldık. Kanımca, Kıyame suresinde tasvir edildiği gibi, geçmişe, geçmiş hayatımıza, geçmiş seçimlerimize ve onların sonuçlarına

şahitlik ediyoruz. Kuantum fiziğinin birçok parametresi ve sezyum gazı deneyi, düşündüğümüzün aksine bu boyutta nedenlerden önce sonuçların olduğunu ispatlıyorsa, biz de geçmişe gözlem yapıyoruz ve bu nedenle Libet deneyi gibi deneylerde özgür irade tespit edilemiyor.

"Bu hayatı daha önce yaşamış olabilir miyiz?" diye soruyorum. Hafızam bana şimdi yaşadığımı hissettiriyor diyorsan, o halde hafızana ne kadar güvenebileceğini ilerleyen bölümlerde göstermek istiyorum.

Allah'ın "Hafız" isminin tecellisi olan Levh-i Mahfuz, aynı zamanda Allah'ın "Alim" isminin de tecellisidir. Allah'ın ilmi ezelidir; sonradan bilmek yalnızca insana mahsustur. Allah'ın bu külli bilgisine "İlim" adı verilmiştir ve ilim, bilgi demektir. Şimdi geride bıraktığımız bir detayı tekrar hatırlatayım: Ne demiştim? Bilgi, görünmeyen ancak kütleli fiziksel bir varlıktır. Eğer bu teori bir gün ispat edilirse, evrenin temel dolgu maddesi olan ancak ne olduğu henüz bilinmeyen karanlık madde/karanlık enerjinin, yani evrenin %95'lik kısmının "bilgi/data" olduğu anlaşılacaktır.

Bilgiden tezahür eden bir alemde zaten her şey ezelden bilinmiştir. İçinde yaşıyoruz sandığımız bu hayatı belki de sadece sonradan biliyor ve hatırlıyoruz. Oysa ki, gerek beynimizin işleyişi gerekse duyu organlarımızın belirlenmiş sınırları bu illüzyonu bize gerçek yaşam gibi hissettiriyor...

> "Bu dünya hayatı sadece bir eğlence ve oyundan ibarettir. Asıl hayat ahiret yurdundaki hayattır. Keşke bilseler!"
>
> Ankebut Suresi 64. ayet.

27. BÖLÜM

HAFIZAMIZ BİZİ NASIL KANDIRIYOR?

BEYİN, ŞİMDİ GÖRDÜĞÜ İLE "HATIRLADIĞI" ARASINDAKİ FARKI BİLEMEZ

Yukarıdaki bölümde yer verdiğim bir soruyu, bu bölümün temelini oluşturacağı için tekrar gündeme getirmek istiyorum. Soru şuydu: Belki de içinde yaşıyor sandığımız bu hayatı sadece sonradan biliyor ve hatırlıyoruz?

Bu hayatı bize geçmişten geleceğe uzanan bir düzenle yaşadığımızı hissettiren temel olgu nedir? Hafıza... Hafıza, yani muhafaza edilen bilgi! Yaşadığımıza inandığımız tüm bu deneyimleri, geçmişin gerçekten geçmişte kaldığına bizi inandıran şey, hafızadır. Oysa kuantum mekaniğine göre içinde gözlem yaptığımız bu evrende, geçmiş ve gelecek akışı yoktur. Albert Einstein, "Geçmiş, gelecek ve şimdiki an, insan algılarına dayalı bir illüzyondur," der. Bu hayata ait bazı anlarda sanki daha önce yaşamış gibi hissettiğiniz olmadı mı hiç? Neden kaynaklandığını bilmediğiniz o derin "sanki biliyorum" hissiyle hiç karşılaşmadınız mı? Adına "déjà vu" denilen bu fenomeni eminim ki çoğunuz defalarca yaşamışsınızdır ama manasını idrak edememişsinizdir. Peki, "Ben bunu bir şekilde biliyorum," "Ben burayı daha önce gördüm," ya da "Seni yıllardır zaten tanıyor gibiyim" diye fısıldayan o derinden gelen sese ne mana yüklediniz? Tüm bu soruların cevaplarını bulabilmek amacıyla, öncelikle hafıza nedir ve elbette ne değildir, diye irdelemek gerekir.

> "Asıl olan sensin, ben kimim? Ben senin elinde bir aynayım. Sen her ne gösterirsen, ben oyum
>
> Divanı kebir /Mevlâna C2, 721/5

HAFIZA NEREDE KAYITLI?

Yakın zamana kadar hafızanın beynin maddesel yapısına dağılmış olduğu düşünülüyordu, ancak ABD'li nöropsikiyatrist Dr. Eric Kandel, hafızanın nöronlar arası bilgi/data alışverişi olduğunu kanıtladı. Bir sinir hücresinin (nöron) başka bir sinir hücresiyle arasındaki bilgi/data alışverişi, sinaps adı verilen kavşaklarda gerçekleşir. Bu iletişimi sağlayan ise nörotransmitter adı verilen "kimyasallar"dır. Hafızanın gücü, iki nöron arasındaki iletişim bağının gücüne bağlıdır. Eğer belli bir bilgi iki nöron arasında defalarca tekrar ediliyorsa, bu tekrara bağlı olarak sinaps bağı güçlenir ve bir yapı değişikliğine giderek o bilgiyi kalıcı bir anıya dönüştürür.

Hafıza, bu şekilde kuantum alandaki bilgi/data'nın tekrar edilme prensibine bağlı olarak nöronlar tarafından işlenmesiyle kalıcı kayıtlara dönüşür ve biz onlara anılar deriz. "Hafıza her şeydir. O olmadan bizler birer hiçiz," der nöronlarda hafıza fizyolojisi üzerine yaptığı çalışmalarla tanınan Nobel Tıp Ödüllü bilim insanı Dr. Eric Kandel. Bizler, öğrendiklerimiz ve hatırladıklarımız sayesinde biziz. Bizi biz yapan hafızamız ve anılar, ruhsal hayatımızı birbirine bağlayan ve yaşamımızda süreklilik hissi sağlayan bir yapıştırıcı gibidir. Peki, beynin şimdi gördüğü ile hatırladığı arasındaki farkı bilmiyorsa, o deneyimi hangi zamanda yaşadığımızdan ne kadar emin olabiliriz? Anılar, gerçek deneyimlerimizden değil de, örneğin bir bilgisayar benzeri yazılımdan nöronlara yüklense, aradaki farkı anlayabilir miyiz? Cevap kocaman bir hayır.

Eric Kandel'den onlarca yıl önce, Prof. Dr. Karl Prib-

ram, hafızanın beynin maddesel özel bir bölgesinde kayıtlı olmadığını, tam tersine beynin her hücresinde holografik olarak kayıtlı olduğunu tespit etmişti. Zaten, kaybolan organlara ait hâlâ varmış gibi hissetmenin başka bir açıklaması olamaz.

"Şimdi sizlerle fotografik hafızası kuvvetli olanların hiç de zorlanmayacağı bir hatırlama deneyi yapalım. Bu satırları okuduktan sonra mutlaka denemenizi rica ediyorum ve sonra burayı bir daha okuyun. Haydi başlıyoruz! Öncelikle gözlerinizi kapatın. Sonra geçmişte deneyimlediğinize inan-

dığınız bir anıyı hafızadan (kayıtlı bilgi) arayıp bulun. O anıya ait kayıtlara ulaştığınızda sahneyi izleyin. Kendinizi orada izlemeye alın. O sahneyi bir film karesi gibi dışarıdan bir göz olarak izlediğinizi fark ettiniz mi? Adeta bir film izler gibi! Geçmişte kalmış, yaşanmış bitmiş, yok olmuş diye adlandırdığımız bir sahnede kendi görüntünüze tekrar şahit oluyorsunuz. En acayip olan da kendi kendinizi izlerken asla müdahale edemeyecek olmanız! İzleyen siz iseniz izlediğiniz kim? Bir kamera ardındaki göz gibi, nereden izliyoruz bu kayıtları?" Kenzül Alem/Işık Kızıltuğ, Sayfa 223

O halde tekrar soruyorum: Geçmişi bize yaşanmışlık hissiyle hissettiren hafıza (bilgi kayıtları) şu anki gerçek deneyimlerden değil de, İlahi kayıt merkezindeki (Levh-i Mahfuz) kayıtlardan izleniyorsa? Hafıza transferi hakkında bilginiz yoksa ve bu durumu ihtimal dışı kabul ediyorsanız yanılıyorsunuz çünkü Berkeley Üniversitesi nörologları, holografik formda hafıza transferini doğrudan nöronlara göndermeyi başardı...

Evren bir bilgi ağı, data/enformasyon ile dolu bir alan, kozmik bir web ve bizler, gerekli frekanslara ulaşabilirsek bu alanda kodlanmış geçmiş, gelecek ve şimdiki an'a ait tüm bilgilere erişebiliriz. Bu konuda beyin cerrahı Prof. Dr. İsmail Hakkı Aydın hocamız şöyle diyor:

"Holistik ve kuantum kodlamayı öğrendiğimiz ve doğru kullandığımız takdirde, her zaman her yerden, geçmiş, şimdi ve gelecek her şeyin holografik olarak kayıtlı olduğu 'Ana yazılıma' ulaşarak, 'kâinat kitabı'nı okumak, anlamak ve orada kayıtlı olan bilgileri hayata indirgemek mümkün olacaktır!" Beyin Sizsiniz/Prof. Dr. İsmail Hakkı Aydın, Sayfa 146/147

Bu bilgilere ulaşabilenlere erenler, arifler, evliyalar ve ilim sahipleri diyoruz. Keşif ehli diyoruz. Onlar, Levh-i Mahfuz'da kayıtlı olan bilgileri bir şekilde alıp hayata indirmek suretiyle bize ilahi alandan akış sağlamaktadırlar. Bütün keşifler Levh-i Mahfuz'dan açığa çıkar, Bütün kitaplar Levh-i Mahfuz'dan yazılır, Bütün ilhamlar Levh-i Mahfuz'dan akar. İnsanın görsel sistemi bir frekans çözücüdür ve hafızamız, cüzi tecellisi olduğu Levh-i Mahfuz'un aynı

isimle anılan okuyucusudur. Evrenin matematiğinde sonuçlar nedenlerden önce gelebiliyorsa, zaten geçmişe gözlemci olduğumuz sonucuyla karşı karşıyayız. O halde, bu seyir, olmuş bitmişe şehadettir; zamanlar üstü ve zamanlar ötesinden... AN'I DAİM...

HAFIZANIN KAPASİTESİ

Beyin fizyolojisi alanında araştırmalar yapan Prof. Dr. Sinan Canan, Uludağ Üniversitesi'nde öğrencilere yaptığı bir konuşmada, insan hafızasının mevcut teknolojimizi aştığını ve beyin kapasitesinin bilgisayarla kıyaslanarak değerlendirilebileceğini vurguluyor. Canan'ın verdiği bilgilere göre, beyin korteksindeki yaklaşık 20 milyar hücrenin birbirleriyle bağlantıları hesaba katıldığında yaklaşık 2,5 milyon gigabyte'lık bir hafıza kapasitesine ulaşıyoruz. Bu kapasiteyi, adeta 300 yıl süren bir HD filmi kaydetmeye benzetiyor. Beyin dokusundaki hücrelerin, Samanyolu Galaksisi'ndeki yıldızlardan bile fazla olduğunu düşünürsek ve her hücrenin de başlı başına bir âlem olduğunu bilirsek, görünüşün sandığımızdan çok daha farklı olduğunu anlarız. Düşündüğümüzün aksine, beynin ağırlığının aslında hiçbir önemi yoktur; çünkü önemli olan, hücreler arası 'bilgi' alışverişidir.

İnsan hafızasının sınırı aslında bilgiyi indirme hızı ile ilgilidir; yani sorun, beynin dolması değil, ona gelen bilgi/data hızının hafıza sisteminin (sinapslar) kaydetme hızından fazla olmasıdır. Tüm bunlara ilaveten, yakın zamanda nöron ağı içinde sessizce bekleyen sinapsların varlığı keşfedildi. Nöronların arasında henüz olgunlaşmamış bağlantılar olan bu sessiz sinapsların, yeni anıların ve yeni hayallerin oluşturulması için yardıma çağrılana kadar pasif olarak durduğu tespit edildi. Bu çalışmanın ortak yazarlarından olan Dr. Dimitra Vardalaki, çalışmanın sonunda şu açıklamayı yaptı: "Sessiz sinapslar, yeni bağlantılar arıyor!"

Şimdi biliyorum ki birçok okuyucu içinden "Madem hafızanın sırlarını çözdüler, o halde neden bir ilaç geliştirip süper hafızalara sahip olmamız sağlanmıyor?" diye soruyor. Bunun cevabını yine Nobel Tıp Ödüllü Dr. Eric Kandel'den vereceğim: "İnanın, sonsuz güçte bir hafızayı istemezdiniz. Acı olayları yaşamı boyunca yaşandığı andaki gibi kim hatırlamak ister ki?"

MEZARLIKLAR YAŞAYAN HAFIZALARDIR

(Prof. Dr. İsmail Hakkı Aydın)

Kitabın hayal ile ilgili bölümünde yazdığım, ölüme direnen tırtılın evrimini sağlayan o ilk "hayalci hücre"nin, kendi bilgi ve titreşimini diğer nöronlara ileterek nasıl bir direnişi başlattığını ve bu süreçte bekleyen "sessiz sinapslar"ı hatırlayın. Bir bilgi gelir, o bilgi ile bir hayal kurulur ve o hayalin "bilgisi"ni (frekansını) diğer nöronlara iletiriz. Bu iletide ısrarcı olarak, tekrar tekrar ileterek dönüşüm başlar, çünkü her şey için önce "hayal" gerek. Bugün artık tüm çalışmalar, "hafıza"nın insan bedeninin ölümü ile de kaybolmadığını ispatlar nitelikte.

Çünkü hafıza sistemi, tüm kozmik bilginin enerji boyutunda, kuantum alanında kaydedildiği alanın okuyucusudur. Tam da bu nedenle, evrensel veri tabanı olan Levh-i Mahfuz ile aynı isimle anılır. Hayal adını verdiğimiz bilgi bile nöronlarımızda kayıt altına alınıyor ve epigenetik mekanizmalar yardımıyla gelecek nesillere aktarılıyor. Tüm bilinçlerin dev kuantum dolanıklılık içinde olduğu bu evrensel hafıza alanında en son ne zaman güzel bir hayal kurdun?

DÜNYA BEYİN AĞI

Hiç nöron ağının görseline baktınız mı?

Peki, çok farklı ölçeklerde olmalarına rağmen evrendeki galaksilerin yapısıyla olan benzerliğini fark ettiniz mi? Yeni bir çalışmada, evren ve içindeki galaksilerle "beyin ve sinir hücreleri" arasındaki inanılmaz benzerlikler incelendi. İnsan beynindeki nöronların toplam sayısı, gözlemlenebilir evrendeki galaksilerin sayısıyla hemen hemen aynı ve görünür evrenin ve nöronların yapısal sistemleri de neredeyse ayırt edilemeyecek kadar benziyor. Bu benzerlik yalnızca görsel anlamda değil, işleyiş anlamında da geçerli. Nöron ağlarıyla galaksiler arasındaki bağların oluşum biçimlerini inceleyen ve kayda alan araştırmacılar, kümelenme şeklinin bile aynı olduğunu tespit etti.

İnsan beynini ve galaksi kümelerini karşılaştırmak zor bir iştir. Sonucunda çok farklı yollarla elde edilen verilerle uğraşmak gereklidir. Bir yanda teleskoplar ve sayısal simülasyonlar vardır. Diğer yanda elektron mikroskobu ve fonksiyonel manyetik rezonans gibi ölçüm araçları bulu-

nur. Ancak yine de bir astrofizikçi ve sinirbilimci, evren ile beyindeki nöron ağları arasındaki benzerlikleri karşılaştırmak için bir araya geldi.

Sonuçta, ölçek açısından önemli farklılığa rağmen, iki karmaşık sistemin çarpıcı biçimde birbirine benzer olduğu anlaşıldı. Araştırmacılar, ikisini karşılaştırmak için kozmoloji, sinirbilim ve ağ analizi yöntemlerinin bir kombinasyonunu kullandılar ve ilginç bir sonuca ulaştılar:

> "İnsan beynindeki toplam nöron sayısı, gözlemlenebilir evrendeki galaksilerin sayısı ile aynı orandadır. Yapısal parametreler burada da beklenmedik derecede benzer çıktı. Galaksilerle sinir hücrelerini düzenleyen fiziksel güçler arasındaki gözle görülür farka rağmen, iki ağ arasındaki bağlantısallık aynı fiziksel ilkeleri izleyerek evriliyor. İnsan beyni yaklaşık 1,5 kilogram ağırlığında olup 100 milyar kadar nöron içerir. Tuhaf bir tesadüfle, evren de tahminen 100 milyar galaksi içerir. Ayrıca her iki sistemde de kütlelerinin sadece %30'u galaksilerden ve nöronlardan oluşur. Her iki sistemde de galaksiler ve nöronlar kendilerini uzun filamentler veya filamentler arasındaki düğümler halinde düzenler. Son olarak, her iki sistemde de kütle veya enerji dağılımının %70'i görünüşte pasif bir rol oynayan bileşenlerden oluşur. Tam olarak söylemek gerekirse, beynin %77 kadarı sudan oluşur. Ayrıca evrenin %72'si karanlık enerji içerir."

https://nautil.us/the-strange-similarity-of-neuron-and-galaxy-networks-236709

Görünür evrendeki kozmik ağın, beyninizdeki nöron ağıyla, kendi galaksilerinden ve yıldızlarından daha fazla ortak noktaya sahip olması oldukça etkileyici ve çok şaşırtıcı değil mi? Bu benzerliğin açıklaması aslında yüzyıllar öncesinden yapılmıştı. Evrenin her ölçeğinde mevcut olan bu benzer fraktal holografik yapılanma, her zerrenin bütünün tekrarı olduğunu ispat eder nitelikte. Çünkü her zerre, Küle (bütüne) aynadır ve bu yüzden arifler bu âleme "Büyük İnsan" (İnsan-ı Kebir) adını vermiştir.

> ...küçük insan, büyük alemin bir minyatürüdür...
> İnsanın varlığı, alemden daha da küçük olsa, o büyük âlemin bütün hakikatlerini kendisinde toplamaktadır.
>
> İbn-Arabi

28. BÖLÜM

HAFIZA, GEÇMİŞİ YARATAN PROGRAM

Yüzyılın en önemli deneylerinden biri olarak kabul edilen çift yarık deneyi ile birlikte modern fizik, gözlemlediğimiz evrenin maddesel değil, sanal (hayal) olduğunu ispatlamıştır. Gerçekliği hâlâ ısrarla zaman, mekân ve madde kavramlarıyla tanımlamak, aslında demode olmasına rağmen, bazı bilim insanları bu konuda oldukça bağnaz davranmaktadır. Ancak ne kadar direnirlerse direnSinler, kuantum mekaniğinden gelen yıkıcı bilgiler karşısında evrenin tanımı geri dönülemez bir şekilde değişmiştir. Gördüğümüz evren, fiziksel görünmesine rağmen, aslında kompleks kozmik sanal bir web'dir. Bu bilgi ağı içinde insan nöronları ile kuantum zerreleri (bilgi kübitleri) arasındaki sihirli ilişki, görünür olmasına rağmen, hâlâ genel bir kabul görmemiştir ve hatta bu durum neredeyse görmezden gelinmektedir. Morfogenetik alanlar kuramcısı Dr. Rupert Sheldrake, *"The Presence of the Past"* (Geçmişin Mevcudiyeti) adlı eserinde yaşamı örgütleyen ve hatta embriyo gelişimini dahi düzenleyen olguların, uzay/zamanın ötesindeki bilgi alanları olduğunu yazar.

Tüm bu bilgilere ilaveten, son yıllarda yapılan kuantum tünelleme ve süper iletkenlik çalışmalarında da ışıktan hızlı parçacıkların varlığı ile uzay/zamanın ötesi olan takyonlar alemine bir kapı aralanmıştır. Evrenin her bölümüyle bilgi iletişimine geçilebileceği fikri giderek yaygın bir görüş olarak kabul edilmektedir. Üstelik, insan bilincinin holografik yapısı ile evrenin holografik yapısı da şaşırtıcı bir şekilde benzer görünmektedir. Buraya kadar, eminim ki birçoğunuz için kabulü zor, sarsıcı birçok bilgi okudunuz; ancak sanırım en acayip ve kabul etmesi belki de en zor olan kısım şimdi başlıyor. Bilgi alanları ile birebir etkileşim içinde olan ve bu alanın okuyucu sistemi olan hafızamızın ne kadar da güvenilmez olduğunu öğrendiği-

nizde, gerçekliği hiç olmadığı kadar derinden sorgulayacaksınız. Bana sorarsanız, yine de her şeyi unutun ve öyle başlayın okumaya derim!

Zamanın hem ileri hem de geri hareket edebilme potansiyeli, Albert Einstein'ın da içinde olduğu bir grup bilim insanını oldukça cesur bir sonuca götürmüştür. Onlara göre, zaman, hissettiğimiz haliyle var olan bir boyut değildir; sadece insan hafızasının olayları düzenlemek için kullandığı bir program ve beynin bu manada kendi algısıdır. Bizler, uzay ve zamanın birbirine bağlı olduğu blok bir evrende yaşıyoruz ve bu senaryoda geçmiş, şimdi ve gelecek zaten aynı anda var ve tüm olaylar, dört boyutlu uzay zamanın içinde kendi koordinatlarına sahiptir. O halde hafızamız, bu görüntüleri (Planck birimi kadar anlar) bir sıralama içinde düzenleyerek bize geçmiş algısını bizzat yaratıyor. Hafızanın bu işleyişi, bizi bu hayatı şu an yaşamakta olduğumuz duygusuna bağlıyor. Hafızanın bu işletim sistemi olmasa, uzay zamanda zaten var olan her an'a ait görüntüyü tek bir an içinde görürdük!

Duyu organlarımızın dış dünyadan toplayıp ilettiği sinyalleri alan beyin, bunları yorumlayarak hakikatle birebir örtüşmeyen bir gerçeklik yaratıyor ve biz de bunları anı olarak kabul ediyoruz. Bu gerçekliği oluştururken beynin ve hafızanın kullandığı bir program var: zaman ve mekân. İşte bu yazılım ile beyin, frekans temelli olan bilgiyi görselleştiriyor. Mekân algısı, sinyalleri yerelleştirmeye yardımcı olurken, zaman algısı da hafıza sisteminin tüm anlarını belirli bir sıralama içinde düzenlemek için kullanılan bir programdır. Geçmişin ve geleceğin, kendilerine ait koordinatları ile var olduğu bu evrende, tüm an'lar tıpkı şu anın gerçek olduğu kadar gerçektir. Çünkü evren, tek tek tüm anlara ait görüntüleri içinde toplayan bir fotoğraf albümü gibidir ve deneyimlediğimiz bu evrende zamanın akışının olmaması, her şeyin zaten ezelden yaşanmış olduğunun delilidir. Burada yaşıyorum sanrısı, algılarımıza dayalı bir illüzyondan ibarettir.

Hikayemiz, ervah-ı ezelde yaşandı... Ezelde, yani geçmişte, cisimler ve suretler âlemi yaratılmadan önce... Ve bizler, gölgeler âleminde tezekkür etmeye çağrılıyoruz...

Kıyame Suresi'nin 14. ayetinde tasvir edilen sahne gibi bir an canlanıyor gözümün önünde. İlahi kayıt merkezinden, kendi hayatlarını sesli ve görüntülü olarak izleyenlerin hâli... Belki de sadece tezekkür ediyorum...

Tezekkür, bilincimizin nedenler üzerinde yoğunlaşmasıdır; geçmişe yöneliktir ve hatırlama odaklı derin düşüncedir. Kur'an'da defalarca ve defalarca tezekkür emri ile Allah, unutan insanın hatırlamasını ister. Fıtratında kodlanmış olan tüm kozmik bilginin kalple hatırlanması ve dille zikir edilmesi ile öğüt almaya yöneliktir. Kur'an, silkinip toparlanmamız, tövbe etmemiz için bizlere defalarca "tezekkür et" diye sesleniyor! Ve Allah, bizi iki yolla tezekküre (hatırlamaya) davet ediyor. Seyrimize sunduğu âlemdeki işaretleri izleyerek hatırlamamız ve Kur'an ayetleri üzerinde tefekkür ederek hatırlamamız isteniyor. Belki de tam bu nedenle ilk emir:

Oku...

"Onlar orada, "Rabbimiz! Bizi çıkar, (önce) yaptığımızın yerine salih bir amelde bulunalım!" diye feryat ederler. Hatırlayıp kendine gelecek kimsenin hatırlayıp kendine gelebileceği kadar bir ömür vermedik mi size? Size uyarıcı da gelmedi mi? (O halde niçin inanmadınız?) Şimdi tadın (bakalım azabı)!

Zalimlerin yardımcısı yoktur."

(Kadri Çelik meali Fatır suresi 37 ayet)

Bilimin ilerlemesinde, insanlığın en önemli keşiflerinden biri, mikro âlemi görmemizi sağlayan mikroskoptur. Mikroskop kadar önemli bir diğer keşif ise makro âlemi, yani kozmosu görmemizi sağlayan teleskoptur. Teleskop kelime anlamı olarak "uzak gören" demektir. Tarihte bilinen ilk teleskop, 1609 yılında bir gözlük üreticisi olan Hans Lippershey tarafından icat edilmiş ve aynı yıl Galileo Galilei tarafından kullanılmıştır. Uzaydan yayılan her türlü elektromanyetik iletiyi toplamak, kozmos hakkında bilgi edinmemiz açısından büyük önem taşır.

Kozmosu keşfetme yolculuğunda bir diğer önemli tarih ise Nisan 1990'dır. Bu tarihte Hubble Uzay Teleskobu fırlatılmış ve gözle göremeyeceğimiz uzaklıklardaki veriler incelenmiştir. Hubble'dan gelen en önemli bilgi, evrenin sürekli artan bir hızla (ışık hızından daha fazla) genişlemekte olduğudur. Ardından, 25 Aralık 2021'de kızılötesi ışınları da görebilen daha ileri bir teknoloji ürünü olan James Webb fırlatıldı ve hâlâ görevine devam etmektedir. James Webb, bizim görebildiğimiz ışığı algılayan Hubble'ın aksine, gözle görülemeyen elektromanyetik spektrumda yer alan kızılötesi dalga frekanslarındaki ışıkları yakalayabiliyor. Yani Webb teleskobunun "gözü", Hubble'ın görmediklerini görebiliyor.

Peki, bu ne anlama geliyor?

> "James Webb Uzay Teleskobu, ilk yıldızların ve galaksilerin oluşmaya başladığı Büyük Patlama'dan yaklaşık çeyrek milyar yıl sonra (yaklaşık 100 milyon yıl öncesine kadar) evrenin neye benzediğini görebiliyor. Bu da James Webb'in yaklaşık 13,7 milyar yıl öncesine kadar uzağı görebildiği anlamına geliyor."
>
> https: //www. galaksigezgini. com/james-webb-uzay-teleskobu

Modern fiziğin kabul edilen son evren tanımında ne demiştik? Uzay ve zaman bir bütün ve birlikte hareket ediyor. Yani, uzayda ne kadar mesafe olarak uzaklaşırsanız, aslında zamansal olarak da o kadar geriye gidersiniz. İşte James Webb, evrenden çok uzaklardan yolladığı görüntülerle aslında evrenin geçmişini gösteriyor.

Evren dokusunda uzay ve zaman birlikte olduğu için, geçmişe, geleceğe ve şimdiki ana ait tüm görüntüler zaten halihazırda mevcut. O halde, geçmiş gözlemlenebilir! Teknolojide yeterince ilerlediğimizde, geçmişe ve geleceğe ait tüm görüntülere ulaşabileceğiz; çünkü tüm "an"lar uzay-zamansal koordinatları ile zaten mevcut. Tıpkı hafızamızdaki anılar adını verdiğimiz kayıtlara ait görüntüleri gözlemleyebildiğimiz gibi...

29. BÖLÜM

HAFIZAMIZ SAHTE OLABİLİR Mİ?

Yıllar önce yaşadığınız her anın gerçekliğinden ne kadar emin olabilirsiniz?

Ya da şöyle sorayım: Anılarınızın ayrıntılarının beyniniz tarafından yaratılmış olabileceği ihtimalini hiç düşündünüz mü? Tüm bunlar kulağa çok saçma gelse de, "sahte anı sendromu" denilen bu durum hafızamızın bizi yanıltması sonucu ortaya çıkabilmektedir. Londra Üniversitesi'nde konu ile ilgili çalışmalar yapan psikolog Chris French, sahte anılarla ilgili şunları bildiriyor:

> "Sadece tanık olduğumuz anıları çarpıtmakla kalmıyoruz. Bununla beraber, hiçbir zaman yaşanmamış olaylara dair anılar bile üretebiliyoruz! Bu anılar, özellikle de işlevi tartışmalı olan psikoterapi deneyleri sırasında kasıtlı olarak üretilebilmektedir."

İnsan beyni, yeniden kurgulama eğilimindedir ve sahte anılar gerçekçi hatıralara dönüşebilir. Beynin anıları deforme etmesi sonucu ortaya çıkan sahte anı sendromu, yaratıcı kişilerde daha sık görülebilir. Yaratıcı beyinler, anıları ve içlerindeki detayları şekillendirmede ustadır. Çünkü insan beyni detaylara odaklanır ve bu nedenle yaratıcı kişiler, sahte anı sendromu yaşamaya daha eğilimli olurlar.

Evrenin holografik olarak yapılanması teorisine göre anılarımız zaten üç boyutlu görüntülerdir ve kolektif bilinçdışına aittir. Holografik hafıza teorisine göre, şimdiki anda algıladıklarımız, holografik hafızanın bir parçasının kısmen yanlış eşleşmesinin bir sonucu olarak déjà vu benzeri olaylar yaşatır. Déjà vu üzerine yapılan yeni araştırma-

lar, bu olgunun hafızanın oluşumu sürecinde beyin içinde bir tür "hıçkırık" gibi yorumlanabileceğini iddia ediyor. Yani beyin, bir bilgiyi kısa süreli bellekten uzun süreli belleğe taşırken, geçmiş bir deneyimi tekrar ederken eskitmiş gibi geri alır ve bu durum bir fenomen olarak açıklanır. Carl Gustav Jung'a göre de bireysel sandığımız hafızamız aslında tüm insanlığın ortak anılarının toplandığı bir bilgi alanı olan kolektif bilinçdışına aittir.

Hiç yaşanmamış olaylar "sahte anı" olarak adlandırılırken, bu etki kitlesel çapta yaşandığında "Mandela etkisi" adını alır. Birden fazla insanın aynı sahte anıyı hatırlaması, o bilginin gerçekliğini kanıtlamaz. Bir bilginin kitleler halinde yanlış hatırlanmasına psikolojide Mandela etkisi denir. Bu kavrama, bu ismin verilmesinin sebebi, Mandela'nın ölümüyle ilgili yaygın bir yanlış anıya dayanmaktadır. 2013 yılında ölmesine rağmen pek çok kişi, Mandela'nın çok daha önce hapisteyken öldüğünü zanneder. Oysa Nelson Mandela 1990'da hapisten çıkmış, devlet başkanı olarak uzun yıllar saygın bir şekilde yaşamını sürdürmüştür ve oldukça ileri bir yaşta vefat etmiştir. Pek çok insanın hâlâ Mandela'nın hapiste öldüğünü sanması, insanların geçmişteki pek çok şeyi farklı hatırladıklarını gösteriyor ve bu durum kitlesel dahi olabilir.

Bir örnek daha vermek gerekirse, ünlü "Kazablanka" filmiyle özdeşleşen ve hatta filmin önüne geçen bir repliği anlatmak istiyorum:

"Play it again, Sam."

Kitleler halinde bu şekilde hatırlanan bu replik, gerçekte filmde bu şekilde yer almamaktadır. Benzer bir örnek de, pek çok insanın 1989'da Çin'de Tiananmen Meydanı'nda çekilen ünlü bir fotoğraf karesinde tankların ezdiği bir adamı hatırlamasıdır. Oysa tarihte böyle bir olay yaşanmamıştır. Peki, nasıl oluyor da kitlesel halde bir sahte anı oluşturulup toplumsal hafızaya yerleştirilebiliyor?

İNSANLIĞIN HAFIZASI DEĞİŞTİRİLİYOR

Frekanslar bölümünde detaylarıyla anlattığım gibi, kitlesel olarak bilinçleri devre dışı bırakıp zihinleri etkileme yolları çoktan bulundu ve kullanılmaktadır. Anıların kaydedildiği hafıza, tekrar edilen ve bu şekilde kayıt altına alınan bilgiden ibarettir. Bunu gayet iyi bilen küreselci kötücüller, film endüstrisi ile insan gözünün fark edeme-

diği "25. kareyi" kullanarak insanlığın ortak kolektif hafızasına (morfik alan) ciddi manada sahte anılar yerleştirmektedirler. Burada muhakkak ki yıkıcı bir niyet vardır. Dünyanın tekelleşmiş sinema sektörünü elinde tutan bu kötücül yapı, aynı şekilde müzik endüstrisini de ele geçirmiştir. Ses frekanslarının kötüye kullanılabilecek etkilerini kullanarak zihinlerimizi gerek TV gerekse zararlı frekans yükledikleri müziklerle adeta zehirliyorlar. Elektromanyetik dalgalar yayan tüm teknolojik cihazlar üzerinden biz uyurken bile zihinlerimize müdahale ediliyor. Bu nedenle tekrar uyarmak zorunda hissediyorum ki uyku modunda iken hipnoz aralığı kabul edilen dalga boyuna geçen beyin dalgaları, her türlü manipülasyona açıktır ve bu nedenle gece mutlaka Wi-Fi'leri kapatın!

Ne yazık ki küresel ve tekelleşmiş medyanın güçlenmesiyle hem işitsel hem de görsel tekniklerle İNSANLIĞIN HAFIZASI (bilgi kayıtları) zehirleniyor ve değiştiriliyor. Okuduğumuz metinlerden izlediğimiz filmlere kadar her şey "gerçeklik" algımızı birkaç tekrardan sonra manipüle ediyor. Çevremizin dahi defalarca tekrar ettiği ve empoze ettiği herhangi bir bilgi, bir süre sonra bizde sahte bir anıya dönüşebiliyor. Zihnimizi hedef alan bu saldırılarla İNSANLIĞIN HAFIZASINA müdahale edenler, kurguladıkları başka bir insanlık için bizleri kimliksizleştirme yolunda hızla ilerliyor. Bizi biz yapan anılarımızı bile medya aracılığı ile yeniden yapılandırıyorlar. Çünkü şeytanın bir iddiası vardı ve o iddiadan vazgeçmiş değil, sadece kullandığı araçlar değişti. Tekrar ediyorum: Beynin hipnoz dalga boyunda olduğu gece saatleri, manipülasyona en açık olduğumuz, adeta korunmasız olduğumuz vakitlerdir.

"Salih ameller işlemekte acele edin! Zira yakın bir gelecekte zifiri karanlık geceler gibi birtakım fitneler zuhur edecektir. O zaman da insan, mümin olarak sabahlar da akşama kâfir olarak çıkar. Aynı şekilde mümin olarak geceler ama sabaha kâfir olarak çıkar. Dinini basit bir dünyalığa satar."
[Müslim, İman 186]

MEDYANIN GÜCÜ

Geldiğimiz noktada, kitle iletişim araçlarının ne kadar yaygınlaştığını ve kimlerin elinde olduğunu göz önüne alırsak, bilginin gelmiş geçmiş en önemli silah olduğunu kavrarız. Bilgi yoluyla zihin kontrolü, bizleri bireysel olarak ilgilendirdiğinden çok daha büyük bir öneme sahiptir. Temel konusu LSD, halüsinojenler ve kimyasal ajanlarla beyin kontrolü olan MK-ULTRA projesini başlatan Allen Dulles'ın (Eski ABD İstihbarat Teşkilatı Direktörü) 1953 yılında yaptığı konuşma bu anlamda çok önemlidir:

"Hedef, insan zihnindeki savaşı kazanmaktır. Bu savaşın ilk cephesi propaganda, depolitizasyon ve sansür ile kitlesel sindirmeyi sağlamaktır. İkinci cephe ise bireyin beyninde kazanılacaktır. Hedef, beyin yıkamak, ideoloji değiştirmek ve birçok 'Mançurya Kobayı' yaratabilmektir."

Bu karanlık odakların belleğimize hangi sahte bilgilerle hangi sahte anıları ektiklerini asla öğrenemeyeceğiz.

Bugün artık küresel şirketler, insanların rüyalarına reklam yerleştirmekten söz ediyor. Kim bilir, belki de çoktan başladı?

EY UNUTAN, HATIRLA!

İnsanlık, medeniyetini on binlerce yıllık hafıza kayıtlarının bilgileri üzerine inşa etti. Binlerce yıl bu kadim hafızanın bilgileri taşlara kazılarak bizlere miras olarak bırakıldı. Kadim bilginin taşıyıcıları bazen bu bilgileri bize mitolojiler, masallar ve destanlar şeklinde ulaştırdı. MORFİK ALAN HAFIZASINDA kayıt edilen bilgiler, yerkürede hiçbir fiziksel teması olmayan farklı insan toplulukları tarafından da bilindi. İnsanlığın ortak kadim hikâyesi, öğüt vermek maksadıyla dilden dile on binlerce yıldır anlatılıyor. Bizi biz yapan işte bu hafızaya saldırı var; çünkü insan ancak hatırlayarak tekâmülünü yükseltecek ve cennetine geri uyanacak. Amaç, bu tekâmülü yavaşlatmak, belki de durdurmak. Hak ve hakikat bilgileri unutturulmuş bir insanlık, gerçek hikâyesinden, amacından ve hedefinden uzaklaştırılarak şeytanın iddiasına hizmet etmektedir. Tam da bu nedenle hedef, zihin ve insanlığın ortak hafızasıdır.

Kur'an nasıl ki bizi ısrarla hatırlamaya davet ediyorsa, şeytan ve kurduğu dünyevî sistem de unutturmak için tüm araçlarıyla üstümüze geliyor. Şeytanın son oyun sahası, bilgiyi bir silah olarak kullandığı sosyal medyadır. Yapay zekâ, şeytanî bu ordunun ana kumanda odası olacak. Yeryüzünde insanı ezelde Allah'a verdiği sözden döndürmek için gelen son vaat, yapay zekânın kuracağı Metaverse cenneti olacak. Yalan dünyanın sahte cenneti...

Cennetten bu yana Âdemoğullarını tanrılaşacaksın yalanıyla avlayan bu ordu ve işbirlikçileri, zamanın ve şartların değişimine bağlı olarak tezgahını artık internet üzerine kurmuştur.

> "Atlantis'ten bugüne kadar insanoğlunu büyüleyen yükselme ve tanrılaşma söylemleri, bin yıllardır içimize akan bir zehir olmuştur adeta. Nietzsche'nin ve simyacıların attığı da aynı zehir... Ölümsüzlük zehri. Simyacılık, yeni çağ, hümanizm, transhümanizm gibi fikirleri insanı kandırmak için kullanan şeytan, Adem'e de benzer sözler etmemiş miydi?" Kenz-ul Hayat/Işık Kızıltuğ, Sayfa 282

Tıpkı Firavun'un, insanları önce aptallaştırdığı sonra biat ettirdiği gibi, yeni çağın firavunları frekanslar ve sosyal medya üzerinden bu savaşı devam ettiriyor. Amaç çok açık değil mi? Endüstriyel gıda ve ilaç sektörü ile insan beyninin en mahrem yerindeki epifiz bezi işlevsiz bırakıldı. Frekanslar aracılığıyla bilinçdışı algılar, rüyalar, hayaller ve ideolojiler ekiliyor zihnimize. Yeni bir insanlık için önce insanı geçmişinden, geçmiş hafızasından koparmak gerekiyordu. Bu, hak ve hakikat bilgilerini unutturmanın ilk adımıydı...

Kur'an'da sık sık insana "tezekkür et!" diye seslenen ayetler, içimizde DNA'da kayıtlı olup da hatırlamadığımız hangi bilgiyi hatırlamamızı istiyor olabilir? Ezelde hayatımızda bildiğimiz ama unuttuğumuz... Çünkü Adem'e "varlığın" tüm kozmik bilgisi zaten öğretilmişti. O sırların, o bilginin taşıyıcılarıyız. Sadece tezekkür et! (Hatırla!)

Ayetlerdeki "hatırlama" vurgusu, sizi de okurken sarsmıyor mu? Eğer burada gerçek bir hayatı deneyimliyor olsaydık, zamanın geçmişten ileri akması gerekirdi. Ve ileri akan bu zamanda, bizler sorumluluğunu taşıdığımız seçimlerimizi yine zaman içinde yapmalıydık. Ancak gözlemcisi olduğumuz bu âlemde, geçmişten geleceğe bir akış yok! Özgür irade görünürde var gibi olsa da gerçekte o da bir illüzyon ve bu planda seçim yok. Her şey ezelden seçilmiş, yaşanmış ve bitmiş gibi... Gerçek bu ise, insan bu dünyadan yalnızca gelip geçiyor ve başka bir âleme ait. Bizler o âlemi ve verdiğimiz sözü hatırlamaya çağrılıyoruz. Gölge, varlığın aslının yansıması olduğuna göre, gerçek olan bu âlemde olamaz.

Burası bir rüya. Sadece uyuyanlar burayı gerçek kabul eder. Sonrasında tıpkı şafağın doğuşu gibi ölüm gelir ve daha önce tasa olarak gördüğün her şeye gülerek uyanırsın.

Mevlânâ

30. BÖLÜM

LEVH-İ MAHFUZDAN YANSIYAN GÖLGE

Tüm bilimsel parametreler, şahit olduğumuz gerçekliğin maddesel olmayıp kuantum ölçeklerinde (Planck) pikselLenmiş anlara ait görüntüler olduğunu gösteriyorsa, bu yansımanın (gölgenin) gerçekleştiği bir kaynağı da olmalı. Daha da önemlisi, bu gölge varlığın, aslolan bir hakikati de olmalı. Belki de en kritik soru şu: Levh-i Mahfuz'un yassı ve düz olmasını bu kadar önemli kılan nedir?

Kenz-ul Alem'de tüm delilleriyle çok geniş bir şekilde kaleme aldığım evrenin holografik yapılanmasını kısa da olsa anlatmanın vakti gelmiştir. Hani tekrar tekrar, Levh-i Mahfuz'un iki boyutlu (kâğıt, kitap gibi) olmasının ne denli müthiş bir ayrıntı olduğunu yazıyorum ya, işte büyük gizem tam burada, Levh-i Mahfuz'un bu yapısında sırlı ve onu idrak etmemizi bekliyor.

O halde başlıyoruz, ama öncesinde sizden ricam, yine tüm bildiklerinizi unutmanız!

Holografik ilke kuramı, evrenin temel yapısını anlayabilmek için geliştirilen çok önemli bir bilimsel kuramdır. Adını, üç boyutlu bir görüntüyü iki boyutlu bir yüzeye kodlayabilen hologramlardan alıyor. Bu kuramı anlatırken teknoloji üzerinden kullandığımız kelimeler sizi yanıltmasın.

Evren, bir projeksiyon makinesinden yansıtılan bir simülasyon değildir. Holografik ilkenin bununla yakından uzaktan bir ilgisi yoktur. Burada bizim idrak etmemiz gereken ayrıntı, aslında gördüğümüz gerçekliğin iki boyutlu bir yüzeyde kodlanmış olduğu (Levh-i Mahfuz) ve buna rağmen, bedensel algılarımızla birleşen zaman boyutu sebebiyle bunu üç boyutlu ve hareketli olarak algılıyor olmamızdır.

Holografik evren kuramı; görünen evrene ait tüm bilginin iki boyutlu bir sınır yüzeyde yazılı olduğunu anlatırken, anlaşılması zor kuantum dalga mekaniği ile örtüşen, ışık hızı bariyerini açıklayabilen, kara deliklerin sınır yüzeyi olan olay ufkuna anlam katan, imkânsız gibi görünen kuantum dolanıklılığını anlatabilen tek evren kuramıdır.

Bu teori, evrenin temel yapısının DÜŞÜK BOYUTLARDAKİ BİLGİ İLE KODLANMIŞ OLDUĞUNU VE BİLGİNİN DAHA YÜKSEK BOYUTLARA HOLOGRAFİK OLARAK YANSITMASINI ÖNE SÜRER!

> "Yani bir hologram, gerçekte orada olmayan ama oradaymış gibi görünen sanal, hayali bir gölgedir. Çok tanıdık değil mi? Aynaya baktığımızda kendimizi gördüğümüzü sandığımız kadar yanıltıcı bir görüntüden bahsediyorum. Şifrelenmiş olarak bir çiçeğin görüntüsünü içeren fotoğraf filminden bir lazer demeti seçerseniz, çiçeğin üç boyutlu görseli

diğer yanında belirir. Nasıl olur demeyin, oluyor işte! Dahası, o çiçek görüntüsünü veren hologram filminden minik bir parça kesip lazer ışığı geçirirseniz, yine o çiçeğin üç boyutlu tam görüntüsünü elde edersiniz. Bu bölme işlemini istediğiniz kadar tekrar edin; daha küçük, daha küçük parçalara bölün, sonuç asla değişmez. Her parçada o çiçek yine tam olarak görünür. Yani her hologram parçası, bütüne ait tüm bilgiyi içerir. Adeta sihir! Hologram, ışık dalgalarının birbirleri içinde yayılması ve bir aynada yansımasıyla gerçekleşir."

Kenzül Alem/Işık Kızıltuğ Syf. 83.

Hologramlar, üç boyutlu ve gerçek bir varlığın iki boyutlu bir yüzeye kodlanarak yansıtılmasından ibarettir. Bu gölge varlıktaki her nokta, orijinal asıl varlığın tüm bilgisini içerir ve yansıtılan orijinal nesnenin üç boyutlu en, boy, yükseklik (derinlik) ile tamamen aynısı bir gerçeklik oluşturulur. Yüksek boyutlu bir hologram, çok yönlü ve tamamen gerçeği ile birebir bir gölgedir. İlerleyen hologram teknolojisinde dokunma hissi dahi gerçekleştirilebilmektedir. Hologramda en önemli detay, üç boyutlu algılanan gerçekliğin iki boyutlu bir yüzeyde kodlanmış olduğudur. Sanırım bu size oldukça tanıdık gelmeye başladı. Üstelik bir hologramın parçaları, bütünün tüm bilgisine sahiptir; tıpkı âlemde her zerrenin bütünün bilgisine sahip olması gibi.

ZERRE KÜLE AYNADIR.

Evrenimiz bize üç boyutlu görünse de, kuantum fiziği üzerine yapılan ilerleyen çalışmalar, hacimsel bir gerçekliğin olmadığını, yani üç boyutlu olamayacağını çoktan kanıtladı. Üç boyutlu algıladığımız, gördüğümüz bu âlemin, iki boyutlu Levh-i Mahfuz'dan ve oradaki bilgilerin açılmasıyla tezahür ettiğini kavramak bu kadar mı imkânsız görünüyor sizlere? Emin olun, tek engel koşullandırılmış zihinleriniz...

Bilimin zirvesi kabul edilen kuantum mekaniği, bize dış dünya gerçekliğinin metafiziksel bir gölge olduğunu zaten bildiriyor. O halde her şey, hakikat âleminin hayali bir yansıması, gölgesi. Varlığı bilinmez bir yerde sabit olan âlemin aksidir gördüklerimiz. Bizler, yeryüzünde inşa ettiğimiz tüm teknolojilerle aslında ilahi sisteme ait işleyiş sırlarını çözüyoruz. Günümüz hologram teknolojisi de tıpkı diğer tüm keşifler gibi, ilahi sistemin işleyişinden bir cüzdür ve bir taklididir; çünkü en kadim bilgiler bize

"yukarıda ne varsa aşağıda da o olabilir" derken gerçekte çok büyük evrensel bir sırrı bildiriyorlardı. Evrenin yapısı holografiktir; bunu insan eliyle inşa edilmiş hologram sistemlerle kıyas etmeyin, yoksa yanılgıya düşersiniz.

Levh-i Mahfuz'dan yansıtılan bir izdüşümsel âlemden bahsediyorum ve bunu tam olarak kavramamız henüz mümkün değil. Ancak Kur'an kesin ve net olarak bildiriyor ki tüm âleme ait bilgi, Levh-i Mahfuz adını verdiği levhalarda yazılıdır. Yazılı diyorsa yazılıdır.

"Nur, sebebi yaratandır. Ne kadar sebep varsa, hepsi de onun gölgesidir."

Divanı Kebir /Mevlâna C1/10/7

31. BÖLÜM

MUTLAK KADERDE İRADE NE KADAR ÖZGÜR?

Ve işte geldik en çok merak edilen ve bilinmek istenen bölüme: Kader ve kaderde insanın özgür iradesi nedir? Öncelikle belirtmek isterim ki burada söz edilen özgür irade, bu maddesel plan içinde görülen iradedir; çünkü bizler ezel âlemde zaten seçimlerimizi yaptık ve özgür irademizi elbette kullandık. Tüm kargaşa, burayı gerçek âlem ve gerçek yaşam zannetmekten kaynaklanıyor. Oysa Ankebut Suresi'nin 64. ayetinde açıkça beyan edildiği gibi, gerçek hayat burası değil. Ayette geçen "gerçek değil" vurgusunu "fani dünya" olarak yorumlayıp yüzeysel geçiyoruz; oysa ki "gerçek değil" vurgusu, hayat ile birlikte bu âlemin de gerçek olmadığını anlatıyor. Ayetin devamında da dediği gibi: "Ah, keşke bilselerdi!"

Kader, Ragıp el-İsfahani'nin Müfredat adlı sözlüğünde "Bir şey için belirlenen zaman ve mekân" olarak tanımlanmış. Bu tanımı, kaynak olarak kullandığım El-Müfredat adlı Kur'an terimleri sözlüğünde okuduğumda büyük bir heyecan duymuştum; çünkü bu tanım, fizikteki Planck birimine ait bilgi ile birebir aynıydı: Her an için yaratılmış "zaman ve mekân" gerçekliği.

Sadece bu tanımın varlığı bile, Planck sabitini bilmeyenleri "burada görüntülerden mi bahsediliyor?" diye düşündürmeli, çünkü bu tarif içinde zamanın akışının olmadığı gizliden gizliye vurgulanmaktadır. Bir diğer önemli detay da, bir şey için takdir edilen zamanın, o anın mekânı ile birlikte yaratılmış olması gerçeğidir ki bu, Newton yasalarının aksine, mekândan bağımsız bir zamanın da olmadığını bildiriyor.

Zamanın ve mekânın ayrıştırılamaz olduğu bir gerçeklikte, aslında gördüklerimiz sadece o ana ait resimlerdir. O halde kader, her anın kendi zamansal ve mekânsal koordinatları ile yazılı olduğu bir program, kozmik bir yazılımdır.

BİR KADERSEL AN'DAN BAŞKA BİR KADERSAL AN'A GEÇMEK MÜMKÜN MÜ?

İbn Abbas (r.a.) anlatıyor:

"Ömer b. Hattab (r.a.), Şam'a gitmek üzere yola çıkmıştı. Serğ denilen yere vardığında, Hz. Ömer'i ordu komutanları (Ebû Ubeyde b. Cerrah ve arkadaşları) karşıladılar ve ona Şam'da salgın hastalığın baş gösterdiğini haber verdiler. Hz. Ömer bana, 'İlk Muhacirleri çağır,' dedi. Onları çağırdım. Hz. Ömer, Şam'da salgın hastalığın baş gösterdiğini bildirerek onlarla istişare etti. Onlar ihtilaf ettiler. Bazıları, 'Sen bir iş için yola çıktın; geri dönmen için bir sebep görmüyoruz,' dediler. Diğerleri ise, 'İnsanların kalan kısmı ile Resulullah'ın ashabı seninle beraber; onları tehlikeye atmanı uygun görmüyoruz,' dediler. Hz. Ömer onlara, 'Siz gidin,' dedikten sonra bana da, 'Ensârı çağır,' dedi. Ensârı çağırdım. Hz. Ömer onlarla da istişare etti. Onlar da Muhacirlerin yolunu tutup ihtilaf ettiler. Hz. Ömer onlara da, 'Siz gidin,' dedikten sonra bana dönüp şöyle dedi: 'Bana, Mekke'nin fethinden önce hicret eden Kureyş'in yaşlılarından burada bulunanları çağır.' Ben de onları çağırdım. Onlardan iki kişi bile bu konuda ihtilaf etmedi. Hepsi birden, 'Biz senin insanlarla beraber geri dönmeni ve onları veba

salgınına atmamanı uygun görüyoruz,' dediler. Hz. Ömer bunun üzerine halka seslenerek, 'Sabahleyin ben bineğimin sırtında olacağım; siz de bineklerinize atlayın,' dedi.

Ebû Ubeyde b. Cerrah (r.a.), 'Sen Allah'ın kaderinden mi kaçıyorsun?' dedi. Hz. Ömer, 'Keşke bunu senden başkası söylemiş olsaydı, Ebû Ubeyde,' dedi. Onun bu muhalefetinden Hz. Ömer hoşlanmamıştı. 'Evet,' dedi. 'Allah'ın kaderinden Allah'ın kaderine kaçıyoruz. Söylesene, senin develerin olsa da iki taraflı bir vadiye inseler, bu vadinin iki tarafından biri verimli, diğeri de çorak olsa, sen develerini verimli yerde de otlatsan, çorak yerde de otlatsan yine Allah'ın kaderiyle otlatmış olmaz mısın?'"

Buharî, Tıb: 30; Müslim, Selâm: 98.

KADERİMİZİ BİZ Mİ BELİRLİYORUZ?

İnternetin ilk çıktığı yıllarda, webde bazı seçenekler olurdu. Örneğin, renk seçimi. Sitenin rengini değiştirmek için bir yere tıklardınız; yani size sunulan seçeneklerden birini seçerek sitenin rengini değiştirirdiniz. Artık her şey çok ilerledi ve internet tarayıcısından istediğinizi "seçerek" tarayıcıyı kendinize göre özelleştirebiliyorsunuz. Burada seçiminiz önemli. Ancak siz seçiminizi yaparken program içinde var olan yüzlerce seçenekten birini seçiyorsunuz. Yani o seçenekler zaten "mevcut!"

Kader de adeta bir yazılım ve ilahi bir programdır. Hayal edebileceğiniz tüm "olasılıkların," siz onları hayal etmeden önce "Levh-i Mahfuz"da yazılmış olmasıdır. Ve tüm olasılıklar kendi "zaman ve mekânı" ile sınırlandırılmış olarak yazılıdır. Neden mi? Çünkü "zaman ve mekân," o olasılığı gözlemleyen bilinç için o an gerçekliğe dönüşmekte ve maddesel evrende tezahürü gerçekleşmektedir.

Kitabın ilk konularında, özellikle "Kuantum Dolanıklık İlkesi'nde" anlattığım maddesel evrenin yoktan bir anda, sıfır hacimli bir noktadan yaratılması konusunu izah ederken belirttiğim o tek nokta, tek cevher, bu maddesel görünen sanal evrenin tüm kadersel yazılımını içeriyordu. Yaratıldığı o ilk andan sona ereceği ana kadar evrenin tüm varlık bilgisi işte o cevherde, yani o tek zerrede yazılı; evrenin aynı zamanda tüm kaderi de yazılı...

"Nun, andolsun kaleme ve yazdıklarına".
Kalem suresi 1 ayet

"Yeryüzünde vuku bulan ve sizin başınıza gelen herhangi bir musibet yoktur ki, biz onu yaratmadan önce, bir kitapta yazılmış olmasın. Şüphesiz bu, Allah'a göre kolaydır." Hadid suresi 22 ayet.

ZERRE KÜLLÜN AYNASIDIR

Tüm kâinat holografik olarak yapılanmıştır; yani her zerre, bütüne ait tüm bilgiye (kader bilgisine) sahiptir. İnsan, bu kâinatın halifesi olarak, her şeyi kapsayan o cevheri içinde taşır ve onun tüm ilahi kozmik bilgisine de sahiptir. Bu bilgi ile kâinatın zuhurunun devamına da vesile olur.

İnsan, küçük bir kâinattır. Sadece ölçek farkı vardır! Âdem'i meleklerden üstün kılan, ona verilmiş olan âlemin küllî bilgisidir; çünkü Allah, ezeli ve ebedi olan ilmi (bilgiyi) insanda tecelli ettirmiştir! Her insan, cevherinde (DNA) potansiyel olarak tüm varoluşun bilgisine sahiptir; ancak tekâmül yasaları gereği, geçmişi unutmak ve geleceği bilmemek üzere tasarlanmış bir zaman algısı içinde hapsedilmiştir.

Albert Einstein'a ait bilim tarihinin en önemli enerji denklemine göre, zaten madde ve enerji (ışık) aynı şeyin özündeki farklı tezahürlerdir. Makro âlemden gözlemlediğimizde madde gibi görünen, mikro âlemden gözlemlendiğinde görünmez olur ve varlık, hayali, metafiziksel formda titreşen fotonlar olarak ortaya çıkar; çünkü âlemin aslı hayaldir...

Bu hayalin tezahürü ise ancak bir bilincin gözlemiyle gerçekleşir ki o bilinç, insandır... Varlığın tezahürüne vesile olan insandır. Bu yüzden insan, meleklerden üstün kılınmıştır. İnsan, bilinciyle evrenin şekillendirilmesine ortak olabilecek bir kapasiteyle yaratılmıştır. İnsanın halife olması budur. O halde Mevlânâ'nın dediği gibi;

> "Dünyada olabilecek her bir olay için, misal âleminde (olasılıklar ummanı) sayısız ihtimal uyur. Güzel sözlerle güzel ihtimalleri uyandır."

İnsanın kadere müdahalesi de buradadır! Evrende düşünü kurabildiğimiz her şey, zaten olasılık potansiyeli ile mevcuttur. Sadece hayal mertebesindedir ve düşlenmek için insana bırakılmıştır. İnsan, bu mevcut olasılıkları hayal ederek suretler âlemine taşır ve maddesel tezahüre dönüştürür. İnsan bilincinin sınırsız potansiyeli, Casiye Suresi'nin 13. ayetinde bizleri şaşırtacak kadar net bir şekilde bildiriliyor. Casiye Suresi 13. ayetinde Allah buyuruyor ki:

> "Ayrıca O, göklerde ve yerde ne varsa hepsini kendinden bir lütuf olarak emrinize vermiştir."

Bu da demek oluyor ki insana itaat edebilecek bir sistemin içindeyiz. İşte bu sistemin anahtarı da insan bilincidir. Kur'an, bizim yaratıcının halifesi olabilecek donanım ve potansiyel ile yaratıldığımızı açıkça bildiriyor. Ancak ne yazık ki Allah'ın insana yakıştırdığını, insan kendine yakıştıramıyor. "O'na Ruhumdan üfledim, melekût âlemi ona secde etsin" denilen varlık biziz.

Ve kâinat hâlâ halifesini bekliyor!

Kâinat, tüketimimize sunulmuş bir varlık değil, insan bilincinin bir ifadesinin tezahürüdür. O halde evrenin kaderinin şekillenmesinde ortak olabilecek bu bilinçle, bizden istenen, hak ve hakikatin tezahürüne iştirak etmemizdir.

Cenab-ı Hakkın muradı bu dünya için değildir...

32. BÖLÜM

YA BÜTÜN EVREN BAŞKA BİR EVRENİN ZERRESİYSE?

Evrenimiz, akıl almaz büyüklükteki evrenimiz. Tamam da, neye göre, kime göre büyük? Bize göre, yani izafi, yani gözlemlediğimiz yere ve algılarımıza bağlı. Tüm duyumlarımızı bir kenara bırakarak bir an için şu soruyu soralım: Ya sandığımız kadar büyük değilse? Ya bizim evrenimiz başka bir evrenin sadece bir zerresiyse? "Yok canım!" mı dediniz? Demek ki hâlâ gerçeklik algınız gözlerinize takılı kalmış.

Bu noktada, kuantum fiziğinin deha isimlerinden fizikçi Richard Feynman ile hocası Wheeler arasında geçen o önemli tarihi konuşmayı tekrar hatırlatmak isterim:

> "Elektronlar, nasıl oluyor da her biri tıpatıp aynı? Nasıl oluyor da tek bir fabrikadan çıkmış gibi? Bunun sırrı ne olabilir?" diye soran Feynman'a, hocası Wheeler'in efsanevi cevabı şöyleydi: "Neden her elektronu ayrı olarak düşünüyorsun ki? Ya bu çokluk da bir illüzyonsa? Ya gördüğümüz tüm elektronlar tek bir elektronsa?"

Tüm elektronlar ve antiparçacık karşılığı pozitronun (antielektron) aynı kütleye, aynı spine ve aynı elektriksel yüke sahip "tek elektron evren" önermesi, gözlemlenen tüm elektronların neden aynı olduğunu açıklamaya yöneliktir. Birbirinin tıpatıp aynısı elektronlar nasıl oluyor da evrende bu kadar farklı görünen suretlerin yapıtaşı olabiliyor? Ve yine aynı elektronlar, biz gözlem yapmadığımızda zaten hayali olarak mevcutlar! Çünkü âlemin aslı hayaldir...

Çağın önemli fizikçilerinden Wheeler, birkaç denklemle zamanda ileriye doğru giden bir elektronun, zamanda geriye giden bir elektrona dönüştürülebileceğini ve gözlemlenebilir tek farkın ise elektrik yükü olacağını ispatlamıştır. Yoichiro Nambu ise bu fikri, tüm parçacık/antiparçacık (madde/sanal) çiftlerine uygulayarak, aslında evrende var olma veya yok olma halinin bizim idrak ettiğimiz gibi bir şey olmadığını, sadece parçacıkların hareket ettikleri yönlerine bağlı (geçmişten geleceğe veya gelecekten geçmişe) bir değişiklikten ibaret olduğunu vurgulamıştır. Gördüğümüz evrenin kesinlikle zamansal, mekândan ve hacimsel bir hakikati yoktur ve evren maddesel değildir.

Kuantum mekaniğini hâlâ reddeden bir fizikçi ya hakikati görmek istemiyordur ya da itiraf edecek cesareti yoktur. Kuantum fiziği yasaları, gördüğümüzü düşündüğümüz varlık âleminin bambaşka bir sırrı olduğunu anlatıyor. Ku-

antum fiziği bilgileri ışığında, gerçeklik bildiğimiz manada gerçeklikten sürüldü. Oysa Newton yasaları ile rahatça yaşayıp gidiyorduk. Ama ne yaparsak yapalım, istediğimiz kadar direnelim, "Kuantum Yasaları," tarihte en çok deneyimlenmiş ve istisnasız doğrulanmış yeni gerçekliğimizin yasalarıdır.

Şimdi yine bir düşünce deneyi yapalım. Uzayda bir seyahate çıkalım. En uzak köşelere, hiçbir maddenin olmadığı yerlere gidelim, maddenin tozuna bile değmeden yol alalım. Işık yıllarıyla hesaplasak, milyonlarca yıl hiçbir şeye değmeden yol alabiliriz. Hiçbir şey derken? Hiçlik nedir ki?

Peki bu hiçlik sandığımız yere kuantum boyutunda baksak ne görürdük biliyor musunuz? Planck zamanında hiçlikten var olan zerrelerin, yine Planck zamanında yok olduğunu görürdük. Yani hiçlik algısı da insanın sınırlı duyuları için var.

Peki ya evrenimiz, bizimkinden çok daha büyük başka bir evrenin içindeki bir noktaysa? Ve yine her noktanın içinde bizimkiler gibi evrenler varsa? Yani âlem içinde âlemler... Ve bu âlemlerde nereden başlarsak başlayalım, daha alt ya da daha üst âlemlere gidelim, döneceğimiz yer hep aynı nokta olacaktır. İşte bu tanım, tam olarak holografik yapılanmış bir evren tanımıdır. Evrenin yaratılışının tek bir noktadan başlayarak ve kendi içinden çoğalarak açıldığını bakın Hallacı Mansur, Tavasin'de nasıl özetlemiş:

Kâinat içinde,
Bir zerre noktadır.
Noktanın içinde,
Nokta onun içindedir.
Hem kâinat içinde,
Hem kâinat onun içinde.
O'ndan ama O değil.

33. BÖLÜM

ÖZGÜR İRADE, MADDESEL PLANDA BİR İLLÜZYONDUR

Gerçekliğimiz...

Sınırlı eşiklere hapsedilmiş algılarımız ile oluşan sanal gerçekliğimiz...

Hafıza üzerine yaptığı çalışmalarla tanınan ve çağa yön veren bilim insanı Prof. Dr. Karl Pribram, en az görme ve işitme duyularımız kadar aldatıcı olan dokunma duyumuzun da tamamen bir illüzyon olduğunu tespit etmiştir. Mevcut kuantum mekaniği zaten bize cisim zannettiklerimizin elektromanyetik sinyaller olduğunu ve atomun %99,999999'unun enerji olduğunu bildirirken, hâlâ "dokunuyorum o halde bu cisim fiziksel" demek oldukça sığ bir düşüncedir çünkü hiçbir duyu organımız evrensel spektrumu algılamıyor!

Varlığın cisim zannedilen sureti, algı temelli bir illüzyondur.

Bilhassa atomun gerçek yapısını gördüğümüz atom altı görüntülemelerde, tıpkı Heisenberg'in vurguladığı gibi, belirsizlik hâkimdir çünkü her atom "bilgi olasılıkları bulutu" ile vardır. Buradan yola çıkarak, gördüğümüz ya da görmediğimiz, fiziksel cisim zannettiğimiz her şeyin de olasılıksal bilgi ile var olduğunu söyleyebiliriz. Böyle bir varoluşta, her şey zaten ilk yaratılış anı ile birlikte tasarlanmış ve yazılmıştır. Buna ister yazılım de, ister program de, veya Kur'an'ın diliyle kader de, ama bil ki böyle bir planda, ilk Planck anından son Planck anına kadar her şey hiçbir tesadüfe yer bırakmayacak kadar ayrıntılı ve matematiksel kodlarla şifrelenmiştir. Zuhur etmek ve görünür olmak için sadece insanın gözlemlemesini, şahitlik etmesini bekliyor.

> "Hayali dalgaların doldurduğu bir frekans okyanusunda bilincimiz tarafından holografik forma deşifre edilerek zihnimizin içinde var edilen bir dünya burası! Kodlanmış bilgiyi zihnimizin içinde 3 boyutlu/holografik olarak deşifre eden yine biziz!" Kenzül Alem/Işık Kızıltuğ Syf.218

1983 yılında nörofizyoloji alanında yapılan bir deney, kaderin (programın) mutlak olduğuna ve insan iradesinin de muhtemelen bir illüzyon olduğuna dair çok özel bilgiler ortaya çıkardı.

"Ünlü nörofizyoloji profesörü Benjamin Libet, 1983'de yaptığı bir deneyde, tesadüfen çok şaşırtıcı bir sonuca ulaştı. Bu araştırmada, deneklerden basitçe parmaklarını kendi istedikleri anda oynatmaları istendi. Bu esnada, deneğin eline EMG cihazı bağlı olup, kas hareketlerini elektriksel düzeyde ölçüyordu. Deneğin parmağını oynatma eylemi iki aşamalıydı: Parmağı oynatmaya karar vermek ile parmağı oynatmak. Karar verme anı için saat kadranına benzer bir alet kullanılıyordu. Deneğin karar

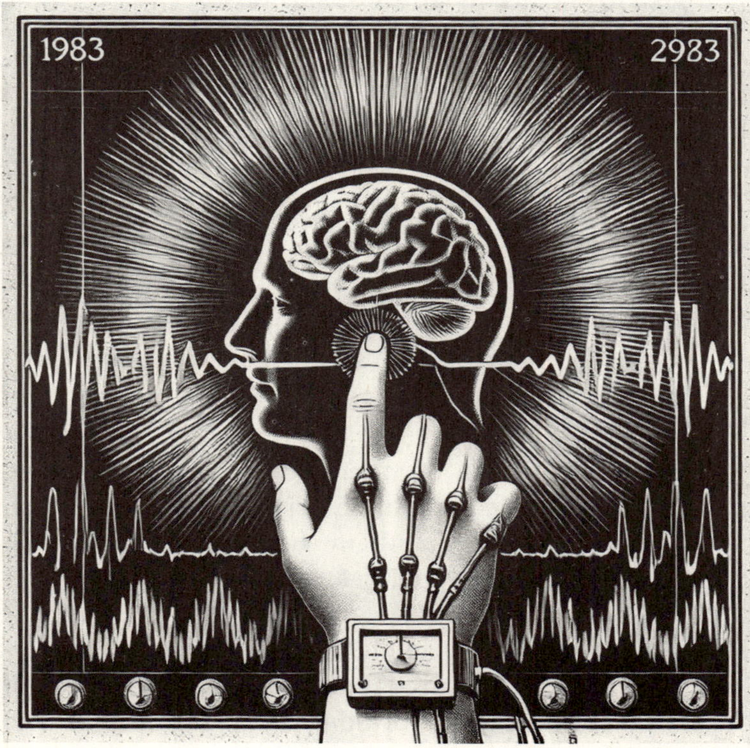

verdiği an, saat kadranında tespit ediliyordu. EMG cihazı da parmağın hareket anını tespit ediyordu. Aynı zamanda deneğin başında bir EEG cihazı bulunuyordu. Bununla da deneğin aldığı karar anının beyinde oluşan dalgalardan tespit edilmesi amaçlanıyordu. Deney gerçekleştirilip veriler kaydedildi. Deneğin parmağını kaldırmaya karar verdiği an ile parmağını kaldırdığı an arasında 200 milisaniye süre vardı. Bu beklenen bir sonuçtu. Fakat sonrası çok şaşırtıcıydı. Deneğin parmağını kaldırmaya karar verdiği andan yaklaşık 550 milisaniye önce EEG ile beyinde elektriksel aktivite tespit edilmişti. Yani, deneğin parmağını kaldıracağına kendisi karar vermeden 550 milisaniye önce bilinmeyen bir mekanizma tarafından karar verilmişti."

https://www.zaferdergisi.com/makale/15455-libet-deneyi-ve-ozgur-irade.html

"Alemlerin Rabbi olan Allah dilemedikçe sizler bir şey dileyemezsiniz."

Tekvir suresi 29 ayet.

"Onları siz öldürmediniz fakat Allah öldürdü. Attığın zaman da sen atmamıştın, fakat Allah atmıştı. Allah bunu, inananları güzel bir imtihana tabi tutmak için yapmıştı. Doğrusu O işitir ve bilir."

Enfal suresi 17 ayet. (Diyanet işleri eski meali)

Bu ayetler, insanın bu planda değil eyleme geçmesini, hayal dahi edemeyeceğini bildiriyor. Kur'an'da insanın bu planda iradesinin olmadığını beyan eden bu ayetler varken, aslında düşünmemiz ve üzerinde tefekkür etmemiz gereken şey, bu planda özgür irademizin neden tespit edilemediğidir. Çünkü eylemlerimizden sorumlu tutulduğumuz bir imtihan sahasındayız. Bu bir paradoks gibi görünse de kitabın ilk bölümlerinde açıkladığım sezyum gazı deneyi sonuçları ile gayet anlaşılır. Bu deney, inanılmaz bir gerçeği ifşa ediyor: Gördüğümüz evrende neden-sonuç ilişkisinin algıladığımız gibi olmadığını, hatta sonucun, nedenden önce var olduğunun delilidir. İşte tam da burada sizleri derin bir tefekküre davet etmek istiyorum.

Tüm bu bilgilerin ışığında benim yorumum; geçmişe, ezel vaktinde iradEmizle seçtiklerimizin sonuçlarına şehadet ettiğimizdir. Seçilen seçildi, Arif AN'ı izlemekte...

O halde her şey bize yazılan kadere razı gelip gelmediğimizi görmek ve kendi rızamızı da bize göstermek için izletiliyor. Tüm hayatının bir film şeridi gibi akıp geçtiğini ve müdahale edemediğini, adeta izlediğini hiç hissetmedin mi? Elbette bununla bir amacı olmalı ve bu amaç da Kur'an ayetleri ile bildiriliyor bizlere:

"Artık insan, kendi kendinin şahididir."
Kıyame suresi 14 ayet.

"Kıyamet gününde, biz bundan habersizdik demeyesiniz diye Rabbin Âdem oğullarından, onların bellerinden zürriyetlerini çıkardı, onları kendilerine şahit tuttu ve dedi ki:
Ben sizin Rabbiniz değil miyim? Evet şâhit olduk, dediler.
Araf suresi 172 ayet (Diyanet vakfı meali)

34. BÖLÜM

MADDESEL PLANDA ÖLÜM BİR İLLÜZYONDUR

Her canlı ölümü (bedensiz yaşamı) tadacaktır.

Ali İmran Suresi 185 ayet.

Bedenin ölümünden sonra ne olacağı ve ölüm diye tanımladığımız süreçten sonra bir yaşamın var olup olmadığı, insanlığın merak ettiği en kadim sorulardan biridir. Bu konu her ne kadar teolojinin alanı gibi görünse de kuantum fiziği sonrası ortaya çıkan bilinç/kozmos bütünlüğü gerçeği, ölüm sonrası yaşam konusunu bilimin kapsamına taşımıştır. Ölüm sonrası yaşam, spiritüalizm ile birlikte modern parapsikolojinin ana konularını oluşturmaktadır. Kuantum fiziğinin bu alana verdiği en önemli katkı ise, evrenin bütünüyle (beden dahil) bir enerji alanı ve bütünlük olduğunu, madde gibi görünen her şeyin aslında sadece ışık hızına bağlı olarak düşürülmüş frekanstaki enerjinin yoğunlaşmasından ibaret olduğunu ortaya koymasıdır.

Şimdi, daha önceki konularda değindiğim termodinamik yasalarını kısaca tekrar hatırlamanızı istiyorum. Temel yasa bize, evreni var eden enerjinin asla eksilmeyeceğini, ancak bir formdan başka bir forma geçiş yapabileceğini bildiriyor.

O HALDE ENERJİ, BU ALEMDE GEÇİCİ VAROLUŞLAR (fani) İLE VAR!

Bedenlerimize baktığımızda gördüğümüz şey fiziksel sınırları olan fiziksel parçalar olsa da kuantum fiziği, bedenlerimizin titreşen enerji dalgalarından ibaret olduğunu bildiriyor. Bu bedene ait her hücre elektrik enerjisi ile yüklüdür ve fiziksel, katı bir varoluş sandığımız bedenlere ait bu görüşümüz de bir illüzyondur çünkü beden aslında bir enerji alanıdır ve madde sandığımız her şey gibi ağır titreşimdeki yoğunlaşmış enerjiden ibarettir. O halde varlığımız, tükenen bir madde değil, tıpkı kuantum zerreleri gibi devamlılığı olan, ancak bu devamlılığı sürdürürken bir halden başka bir hale geçerek varlığını sürdüren bir oluşumdur. Bu durumda bedenin ölümünün ne önemi olabilir ki?

Bilincin ölümsüz olduğu fikri, günümüzde kuantum fiziği ile birlikte anılsa da aslında düşünürlerin tarih boyu en çok irdelediği olgulardan biridir.

> "Felsefe tarihine bakıldığında, felsefi bir disiplin içerisinde ölümsüzlükten ilk bahseden filozofun Platon olduğunu görmekteyiz. M.Ö. 450'de kaleme aldığı Phaidon adlı eserinde Platon, ruh ve ruhun ölümsüzlüğü konularını ele almıştır. Platon, ruhun bölünmez ve değişmez bir özelliğe sahip olduğunu, bu özellikleriyle de insanın tanrısal olan yönünü temsil ettiğini ve ölümsüz olduğunu söyleyerek, ruhun ölümsüzlüğünü ifade etmiştir. Platon, ölümün tarifini ise ruh ile bedenin birbirinden ayrılarak bedenin yalnız kalması ve ruhun yoluna tek başına devam etmesi olarak yapmaktadır... Ruhu gerçek bir öz olarak kabul eden Platon, ruhu ölmesi ya da yok olması ihtimali olmayan bir töz olarak tanımlamıştır." Işık Kızıltuğ,
>
> Kenz-ul Hayat, Sayfa 66.

17. yüzyıl filozofu, teoloğu ve matematikçisi olan Gottfried Wilhelm Leibniz de tıpkı Sokrates gibi insanların ölümün gerçeği konusunda yanıltıldıklarına inanır. Leibniz, ölümün insanların ruhlarının bedenlerinden ayrılması olduğunu, ruhların ise sonsuz bir varoluş sürdürdüğünü savunur. Ölümsüzlük kavramını "Ölümsüz Ruhlar" olarak tanımlar. O, ruhların bedenlerinden ayrı olarak var olduklarını ve ölümle yok olmadıklarını, tam aksine ruhların bedenleri tarafından sınırlandırıldığını düşünür. Leibniz, ruhların ölümsüz olarak var olabileceklerini ve ölümsüzlüğün, Tanrı tarafından adeta bir ödül olarak insana veril-

diğini savunur. İlginçtir ki Leibniz, tıpkı bugün kuantum fiziğinin bildirdiği gibi, maddenin varlığını da bir illüzyon olarak kabul eden Batı'daki ilk filozoflardan biridir. Evreni, varlığı ve yaşamı madde üzerinden anlamlandırmayı beyhude bir çaba olarak görmüştür.

İbn Arabi, 12. yüzyılda yaşamış bir Sufi âlim ve düşünürdür. Onun ölümsüzlük konusundaki fikirleri, insanın ruhsal yolculuğu ve insanın gerçek benliği ile ilişkili olarak kabul edilir. İbn Arabi, insanın ölümsüzlüğünün Allah ile birleşmenin sonucu olduğunu savunur. Onun düşüncelerine göre, insanın Allah ile birleşmesi, onun ölümsüzlüğünü sağlar ve insanın gerçek benliği olan Allah'ın ebediyetiyle aynı hale gelir. Bu düşünceleri, onun eserlerinde genişçe ele alınmıştır.

ÖZEL YETENEKLİ MEDYUMLAR ARACILIĞIYLA
Ölümden Sonra İletişimin Gerçekliği ve Tekrarlanabilirlik Deneyleri

Yazanlar: Gary E. R. Schwartz, Linda G. S. Russell, Lonnie A. Nelson ve Christopher Barentsen.

Yakınlarını kaybetmiş birisi için, birkaç medyum Ölümden Sonra İletişime (ÖSİ) geçmeye çalıştığında, doğru ve tekrarlanabilir ÖSİ bilgisi elde edilebilir mi? Ölümden Sonra İletişim amacıyla yapılan araştırmalar için çok yetenekli beş medyum, İnsan Enerji Sistemleri Laboratuvarı'na getirildi. Medyumların hiçbirinin tanımadığı ve geçtiğimiz on yıl içinde altı yakınını kaybeden Arizonalı bir kadın, denek (süje) olarak çalışmalara katıldı. Ölen yakınları hakkında deneyden önce ayrıntılı soru-cevap formlarını doldurdu. Medyumların her biri, denek ile teker teker tanıştı. Medyumlar arasında, yaptıkları seanslar hakkında herhangi bir iletişim olmadı. Aralarında bir buçuk metre olan iki sandalye yan yana yerleştirildi ve görsel ipuçlarını ortadan kaldırmak amacıyla aralarına bir perde gerildi. Tanışmanın başlangıcındaki selamlaşma dışında, deneğin sadece medyumdan gelecek olası sorulara 'evet' ya da 'hayır' şeklinde cevap vermesine izin verildi. Hem medyumların hem de deneyin EEG ve EKG dalgaları on dokuz ayrı kanaldan aynı anda kaydedilmektedir. Seanslar iki video kamerasıyla da kaydedilmektedir. Seanslarda söylenen her şeyin birebir yazıya dökülmüş raporları çıkarıldı. Medyumların ikisi ile ikinci bir denek daha test edildi. Medyumların ortalama doğru bilme oranı, ilk denek için %83 ve ikinci denek için

%77 idi. 68 kontrol deneyi ile yapılan testlerde ortalama doğruluk oranı ise %36 idi. Tekrarlama ve genişletme amaçlı olan ve ilk on dakikasında evet/hayır cevaplarına izin verilmeyen bir deneyde ise medyumun ortalama doğru bilme oranı %77 idi. Bu veriler, özel yetenekli medyumların doğru ve tekrarlanabilir bilgi edinebildiklerini kanıtlamaktadır. Sahtekârlık, şarlatanlık, hata ve istatistiksel tesadüf unsurlarını ortadan kaldırmak üzere mümkün olan her türlü önlem alındığından dolayı, bu konunun ileriki araştırmalarında diğer olası mekanizmalar da dikkate alınmalıdır. Bu mekanizmalara telepati, süper PSİ ve şuurun ölümden sonra yaşamaya devam etmesi dâhildir.

Bilimle metapsişik aynı köprüde buluşuyor. Her ekolün, her araştırmanın, her bilimsel çalışmanın kendine ait bir tarihçesi vardır. Spiritüalizmin başlangıcı insanlık tarihi kadar eski ise de Arizona Üniversitesi bilim adamlarının öte dünya ile irtibat konusunda medyumlar aracılığıyla günümüzde yürüttükleri deneylerin geçmişteki ilk örnekleri, 1850'li yıllarda gerçekleştirilmişti. O dönemin çok ünlü bilim adamlarının katıldıkları bu deneysel araştırmalar, günümüz üniversitelerinin parapsikoloji kürsülerinde yapılan araştırmaların ilk nüvelerini oluşturmaktadır. Tarih boyunca, yaşayanlarla bedensizler arasında bir ilişki kurulabileceği üzerinde durulmuştur."

https://www.frmtr.com/garip-olaylar/3008552-ote-alemle-irtibat-denemeleri.html

ÖLÜMÜN DALGA BOYU

Bu çalışmaların sonuçlarını okuduktan sonra, "öldü" yerine "öte âleme geçti" demek sanki daha doğru. Medyumların trans haline geçtiklerinde beyin dalgalarının 15-45 Hz aralığında olduğu biliniyor. Bu frekans bandındayken, gamma titreşiminde olan beyin dalgaları bilinci daha yüksek bir farkındalık alanına taşıyor olabilir mi? Yani gamma frekansları bizi evrensel alana, bilgi külliyatına mı taşıyor?

Gamma beyin dalgaları, sınırlı duyu organlarımızın bir uzantısı olarak kabul edilir ve fonksiyonel olarak hayalin gücünü aldığı frekans aralığıdır; bu haliyle öte âlemin algısıdır! Konsantrasyon (tefekkür) anlarımızın zirvesinde üretilir. İbadet, meditasyon, yüksek sevgi, fedakârlık ve iyilik halleri içinde olduğumuzda da gamma beyin dalga frekansına geçtiğimiz gözlemlenmiştir. Özellikle bu son cümle üzerinde çok duruyorum çünkü bizi en yüksek alana (makam-ı mahmud) taşıyacak olan frekans için önce eyleme geçmemiz gerekiyor!

Proceedings of the National Academy of Science dergisinde yayınlanan, Michigan Üniversitesi araştırmacılarının yaptığı bir çalışmada, denek farelerin ölüm anında beyin dalgalarında çok ciddi bir hareketlilik ve artış tespit edilmiştir. Araştırmayı yürüten bilim insanları, insanlarda bu tip beyin dalgalarındaki artışın bilinci daha yüksek bir farkındalığa taşıdığını düşünüyorlar. Kalbin durması ve beyne

kan akışının sonlanmasıyla beraber, bilinenin aksine beyin dalgalarında çok ciddi bir hareketlilik görülmüştür. Ölüme yakın deneyimler yaşayan insanların bilincindeki yüksek farkındalık bu durumla ilişkilendirilmektedir. Denek fareler üzerinde yapılan deneylerde, ölüm anıyla birlikte görsel korteksin hemen üzerindeki beyin bölgelerinde gamma dalgalarında yüksek seviyelerde artış gözlemlenmiştir.

Evren, tamamı ile frekans dolu bir alan ve bu alandaki iletileri duyu organları ve beynin ortak çalışması sonucu biz bir surete dönüştürüyoruz. İçinde olduğumuz frekans aralığı ise hangi alana ait sinyallere gözlem yapacağımızı belirliyor. Anlaşılan o ki beyin, gamma dalga boyuna geçtiğinde bambaşka çok daha yüksek frekanslı bir alemin alanından gözlem yapıyor. Ölüm anı ile paralel yükselen gamma dalgaları, bize öte alem yaşamımıza dair büyük bir sırrın ifşası gibi.

Ben, ben olmak için ölürken,
Yaşamak, ölmektir günü geldiğinde.......

BİLİNÇ BEDENİN HEM İÇİNDE HEM DIŞINDA

İnsanın bilinci,
bedenin ölümü ile birlikte yok olmaz,
Bir parçası sonsuza dek var olur.

Spinoza/Etika

Zamandan ve mekândan bağımsız olan bilinç her yerde, hem bedenin içinde hem de dışında, her anda var olur. Anı daim kılar...

Dr. Stuart Hameroff'a göre, ölüme yakın deneyimler, kişinin sinir sistemindeki kuantum bilginin (ilm-i ilahi) bedenden ayrılıp evrene yayılması neticesinde gerçekleşir. Dr. Hameroff, bu düşüncesiyle bilince dair öne sürülen materyalist görüşe karşı çıkar. Ona göre bilinç, bedenin ölümü ile bedenden yalnızca ayrılır. Bilincin, evrenin en temel olgusu olduğunu ve yaradılışın ilk anı olan büyük patlamadan beri var olduğunu düşünür.

Dr. Stuart Hameroff şunları söyler:

"Diyelim ki kalbiniz artık çalışmıyor, kan akışınız durdu ve mikrotübüller kuantum durumunu kaybetti. Buna rağmen mikrotübüllerin içindeki kuantum bilgisi (ilm-i ilahi) yok olmaz, olamaz. Bu bilgi yalnızca evrene yayılıyor olabilir ve eğer bu insanı ölümden döndürebilirseniz, kuantum bilgisi tekrar mikrotübüllerin içine döner ve hasta uyandığında ölüme yakın bir deneyim yaşadığını bildirir. Eğer hastayı kurtaramazsanız, bu bilgi sonsuza kadar bedenin dışındaki varlığını sürdürecektir. Beden öldükten sonra 'bilinç' dediğimiz enerji, bildiğimiz üç boyutlu gerçekliğe ait olmadığından, büyük ihtimalle bu yeni yaşamımız farklı bir âlemde olacaktır."

"Bizi öldürdükten sonra hayata döndüren Allah'a hamd olsun."

– Hz. Muhammed (Buhari, Da'avat 9)

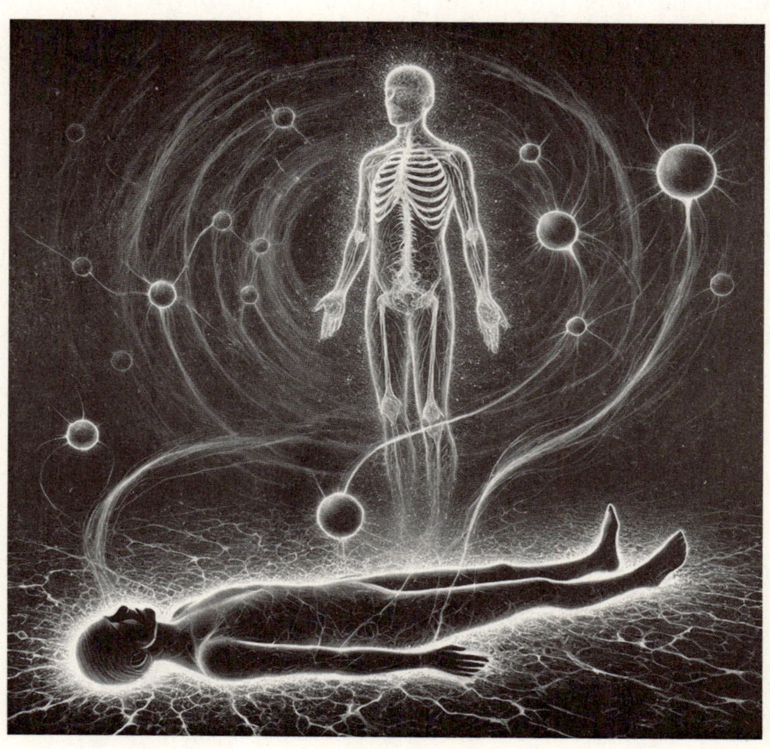

ÖLÜMSÜZLÜK
ZAMANIN DIŞINDA VAR OLMA HALİ

Dr. Lanza ve Hameroff'un öne sürdüğü bilincin sonsuz varlığı fikri, aslında çok daha önceleri Albert Einstein tarafından ortaya konmuştu. Ona göre de gözlemciden bağımsız bir zaman/mekân yoktu. Zaman ve mekân, bilincin ürettiği bir illüzyondu; dolayısıyla, bilinen şekliyle ölüm kavramının gerçekte olmadığını öne sürmüştü.

Ölümsüzlük, zamanın dışında var olma halidir. Zamana ait hiçbir şey, gerçek sonsuzluğa ait olamaz. Kuantum yasalarını idrak ettiğimizde, aslında insanın tüm varlığının ölümsüz kuantum olduğu, DNA'mızın da kuantum bilgi alanından bilgi işleyen bir yapı olduğunu anlayacağız.

Ölüm diye nitelendirdiğimiz olgu, sadece bedeni terk ederek farklı bir boyuta geçişten ibarettir. Bedenin ölümü, maddesel bir gerçekliğe dayandığından ona hakikat gözüyle bakamayız, çünkü maddenin kendisi hakikati temsil etmez. Albert Einstein'ın enerji denkleminde açıkladığı gibi, madde ve enerji aynı özün sadece farklı boyutlardaki tezahürleridir. Ölüm, koşullandırıldığımız gibi bir son değil, bir âlemden başka bir âleme geçişten ibarettir.

Maddeden manaya, ışığa tekâmül...

> "Allah sizi huzuruna çağırdığı gün, O'na hamd ederek hemen emrine uyacaksınız ve dünyada pek az bir süre kaldığınızı sanacaksınız."
>
> – İsra Suresi, 52. Ayet

Bütün beklentilerini bu dünya yaşamına bağlayan insan için ölüm elbette bir felakettir. Ahiret inancından uzak bir insan için ölüm, korkunç bir yok oluştur. Oysa ki Kur'an'ın kesin vaadi, ölümden sonraki ebedi yaşamdır.

Bizler burada, ait olduğumuz hakikatin yalnızca başka bir boyutunun zamanına doğduk ve bu zamanı bir şekilde aşmayı dahi başarsak bilmeliyiz ki bu zaman yalnızca bu dünyaya ait olan zaman olacaktır! O zaman da bu dünya ile birlikte yok olacaktır!

Kendilerine ilim ve iman verilmiş olanlar ise şöyle diyecekler:

> "Siz dünyada ve kabirde Allah'ın kitabında belirlenen yeniden diriliş gününe kadar kaldınız. İşte bugün, size haber verilen o diriliş günüdür. Fakat siz bunu bir türlü anlamaya yanaşmıyordunuz."
>
> – Rum Suresi, 56. Ayet

KUANTUM ÖLÜMSÜZLÜĞÜ

Şimdi sizlere çok önemli bir düşünce deneyi ile kuantum gerçeklikte varlığın ölümsüzlük halini anlatmak istiyorum. Bu deneyde Schrödinger'in kedi deneyinden farklı olarak, bir silah ve protonların spin (dönüş) değerini ölçen bir cihaz kullanır. Her 10 saniyede bir protonun spin değeri ölçülür. Bu kuantum biti üzerine kurulu olan silah ya ateşlenir ve deneği öldürür ya da sadece bir "klik" sesi çıkar ve denek hayatta kalır.

Her iki yorumda da deneyin ilk iterasyonundan sağ çıkma olasılığı %50'dir.

İkinci iterasyonun başlangıcında, Kopenhag yorumu doğruysa, dalga fonksiyonu zaten çökmüştür. Bu nedenle, denek zaten öldüyse, hayatta kalma şansı %0'dır.

Bununla birlikte, Çoklu Dünyalar yorumu doğruysa, her eylemin her olası sonucu için, "Evren kendisinin bir kopyasına bölünür." Bu süreç, ayrışma adı verilen anlık bir olaydır.

Çoklu Dünya teorisinin hayati bir yönü, evren bölündüğünde, kişinin evrenin diğer versiyonunda bulunan kendisinden habersiz olmasıdır. Deneyci tetiği çektiğinde iki olası sonuç vardır: Silah ya ateşlenir ya da ateşlenmez.

Bu durumda deneyci ya yaşar ya da ölür. Tetik her çekildiğinde, evren her olası sonuca uyum sağlamak için bölünür; çoğalır, yani tezahür eder.

Denek öldüğünde, evren artık tetiğin çekilmesine bağlı olarak bölünemez. Ölümün olası sonucu bire indirgenir: Devamlı bir ölüm.

Ama hayattaysa iki ihtimal kalır: Denek yaşamaya devam eder ya da ölür. Ancak, deneyci tetiği çektiğinde ve evren ikiye bölündüğünde, yaşayan denek, bölünmüş evrenin diğer versiyonunda öldüğünün farkında olmayacaktır. Bunun yerine, yaşamaya devam edecek ve tekrar tetiği çekme şansına sahip olacaktır. Ve tetiği her çektiğinde, "paralel evrenlerdeki" tüm ölümlerinden habersiz olarak, hayatta kalan versiyonuyla evren yeniden bölünecektir. Bu anlamda, deneyci sonsuz olarak var olabilecektir.

İşte buna "Kuantum Ölümsüzlüğü" adı verilir. Bu, ölümsüzlüğümüzün belki de en bilimsel tarifidir.

ÖLÜMSÜZ RUHLAR

Zaman mutlak değildir.

Mekân mutlak değildir.

Zaman ve mekâna bağlı olarak ortaya çıkan madde de mutlak değildir. O halde, maddesel plana ait olan ölüm de mutlak değildir. Her şey istisnasız enerji, yani ışıktır. Işık hem sonsuzdur hem de tektir. Işığın kütlesi olmadığından, zaman ve mekândan bağımsızdır. Seni, beni, her şeyi oluşturan ışık, zamandan ve mekândan bağımsız olarak her yerde, her an var olabilir. Ezelidir, ebedidir.

Bilgiyi taşıyan, depolayan ve ileten de yine bu zerrelerdir. Bu zerreler, gözlemlediğimiz evrendeki her şeyin yapıtaşıdır. Dağ, taş, toprak, bulut, çiçek yani her şeyin, canlı ya da cansız, galaksilerden gezegenlere kadar yaratılmış ne varsa bu âlemde her şeyin özü, tözü ışıktır.

IŞIK...

NUR...

ve ÖLÜMSÜZ...

Bedenin ölümü ile fiziksel olarak yok olduğumuzu düşünsek bile, aslında fiziksel varoluşun kendisi bir illüzyon olduğuna göre bu ancak bir dönüşüm olabilir.

Bir değişim ve tekâmül.

"Bilim, maddesel olmayan (metafizik) fenomenleri incelemeye başladığı gün," der Nikola Tesla, "önceki yüzyılların hepsinden daha fazla ilerleme kaydedecek."

Çünkü evreni anlamak istiyorsak, her şeye enerji, frekans ve titreşim olarak bakmalıyız. 100 yıl önce Nikola Tesla, bize en yalın hali ile evrenin ve yaşamın gerçek çalışma prensiplerini özetlemiştir. Hayatı ve evreni, ezeli ve ebedi cevherimiz olan ruh ile algılamaya başladığımızda, ölümün, bu maddesel plana ait bir illüzyon olduğunu idrak edeceğiz. Çünkü Einstein'ın izafiyet kuramıyla ortaya koyduğu gibi, ölüm, maddenin (bedenin) enerjiye (ışığa) dönüşme halinden başka bir şey değildir.

Bu nedenle, ölüm sadece tadılacak bir deneyimdir...

Belki de ben, sadece "ben" olmak için ölüyorum!

Asıl varlığımız, ruhumuz ise Yaradan'ın tüm ilahi muradını yaşatacak ve tezahür ettirebilecek donanıma sahiptir. İnsanın bunu hatırlayıp, tezahür ettirebilmesi ise ev-

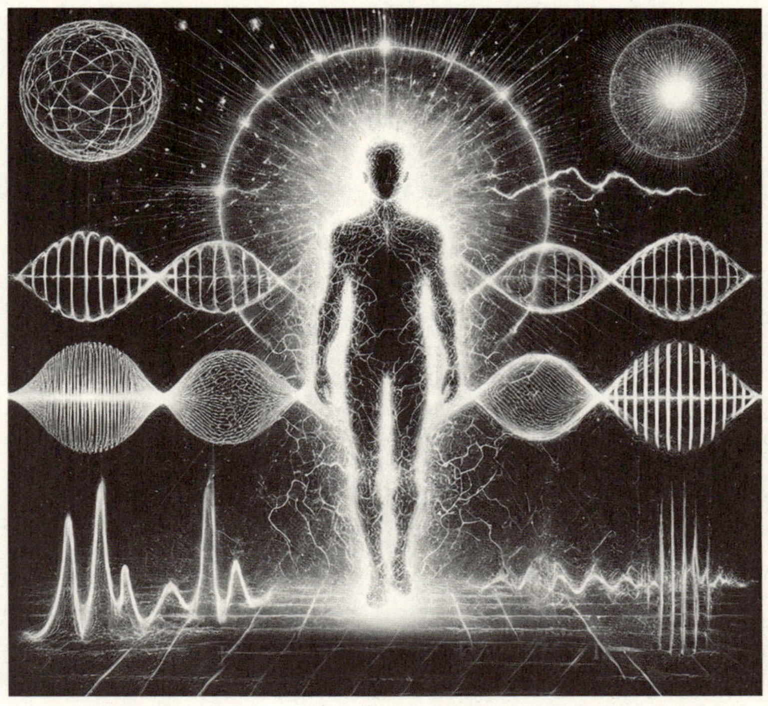

renin ta kendisidir. Çünkü her şey ancak onun muradıdır. Ruh, bu âleme/boyuta inmeden evvel, ezel âlemde varlığa ait tüm bilgi ile donatılmıştır. Sen sadece hatırla!

Hatırla ve tuzağa düşme!

İnna Lillahi ve İnna İleyli Raciun...
Şüphesiz ki biz Allah'tan geldik ve şüphesiz ki dönüşümüz yalnızca O'nadır.

Bakara Suresi 156. Ayet.

35. BÖLÜM

ERVAH-I EZELDEN

Zamansızlıkta bir zaman,
Mekânsızlıkta bir mekân yaratmayı
murad etti.

Ne zaman o zamansızlığa,
Ne de mekân o mekânsızlığa dahil oldu.

"Hani Rabbin, Ademoğullarının sırtlarından zürriyetlerini almış ve onları kendi nefislerine (Bilinçlerine) şahitler kalmıştı. Ben sizin Rabbiniz değil miyim? demişti de. Onlar: Evet (Rabbimizsin) şahit olduk demişlerdi. Bu kıyamet günü "Biz bundan habersizdik" dememeniz içindir"
Araf Suresi 172. Ayet

BEZM-İ ELEST

Farsça "sohbet meclisi" anlamına gelen bezm kelimesiyle, Arapça "ben değil miyim?" manasındaki elestü kelimesinden oluşan Bezm-i Elest.

Peki, hiç düşündünüz mü, neden "Ben sizin Rabbiniz miyim?" şeklinde değil de "Ben sizin Rabbiniz değil miyim?" şeklinde sorulmuş?

Ben çok düşündüm.

Muhtemelen Rabbimizin ruhlara yönelttiği bu soruda, daha sonra dünya okulunu deneyimleyecek olan insanoğlunun başka varlıkları ilah edineceği ve bu ahdini unutarak Rabbini tekrar arama sürecine gireceği vurgulanıyordu.

Her peşinde koştuğumuzu ilah edinircesine yücelttiğimiz varlıklarla yüzleştiğimizde, içimizde hep bu soru yankılanacaktır!

İnsan, gerçek alemi ve ahdini unutarak bu gölge alemde güvendiği ve gölgelere inşa ettiği her şeyin birer birer yıkılışına şahit olacaktır. Bu ahit, bu sözleşme, "Kadiri Mutlak" iradenin yazdığı kitabın manasını anlamak, sırlarını kavramaktır.

ERVAH-I EZELDE

İnsan henüz maddesel bir varlık değilken, "var olma" emrini aldı ve bu emre "evet" dedi.

"Elestü bi Rabbiküm..."

Bu hitabın nurunu alanlar ve kabul edenler şöyle dediler:

"Kalu bela/evet, sen bizim Rabbimizsin."

Henüz maddesel bu âlem yaratılmamıştı.

Zaman ve mekân yaratılmamıştı.

Her şey ilahi bir zerrenin muhteviyatında ve her zerrede evrenin tüm kozmik bilgisi (kader) olarak kayıtlı iken "OL" emri geldi.

Her şeyin ilahi ilmiyle içinde bulunduğu o tek nokta, kozmik ses dalgalarının tesiriyle adeta emri almış bir ordu gibi, adına varlık dediğimiz bu evrenin tezahürü için emre uydu. Bilim insanlarının "kozmik ses dalgaları" tabir ettiği, Cenab-ı Hakk'ın "OL" emrinin yankıları bir anda tüm zerrelere iletilirken, yokluktan âlem zuhur etti, görünür oldu.

O SES HÂLÂ TÜM ZERRELERDE…
HÂLÂ "OL" EMRİNİN İÇİNDEYİZ…
ÇÜNKÜ ZAMAN TEK BİR AN!

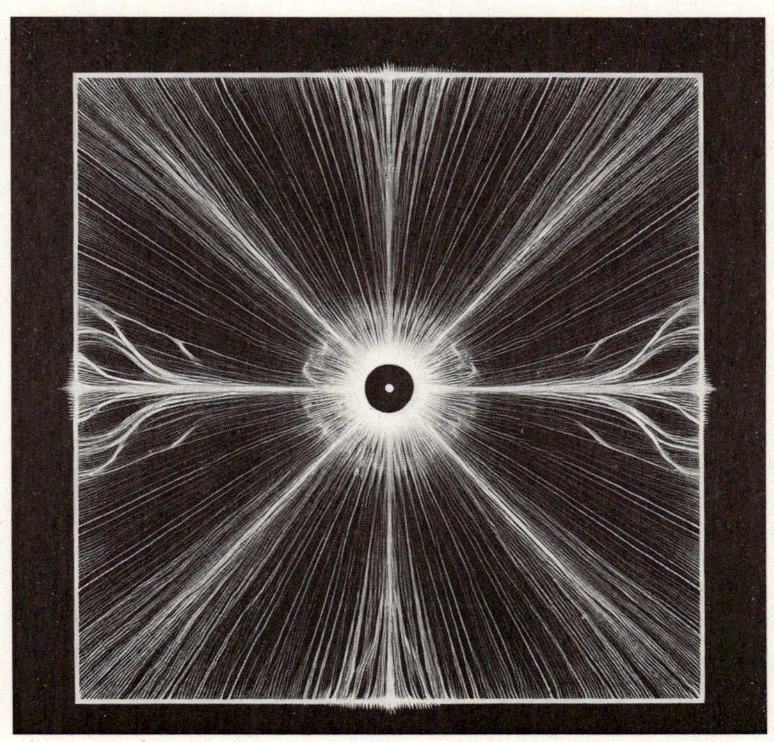

Elest bezminde bu akit için çağrıldık. Maddesel âlem olmadığından, perdeler olmadığından her şeyi ayan beyan gördük ve "Evet" dedik. O ilahi hitaptaki nasibini alan aldı, kimileri de hitaptan hayrete düştü, hayran oldu. İşte onlar bu âlemde de hayran olarak devam edenler.

Kur'an, "OL" emrinin tecellisidir. Onun içindir ki O'nu kalp gözüyle okuyanlar, O'ndan daima geçmişte kalan o anın tadını alır, çünkü O'nu hatırlar!

Kur'an'da defalarca tezekkür (hatırla) etmemiz istenen işte o an ve o akit!

Verdiğimiz söz.

"Yer'e göğe isteyerek veya istemeyerek gelin" dedi. Onlar da "isteyerek geldik" dediler. Fussilet Suresi 11. Ayet

Eğer fiziksel olmayan bir varlık olan ruhun nasıl olup da maddesel evrene tesir edebildiğini düşünüyorsanız, bilmelisiniz ki fiziksel sandığımız bu evreni, fizik ötesi (kuantum) yasaları yönetiyor. İşte bu yüzden kuantum fiziği yalnızca klasik fiziği değil, insana ait birçok düşünceyi de yerle bir etmiştir.

Beden ve Evren...

Her ikisi de madde.

Ruh ise zamandan ve mekândan bağımsız bir varlık.

O halde ne beden ne de şu evren

Ruhun hakikati hakkında "bilgi" veremez.

Kenz-ül Ervah...

Ruhların esrarını maddenin sınırları ile kavrayamazsın.

Maddeye dayanarak yapacağınız tüm tahminler yanıltıcı olmaya mahkum.

Ölüm yalnızca beden içindir.

Ruhun ölümü söz konusu değildir.

"Ölmeden, ölünüz" hadisi şerifi işte bu hakikate dayanır.

Ruhu bedenine galip gelenler, ölmeden ölenler...

Kuantum fiziği, sırların çözülmeye başladığı seher vaktidir. Kuantum mekaniği bize mutlak sandığımız maddenin yalnızca bir illüzyon olduğunu gösterdi. Gerçeğin ardında sırlanmış, görülemeyen hakikati gösterdi. İşte insan, zaman ve mekânlar üstü olan ruhuyla o hakikate aittir. Gördüğümüz çokluk sadece bir aldatmacadır.

Hakikat, içinde hiçbir çokluk barındırmayan tekliktir ve her birimiz o tekliğin farklı tezahürleriyiz. İnsan mükemmel bir şekilde ve tüm kozmik bilgi ile yaratılmıştır. Sırrı hep dışarıda arayan insan, hatırlasa bilecek ki tüm sırlar kendi içinde.

Hepimizin nihai tekâmülü içimizde yazılıdır. Onu açacak olan bilincimizdir. Bilincimizi ise ancak "maddenin hiçliğini" kavradığımızda yükseltebiliriz. Ve maddenin hiçliğini kavrayan insan artık maddenin üstündedir, ona hükmeder. Çünkü bizim cevherimiz ilahi âlemden, ait olduğumuz asıl ve ebedi boyuta giderken, bizden istenen bunu burada, yaşarken hatırlamamızdır!

Emin olanlar korkmayanlardır. Emin olarak O'na dönecek olanlar, ilahi plana ve Yaradan'a teslim olanlardır.

"İsa dedi ki: Eğer beden Ruh'tan dolayı olmuşsa bu bir mucizedir. Ama ben, bu büyük zenginliğin bu bedenin fakirliğinde nasıl yaşadığına hayret ediyorum."

Thomas İncili 29

36. BÖLÜM

İNSANIN ÖLÜMSÜZLÜK TRAJEDİSİ

Bu dünyada garip olan Ruh,
mekânsızlık aleminin özlemini çeker.
Hayvan nefis ise, bilmem ki niye şu dünya otlağında otlar durur?
Geldiği yeri unutur da dünya nimetleri için çırpınıp durur.

Hz. Mevlâna, Divan-ı Kebir, sf. 82

İnsan, hakikatini unutup yalnızca bu planda ölümlü olduğunu idrak etmediği sürece, ölümsüzlüğe ulaşmak için binbir yol denemiştir. Kadim geçmişimizde ölümsüzlük iksiri ile başlayan bu beyhude arayış, günümüzde dijital alanda devam ediyor. İnsan, dünyada ahiretini bilmediği kadar, ölüm korkusu ile yaşar ve bu korkuyu benliğinin en derinlerinde saklar. Bunun üstesinden gelmek için de çaresizce çırpınır. İnsanlığın yeryüzündeki trajedisi, ölümün üstesinden gelmek için ödediği bedellerle yazılıdır. Oysa ki Kur'an, açık bir şekilde gerçek hayatın, adına ölüm dediğimiz andan sonra başladığını ve gerçek, sonsuz yaşamın uzay/zamanın ötesinde başka bir âlemde olduğunu bildirir.

TARİHTEKİ ÖLÜMSÜZLÜK ARAYIŞLARI

Tarihte bilinen ilk yazılı destan, bir ölümsüzlük arayışının destanıdır. Sümerlerin yazdığı Gılgameş Destanı'nda, Gılgameş, arkadaşı Enkidu'nun ölümü sonrasında ölüm korkusu yaşayan ve bu sebeple ölümsüzlük sırrını arayan bir kahramandır. Tufan'dan sağ kurtulmuş olan ve tanrılar tarafından kendisine ebedilik verildiğine inanılan Utnapiştim'i bulmaya karar verir.

Utnapiştim, etrafı ölüm suları ile çevrili bir adada yaşamaktadır. Ölümsüzlüğün peşindeki Gılgameş, tüm zorluklara rağmen onu bulmayı başarır. Utnapiştim, Gılgameş'i bir dizi imtihana tabi tutar ancak Gılgameş bu sınavlarda başarılı olamaz.

Yine de, Utnapiştim'in eşinin isteği üzerine, Gılgameş'e denizin dibinde bulunan ölümsüzlük otunun sırrını verir. Gılgameş denizin dibine dalar, otu bulur ve ondan bir filiz koparmayı başarır. Ancak, Uruk'a doğru dönerken bir pınarın başında su içerken otu yılana kaptırır. Böylece Gılgameş, Uruk'a eli boş döner ve ölümsüzlük şansını kaybeder.

Benzer bir hikâye de Yunan mitolojisinde anlatılır. Mitolojiye göre, Asklepios usta bir hekim ve cerrahtır. Ölüleri dahi diriltmeyi başarır. Buna çok öfkelenen Zeus, Asklepios'u öldürerek, ölümsüzlük bilgisini yok eder.

Bizim topraklarımızda ise, ölümsüzlük iksirini bulduğu rivayet edilen Lokman Hekim'in hikâyeleri yüzlerce yıldır dilden dile aktarılır. Efsaneye göre, Lokman Hekim iksiri bulmuş ancak kaybetmiştir. Bir rivayete göre, Allah'ın emri ile Cebrail tarafından yok edilmiştir.

ÖLÜMSÜZLÜK ARAYIŞININ GÜNÜMÜZDEKİ İZLERİ

İnsanoğlunun ölümsüzlük arayışı hâlâ sürüyor. Şimdilerde ise dijital ölümsüzlük hayali ile binbir yol deneniyor. Günümüzde nörobilim, bilişsel psikoloji teknolojileri ile birlikte ilerliyor. Ancak ne kadar çabalasalar da beynin içinde "bilinç" bulamayacaklar.

İnsan beyni elbette boş değil ama basit bir anıyı bile beynin içinde bulamayız. Beyin bir kayıt cihazı değil, maddesel olmayan bilincin kullandığı maddesel bir araçtır ve bir bilgisayar da değildir.

Evet, bilgisayarlar gerçekten bilgiyi depoluyor ve hatırlıyor, bilgiyi işliyor. Gerçekten fiziksel bir bellekleri var ve yaptıkları her işlemde onlara algoritmalar eşlik ediyor.

Ama işte hepsi bu kadar!

Yapay zekâ uzmanı George Zarkadakis, 2017 yılında yayınladığı *"Kendi Suretimizde"* adlı kitabında şöyle diyor:

> "Bilinci bir bilgisayara kodlamak muhtemelen imkânsız!"

Ben kişisel olarak, bilincin ruha ait bir hakikat olduğunu kabul ettiğimden, bir bilgisayara aktarılabileceğine asla ihtimal vermiyorum. Çünkü bilincimiz maddeye değil, Ruh'a aittir ve ardında bilinmeyen çok şey vardır.

> "Ey Muhammed! Sana ruhtan soruyorlar. De ki: "Ruh Rabbimin bildiği bir iştir ve size ilimden ancak az bir şey verilmiştir." – İsra Suresi, 85. Ayet

Benim gibi düşünenler için bu ihtimal imkânsız olsa da bazı bilim insanları bunu tartışmaya devam ediyor. Aslında, teoride dahi olsa böyle bir teknolojinin oluşturulmasının önünde birçok engelleyici faktör var.

İnsanlar, bilinçlerini yaşlanan ve ölmekte olan bir biyolojik bedenden robotik bedenlere yükleyecekler. Bu da onları ölümsüz ve yenilmez hale getirecektir. İnsanlar, bilgisayarların içinde sıfırlara ve birlere kodlanmış bir bilinç ile, yalnızca hayal gücü ile sınırlı, kendi sanal dünyalarını yaratabilecekler. Dijital ölümsüzlüğün savunucuları, bilinci beynin ürettiğini iddia ediyorlar ve beyni yaşlanmaya maruz kalmayan, daha elverişli bir ortama taşıyabilirlerse bilinci de aktarabileceklerini savunuyorlar. Onlara göre, bilinç beyinden bağımsız bir varoluş değil.

DİJİTAL ÖLÜMSÜZLÜK

Bu teoriye karşı çıkanlar ise bunun pratikte asla mümkün olamayacağını savunuyor. Onlara göre, insan bilincinin dijitalleşmesi imkânsızdır. Geleceğin en güçlü süper bilgisayarlarının bile insan beyninin tüm verilerini işleyemeyeceğini savunuyorlar. Şu an var olan bilgi taşıyıcılarının hiçbiri, beyni ve bilincimizi oluşturan milyarlarca hücre arasında, aynı anda milyarlarca öngörülemeyen ve doğrusal olmayan sinaptik bağlantı yaratma yeteneğine sahip değil. Buna ilaveten, insan bilinci gibi bir kavramın hâlâ kesin bir tanımı da yapılamamıştır. Bu fantastik teknoloji ne kadar çabalasa da bilim, hâlâ net bir bilinç modeli tanımlayamamıştır.

İnsan bilincinin özünün anlaşılamaması, bir bilgisayara başarıyla yüklense bile biyolojik olandan tamamen farklı, dijital bir zihnin oluşmasına sebep olacaktır.

Florida Atlantik Üniversitesi'nden felsefe profesörü Susan Schneider'e göre bir tuzak var. Schneider, "Bunun sizi ölümsüzlüğe ulaştıracağını düşünmüyorum. Yalnızca bir dijital dublör yaratacağınızı düşünüyorum" dedi. Aynı zamanda *"Yapay Siz: Yapay Zekâ ve Zihninizin Geleceği"* (Princeton University Press, 2019) kitabının da yazarı olan Schneider, beynin yükleme sürecinden sağ çıkıp çıkmadığı üzerine bir düşünce deneyini anlattı:

Eğer beyin hayatta kalırsa, o zaman dijital kopya siz olamazsınız, çünkü hâlâ hayattasınız; tersine, beyniniz yükleme sürecinden sağ çıkamazsa dijital kopya da siz

olamazsınız, çünkü o siz değildir. Schneider'e göre, insanı korurken aşırı uzun yaşama giden yol, insan beyninin hayatta kalmasıyla uyumlu biyolojik iyileştirmelerden geçiyor. Daha tartışmalı bir başka yol da beyin çipleri olacaktır. Schneider, "Beynin parçalarını yavaş yavaş çiplerle değiştirmek hakkında çok fazla konuşma yapıldı. Böylece, sonunda yapay zekâ gibi oluyor. Başka bir deyişle, yavaş yavaş bir siborga dönüşmek ve nöronlar yerine çiplerle düşünmek" açıklamasını yaptı.

"Hangi noktada kim olduğumuzdan vazgeçeriz?"

https://www.a3haber.com/2021/09/30/bilim-insanlari-yanitladi-olumsuzluk-mumkun-mu/

Böyle bir sonuç, yeni bir yaratık yaratmaya yardımcı olacak, ancak yine de ölümsüzlüğün kapılarını açmayacaktır. Birçok fütürist, insan bilincini benzersiz ve taklit edilemez olarak görmez. Onlara göre, beyin klasik fizik yasalarına uygun maddesel bir mekanizmadır. Oysa bugün kuantum teorisyenleri, beynin bilinci üretmediğini; tam tersine, bilincin hem beyne hem de bedene ait görüntüyü projekte ettiğini düşünüyorlar. Çünkü nöronların işleyiş yasaları, tamamen kuantum fiziğinin mekanik yasaları ile birebir aynıdır. Bilinci dijital alana aktarmanın savunucuları, beynin yapısını biyolojik olmayan maddeler kullanarak yeniden oluşturmak ve sinir hücrelerinden bu maddelere sinyal iletmek mümkün olursa, dijital ölümsüzlüğün de mümkün olacağını savunuyorlar.

Peki, insanın bu planda ölümsüzlüğe ihtiyacı var mı?

Cennete ait metaforda, ölümsüzlük tuzağı kimden gelmişti hatırla!

Şeytanın vaadi, işte ancak bu dünya için olabilir ama hatırla;

"Rüya bu dünya!"

"Ey Muhammed! Senden önce de hiçbir insanı ölümsüz kılmadık, sen ölürsün de onlar baki kalır mı? Senin ölmenle rahata kavuşacaklarını mı sanıyorlar?

Her nefis ölümü tadacaktır. Sizi bir imtihan olarak kötülük ve iyilikle deneyeceğiz. Hepiniz de sonunda bize döndürüleceksiniz."

Enbiya suresi 34-35. Ayetler

37. BÖLÜM

ŞEYTANIN ÖLÜMSÜZLÜK VAADİ

"Sen, padişahlar padişahının halifesi Hz. Adem'in soyundan geldin. Ömrünün, yaşayışının ölümle sona ereceğini sanma, bedenin ölür ama sende bulunan gerçek ben, ilahi emanet ölmez. Çünkü sen Hakk'ın sıfatlarından yaratılmışsın. Allah'a ne son vardır ne sınır. Ecel, kafesi kırar ama kuşu incitmez. Ecel nerede, ebedi kuşun kanadı nerede? "

Hz. Mevlâna, Divan-ı Kebir, syf. 117

Dijital ölümsüzlük, hâlâ fütüristlerin ve bilimkurgu yazarlarının hayalinden öteye geçemese de bu yönde atılan küçük adımlar çoktan başladı. 2005 yılında, asıl amacı insan neokorteksinin bir bilgisayar modelini oluşturmak olan Mavi Beyin Projesi başlatıldı.

Nörobilimci Randal Koene liderliğindeki transhümanizm savunucuları, dijital ölümsüzlüğü aktif olarak desteklemeye başladılar. Eksiksiz bir beyin emülasyonu fikrinin temellerini bu idealistler attı. İnsan beyninin taklit edilebilmesinden önce çözülmesi gereken önemli adımların taslağını çıkardılar. Bu adımlar arasında, insan beyni yapısını haritalamak, sinir bağlantılarını ve işlevlerini çözmek ile birlikte, silikon tabanlı bir bilgisayarın ölümsüz kişiliğinize ev sahipliği yapacak yazılım ve donanımı geliştirmek de bulunuyor. Bu konuda Google'ın katkısı da göz ardı edilemez. Arama motoru olarak hayatımıza giren Google, 2012 yılından itibaren "İnsan Connectome Projesi"ne dahil oldu. Amaç, dijital ölümsüzlüğe giden yolda veri bankacılığı...

Konnektom'un[*], bizi biz yapan şeylerden sorumlu olduğuna inanılıyor. İnsan beyni yaklaşık 100 milyar sinir hücresi barındırıyor. Bunların her biri, 10 bin civarında diğer sinir hücrelerine mesaj gönderiyor. Sinyalleşme yoluyla beyin, bilgiyi şifreliyor, işliyor ve çağrışımlar oluşturuyor. Aynı zamanda muhtemelen insan olmanın özünü, kişisel anılarımızı, yeteneklerimizi ve bizi biz yapan tüm özellikleri de içeriyor.

Beynimizin dijital bir sürümünün Bulut'ta olduğunu ve yaşadıklarımızla anlık olarak senkronize edildiğini düşünün. Elektrik sinyalleri sayesinde materyalize ettirdiğimiz bilincimiz, sentetik bir beyinde ve yapay bir bedende depolanacak. Teorik olarak bu şekilde sonsuza kadar yaşayabiliriz. Çünkü bilincimizi taşıyan bir bedenimiz olmayacak. Daha doğrusu, istediğimiz herhangi bir yapay beden bize ait olabilir. Tek yapmamız gereken, olmak istediğimiz yapay bedeni seçip "biz"i içine yüklemek.

(*) Konnektom; beyindeki nöron ve bağlantılarını yani tüm nöral ağların üç boyutlu haritalanmasını ve nöron işlevlerini açıklamayı hedefleyen bir kavramdır. Beynimizde 100 milyarlardan fazla nöron(sinir hücresi) ve 100 trilyon civarında sinaps (bağlantılar) olduğu bilinmektedir. Bu nöron ve sinapslar beyinde "konnektom" denilen bağlantıyı oluşturmaktadır. Konnektom, doğuştan gelen genetik özellikler ve sonradan edinimlerin birlikteliği olarak da yorumlanmaktadır.

Ancak bu avatarların geliştirilebilmesi için çözülmesi gereken birçok şey var. İnsan beyninin yapısal haritasının çıkarılması gerekiyor. Sinyal bağlantılarının deşifre edilmesi ise ayrı bir ön koşul.

Daha önce Genom Projesi ile insana ait bütün sırların anlaşılacağı düşünülüyordu. Ancak görüldü ki gen yapısı, bir kişi için neredeyse hiçbir şey ifade etmiyor. Gen ekspresyonu ve epigenetik, genetik yapının kendisinden bile daha önemli. Şimdi de Konnektom Projesi gündemde. Ancak artık her şeyi anlayacağız, insanın tüm sırları açığa çıkacak gibi iddialar yok.

Rus girişimci Dimitri İskov'un "2045 İnisiyatifi" adını verdiği bir proje daha var.

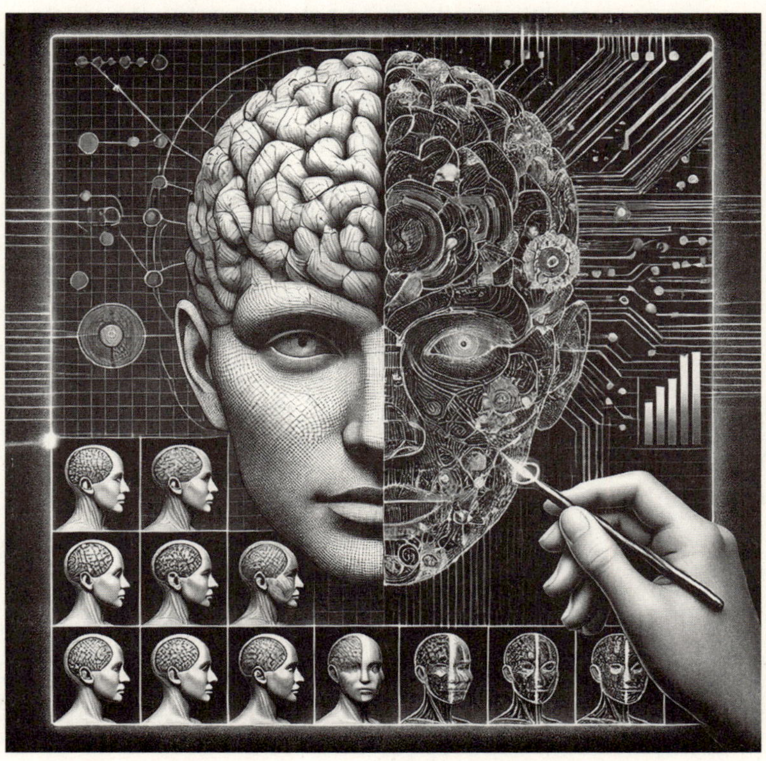

İNSAN AVATAR PROJESİ

Rus girişimci Dmitry Itskov tarafından Şubat 2011'de, sinirsel arayüzler, robotik, yapay organlar ve sistemler alanındaki lider uzmanların katılımıyla oluşturulan Avatar 2045 Projesi, insanın bilincini ölümlü bedeninden soyutlayarak bir bilgisayara aktarmayı ve bu yolla biyolojik sınırlardan kurtarıp ölümsüz ve ebedi bir varoluş sağlamayı amaçlıyor. Hedef, insan bilincidir çünkü ilahi olana en yakın olandır.

Evrende belki de son kullanma tarihi olmayan tek şey, insan ruhunun bilincidir.

Itskov'un projesi, hafıza ve kişilik de dahil olmak üzere insan bilincinin indirilebileceği siborglar inşa etmeyi hedefliyor. Çoğu bilim insanı ise, en azından bu yüzyılda bunun kesinlikle imkânsız olduğuna inanıyor.

Şu ana kadar bu proje için milyonlarca dolar harcandı. Proje dört aşamadan oluşuyor. Birinci aşama olan Avatar A'da, insan beyni tarafından yönetilebilecek bir robot geliştirilecek. İkinci aşama olan Avatar B, insan beynini sentetik bir bedene nakletmeyi içeriyor. Avatar C'de, biyolojik beynin içeriği sentetik yedeğine yüklenecek ve Avatar'ın son aşaması olan Avatar D'de ise emülasyon aşaması gerçekleşecek. Biyolojik beden ve beyin, insan bilincinin dijital sürümüne ev sahipliği yapacak bir hologram veya başka bir Avatarla değiştirilecek.

Dmitry Itskov, "2045 İnisiyatifi" adını verdiği bu proje ile insanlığa "ölümsüzlüğü" vadediyor.

Şeytanın vaadi ancak bu dünya için olabilir ama hatırla ki bu dünya bir rüyadan ibarettir...

CENNETTEKİ YALAN

"Derken şeytan, kendilerinden gizlenmiş olan ayıp yerlerini açmak için ikisine de vesvese verdi ve 'Rabbiniz size bu şecereyi melekler gibi olmamanız ve ölümsüz olmamanız için yasakladı 'dedi"

Araf suresi 20 ayet.

Şeytan, insanın yaratılışına müdahale ederek bozmak için 'sizin bu yaradılışınız ölümlüdür, size yasaklanan ise sizi ölümsüzlüğe ulaştıracaktır' diye kandırmıştır.

Tıpkı bugün savunduğu dijital ölümsüzlük gibi!

Çünkü onun amacı hiç değişmedi yalnızca günün şartlarına bağlı olarak kullandığı yöntemleri değişir.

TRANSHÜMANİZM, İNSANSIZ İNSANLIK İNSANIN, İNSAN ÖTESİ VARLIĞA DÖNÜŞMESİ

"Biz dileseydik onun şanını verdiğimiz işaretler ile yüceltirdik. Ancak O, yeryüzünde ölümsüz olmayı isteyerek arzularına uymuştu. Onun misali, üzerine yürüsen de yürümesen de dilini çıkartarak soluyan köpeğin durumu gibidir. Ayetlerimizi yalanlayan topluluğun misali de böyleydi. Artık bu kıssayı anlat, belki düşünürler.

Araf Suresi, 176 ayet.

liyor. Canlı hücreler ise sıvı hidrojen ısısında sonsuza dek saklanabiliyor. Peki, firavunlar yakın gelecekte uygulanacak bu işlemlerden haberdar mıydı?

CENNETTEKİ TUZAK

İnsanın dönüşümünde ısrarlı olan transhümanistler, yeni bir din üretme amacındalar. İnsanı tanrı yerine koyarak, onu sonsuzlaştırma gayesi güden bu Neo-Pagan hareket, işe insanı yüceleştirmekle başladı. Hep zihnimi kurcalayan bir soru vardı: Âdem, cennette her şeye sahipken, İblis ona ne vadetmişti? Ve asıl korkutucu olan şu ki cennet

gibi her şeyin mükemmel ve helal olduğu bir yerde tek bir haram vardı ve Şeytan onu ona yanaştırmayı başardı...

İblis, cennette Âdem'e "ölümsüzlüğü" vadetmişti, ilk yalan, ilk günah. Ve insan, ahir zamanın eşiğinde, dijital ölümsüzlük vaadiyle transhümanizmle yine aynı tuzağa çekiliyor. Transhümanizmin kullandığı "Avatar" sözcüğü bile amaçlarını açığa vuruyor. Neydi Avatar? Avatar, Hint kadim mitolojisine göre tanrıların yeryüzüne indiklerinde büründükleri suretler, şekillerdir. Avatar, Sanskritçe'de "ava" (aşağı) ve "tar" (iniş) anlamlarına gelen sözcüklerin birleşmesinden oluşmuş olup, "bilgi" anlamına gelen Veda'nın gökyüzünden yeryüzüne inmesi demektir.

Evet, Âdem bir an için Allah'ın vaadini (ebedi yaşam) unutmuş, ölümsüzlük yalanına kanmış, cenneti unutturularak dünya rüyasına uyutulmuştur ama tövbesi kabul olmuş ve cennetine yine uyandırılacaktır. Avatar Projesi, "Ruhsuz İnsan" projesidir. İnsanı avatara dönüştürmek ve belki de bir daha dönüşü olmayan bir düşüşe sürüklemek için. Ölümsüzlük yalanı ardında saklı, sonsuz bir düşüşe çağrı. İblis'in son çağrısı, son yalanı...

"Ey Âdem!
Sana Ölümsüzlük ağacını ve çökmesi mümkün olmayan bir hükümranlık göstereyim mi?"
TA HA Suresi 120. ayet

38. BÖLÜM

BÜYÜK SIFIRLAMA
TANRI'YI KIYAMETE ZORLAMA

İBLİS YİNE SAHNEDE

Cennette Âdem'e ölümsüzlük vadeden İblis, insanlığa bu vaadini bu kez teknoloji aracılığıyla sunuyor: Dijital Ölümsüzlük ve onun yeni pagan dini transhümanizm.

ÜTOPYA ALDATMACASI İÇİNDE SUNULAN DİSTOPYA

George Orwell'in kült eseri "1984" adlı kitabında, yazar geleceğe ait bir kâbus senaryosunu romanlaştırmıştır. Bireyselliğin tamamen yok edildiği, zihnin kontrol altına alınıp insanların robotlaşmış kitlelere dönüştürüldüğü totaliter bir dünya devletini anlatır. Günümüzde "Yeni Dünya Düzeni" adı altında servis edilen bu kâbusu ilk olarak "Dünya Ekonomik Forumu"nda dillendirdiler.

COVID-19 salgını sonrasında, ekonomiyi sürdürülebilir bir şekilde yeniden inşa etme önerisi olarak sunuldu.

Bu öneri, Mayıs 2020'de Birleşik Krallık Prensi olan Kral Charles ve Dünya Ekonomi Forumu'nun başkanı Klaus Schwab tarafından tanıtıldı. Yayınladıkları bir kitapçıkta, hayatta kalacak nüfusun %80'ine korkunç bir gelecek vadediyorlar. Bu senaryo o kadar korkunç ki "1984" romanı iyi huylu bir fantezi olarak okunabilir.

"Big Reset" (Büyük Sıfırlama) adını verdikleri projeyi, sistemi tamamen kendi çıkarlarına göre yeniden inşa etmek isteyen küresel finans baronlarının gündeme getirdiği düşünülüyor. Dijitalleşmeyle daha yönlendirilebilir toplumlar yaratmayı hedefledikleri varsayılıyor. Nihai hedef, yeni bir insanlık, insanımsı ya da insansız bir transhüman topluluğu oluşturmak. COVID-19 pandemisi de Büyük Sıfırlama'yı başlatma butonuydu ve asıl hedef olan transhümanizme ivme kazandırmak için kullanıldı.

5G, COVID-19 süreci ile boğuşurken, transhümanizm kendince "Tarihin Sonu" dediği bu sürece doğru son büyük oyununu sahnelemeye hazırlanıyor.

Hani, mühlet istemiş ya!

Allah o şeytana lanet etti. Ve o da: "Elbette senin kullarından belirli bir pay alacağım, onları mutlaka saptıracağım, onları boş kuruntulara sokacağım ve onlara emredeceğim de hayvanların kulaklarını yaracaklar, onlara emredeceğim de Allah'ın yaratışını değiştirecekler" dedi. Kim Allah'ı bırakıp da şeytanı dost edinirse, şüphesiz o, apaçık bir ziyana uğramış olur.

Nisa suresi 119. Ayet.

Büyük Sıfırlama, hayatların her anının kontrol altına alınacağı bir "dijital köleleştirme" senaryosudur.

1971 yılında, İngiliz müzisyen John Lennon'un bir şarkısı efsane oldu. Sözlerinin ne anlattığını fark edenleriniz oldu mu, bilmiyorum. Bu kurgunun nasıl tasarlandığını daha iyi anlamanız için, sözleri bir kez de bu bilgiler ışığında okumanızı öneririm.

Imagine
Cennetin olmadığını hayal et,
Eğer denersen kolay,
Altımızda Cehennem yok,
Üstümüzde sadece gökyüzü,
Tüm insanları hayal et, bugün için yaşamak,
Hiçbir ülke olmadığını hayal edin
Yapmak zor değil,
Uğruna ölünecek ya da öldürülecek bir şey değil ve Din de yok.

John Lennon'un Imagine adlı şarkısının sözlerinin ardında gizlenen Neo-Pagan dünya düzeninin nihai hedefi, insanın bilincini ele geçirmektir. Transhümanizmin ölümsüzlük önermesinin savunucuları olan Evangelistlerin bir diğer projesi de "Tanrı'yı kıyamete zorlamak"tır. Evanjelistlerin bir misyonu var: Kendilerince, Tanrı'nın dünya hakimiyetini ele geçirebilmesi için insanoğlunun bozulmayı ve yozlaşmayı gerçekleştirmesi, başka bir deyişle, yeryüzünü artık yaşanamaz hale getirmesi gerekir ki, bu durum eskatolojik bir sonuç doğurabilsin. Bu amacı hızlandırmak için hiçbir katliamdan kaçınmazlar. Evanjelistlerin etkili olduğu Amerika Birleşik Devletleri, yıkıcı politikalarını bu anlayış üzerinden sürdürüyor.

1985'te, dönemin ABD Başkanı olan George Bush'un Beyaz Saray'a çıktıktan sonra yaptığı şu konuşma, tüm karanlık senaryoyu ifşa ediyordu:

"Tanrı ve Başkan bize İsa'yı Ortadoğu'ya getirme şansı doğurdu. Bu, bana verilen bir emir!"

Ortadoğu'da döktükleri kanın kendilerine göre meşruiyetinin ilanı. Amaç, Irak'ı (Babil) merkez yapıp, İncil'de söz edildiği gibi dünyanın kavimlerini orada tekrar toplamak.

Kutsal yasa altında yaşamak isteyen sizler, söyleyin bana, yasanın ne dediğini bilmiyor musun? İbrahim biri köle (Hacer), biri özgür kadından iki oğlu olduğu yazılıdır. Köle kadından olan (İsmail) olağan yoldan, özgür kadından olansa vaat sonucu doğdu. Köle kadının çocukları kölelik etmektedirler, oysa göksel Yerusalem özgürdür, annemiz odur. Nitekim şöyle yazılmıştır:

"Sevin, çocuk doğurmayan ey kısır kadın!" Doğum ağrısı nedir bilmeyen sen, yükselt sesini ve haykır!

Çünkü terk edilmiş kadının (Hacer) kocası olandan daha çok çocuğu var.

Kardeşlerim, İshak gibi sizler de vaat çocuklarısınız. Olağan yoldan doğan, kutsal Ruh'a göre doğana o zaman nasıl zulmettiyse, şimdi de öyle oluyor.

Ama kutsal yazı ne diyor?

"Köle kadının oğlunu (İsmail) kov. Çünkü köle kadının oğlu özgür kadının oğluyla birlikte, asla mirasa ortak olmayacaktır.

İncil Galatyalılar 4: 25/31

Hristiyanlık, İsa Mesih figürünü kullanarak insanı tanrılaştırdı. Tanrı'nın yeryüzündeki sureti (Avatarı) olarak, ortak bir yaratıcı anlayışıyla bahsedilen "hedeflerin" insan eliyle gerçekleştirilmesine izin vererek, transhümanizme zaten kapılarını açmış oldu. İnanç anlamında bu yaklaşıma oldukça uygundur.

Modern transhümanizm hareketinin ilk dikkat çeken eylemi 1990'da yaşandı. Feridun İsfendiyar isimli İranlı bir transhümanist yazar, adını FM-2030 olarak değiştirdi. Bu ismi almasının sebebi, 2030 yılında ölümsüz bir hayatı yakalayacağına inanmasıydı. Ancak 2000 yılında pankreas kanserinden öldü. Yazdığı *"Transhuman Mısın?"* adlı kitabında şunları kaleme aldı:

> "Geleneksel isimler bir kişinin soyunu, etnik kimliğini, milletini ve dinini tanımlar. Ben ne on yıl önceki ne de on yıl sonraki kişiyim. FM-2030 ismi, 2010'lu yıllarda ne denli büyülü zamanlar olacağına dair inancımı yansıtıyor. 2030'da yaşsız olacağız. Herkesin sonsuza dek yaşayabileceği mükemmel bir şansı olacak."

2030, bir düş ve bir amaç...

Kimin amacı?

"Şeytan ona vesvese verip 'Ey Âdem! Sana ölümsüzlük ağacını ve çökmesi mümkün olmayan bir hükümranlık göstereyim mi?"

Ta Ha Suresi 120

2000 yılında ölen İsfendiyar'ın hikâyesi burada bitmedi. FM-2030, 2030 yılında yeniden canlandırılmak üzere Arizona'da ALCOR firması tarafından donduruldu.

Transhümanizm ve ona hizmet eden Evanjelizm, İblis'in cennetteki vaadini tekrar sunuyor. İnsanı yaratıldığı halden çıkarıp farklı bir varlık geliştirmek istiyor. İnsanı insan yapan tüm değerlerden uzaklaştırarak, ele geçirilmiş bir zihinle farklı insanımsı bir avatar yaratmaya çalışıyor.

Transhümanistlerin kullandıkları cümle bile aynı:

"Yeryüzünde bir cennet ve ebedi bir yaşam!"

Bu vaadi, yaratıcıdan bağımsız, ahirete gitmeden bu dünya için sunuyorlar. Bu, ilahi düzene başkaldırı ve insanın kendi ilahlığını ilan etmesidir.

Rabbimiz bize ne demişti?

"Ben sizin Rabbiniz değil miyim?"

Anladınız mı bu soru neden böyle? Çünkü insan, akdini, verdiği sözü unuttu.

Oysa bir hatırlasa!

Hatırlasa geldiği yeri, ait olduğu sonsuzluğu...

Bilecek ki ruhu ile zaten ölümsüz...

"Tezekkür et!" diye uyaran ayetler, bunu hatırlamamızı istiyor olabilir mi?

Transhümanizm, yılanın uzattığı son elma.

Cennetine dönememen için son yalan.

İnsanın ölüm korkusu, İblis'in en büyük kozu.

Ve korku...

Dünya rüyasından uyanmana, tekâmülüne giden yolda yarım kalmandır.

Karanlığın temsilcilerinin yeryüzündeki işbirlikçilerinin empoze ettiği geleceği kabul etmek zorunda değiliz.

İnsan, bilinciyle tezahüre vesile olandır.

İnsan, dualarıyla titreşim dalgalarından oluşan farklı bir dil ile kâinatın yazgısının ortak yazarlarındandır.

İnsan, "içinde hayat olan tüm arzları sizin emrinize verdim" diyen ayetin muhatabıdır. İçimizde yazılı olan ilahi ilmin varlığını okuyabilsek çok güzel yarınların tezahürüne aracı olabiliriz.

İnsan, "zaman ve mekândan" münezzeh olan ruhu ile sonsuzluğa aittir, ölümsüzdür. Madde üzerinden kurgulanan bir yaşamın sonsuzluğuna ihtiyacı yoktur.

Hani büyüklerimiz "sus, kötüyü çağırma" derdi ya, evet aynen öyle, kötüyü çağırmamız isteniyor. Büyük sıfırlamayı kurgulayan karanlık odaklar, özellikle medya yoluyla pompaladıkları korku frekansıyla morfik alanımızı zehirleme peşinde.

Akıllarınca kıyamet öncesi şartları hazırlıyorlar. Nefret, korku ve öfke gibi insanın frekansını aşağı çeken duyguları yayarak, insanlığı topyekûn epigenetik yollarla bozmanın peşindeler.

Ve tüm bunlara karşı insanlığa son bir ilahi çağrı var. Kur'an'ın ilahi çağrısı. İnsanın varoluş serüveninin kıyamete dek yaşanacaklarını bildiren ayetler rehberimiz olursa, galip olan bizler oluruz.

La galibe illallah!

39. BÖLÜM

MÜMKÜN DÜNYALARIN EN İYİSİ

Özellikle 16. yüzyıl sonrası, Newton fiziği ile birlikte, insanlık evrene dair tüm cevaplara ulaştığını düşünerek, yaratıcının varlığını bilimin denklemlerinden çıkarma cüretinde bulundu. Bu materyalist ideolojilerle birlikte ateizm hızla yükselişe geçti. Ateizmin öne sürdüğü en büyük argüman ise, her şeye muktedir olan ve iyiliği emreden Tanrı'nın neden daha iyi bir dünya yaratmadığı ve kötülüğe neden izin verdiğidir.

Tam da bu dönemde, Hristiyan bir teolog ve filozof olan Leibniz, ateizmle mücadele için kötülük problemini ele aldığı bir şaheseri kaleme aldı. Yüzyıllar boyunca felsefe tarihinin kült eserlerinden biri olarak kabul edilen bu eser, "Teodise"dir. Leibniz, bu eserinde, acaba yaşadığımız dünya mümkün dünyaların en iyisi mi ve Tanrı bu dünyada kötülüğe neden izin vermiştir gibi soruları irdelemiştir. Bu iki soru, felsefe ve teolojinin yüzlerce yıldır kafa karıştıran sorularındandır. 17. yüzyılın en önemli filozoflarından biri olan Leibniz, aynı zamanda Batı'da atomun bölünebileceğini savunan ilk kişidir ve bu nedenle önermelerini madde üzerinden kurgulamamıştır. Her şeye gücü yeten ve her şeyi bilen Yaratıcı, Leibniz'e göre mükemmeldir ve yaratıcı, "bize kötülük gibi görünen" şeylere izin verdiğine göre bunda muhakkak bir sebep olmalıdır. Ona göre, Tanrı mümkün dünyaların en iyisini yaratmıştır.

Bunu anlatabilmek için "Teodise"de mitolojik bir kahraman kurgular. Bu mitolojide Jüpiter Tanrı'dır ve dünyada olabilecek tüm mümkün senaryoları değerlendirerek, arzu ettiği muhteşem "SON"a götürecek ve bu sonu gerçekleştirecek en olası senaryoyu seçer. Leibniz'e göre, insanın sınırlı ve sonradan bilmesinden farklı olarak, yaratıcı tüm olasılıkları aynı anda bildiği ve görebildiği için, bu dünyayı o muhteşem son için seçmiştir. Eğer siz bundan daha iyisinin yaratılabileceğini düşünüyorsanız, Leibniz size şöyle bir cevap verecektir:

> "Dünyada neyi iyileştireceğimizi veya hangi kötülüğü durdurabileceğimizi bilsek bile, eylemde bulunduğumuzda, bu eylemin sonucunun bir sonraki hamlede hangi olası iyiliği engelleyeceğini ve en sonunda ne olacağını asla bilemeyiz."

Çünkü insan, zaman algısı ile sınırlandırılmıştır ve bu nedenle sadece anlık olarak perdeye düşene şahitlik eder. Zamandan bağımsız bir bilince sahip olamayız. İnsanın aksine, yaratıcı, zamandan münezzeh varlığıyla, zamanlar üstünden tüm mümkünleri aynı anda bilendir.

Leibniz, bu eserinde, Yaratıcının kötülüğe, daha büyük bir iyilik için izin verdiğini belirtirken, burada kastedilen yaratıcı muradının elbette bu fani dünya için olmadığını ifade eder.

EZELİ VE EBEDİ YARADAN'IN MURADI,

ANCAK EZELİ VE EBEDİ BİR ÂLEM İÇİN OLMALIDIR.

KÖTÜLÜK NEDİR? İYİLİK NEDİR?

Kötülük problemini Kur'an üzerinden anlamaya çalışırsak, Kehf suresinde Hızır olduğu rivayet edilen kişi ile Hz. Musa'nın yolculuğu muhteşem bir örnek olarak karşımızda durur. Bu kıssada, Hz. Musa zamanla sınırlı insan bilincini temsil ederken, Hızır zamanlar üstünü görebilen en yüksek bilinci temsil eder. Hz. Musa, şahit olduğu olaylara o anki görünümüyle hüküm verirken, Hızır o olayın devamında gelişecek ve açılacak yeni kader potansiyellerini izah ederek aslında tüm insanlığa büyük bir mesaj vermektedir. Mesaj şudur: Şahit olduğunuz an ve olaylara dair sınırlı algılarınızla hüküm vermemelisiniz, çünkü her şey ilahi programın tecellisi ile mümkündür. O halde size kötülük gibi görünen dahi Allah'ın ilahi muradına hizmet için vardır, siz bilemezsiniz!

Bu yüksek algıya gözümüzle gördüğümüzle varamayız.

Bunun makamı ancak kalp gözüdür ve teslimiyet ile mümkündür.

Allah, kendisine inanıp gerçekten teslim olanları müjdeler ve şahit olduğumuz ya da bizzat yaşadığımız her kötülüğün ve her iyiliğin yalnızca bir imtihan vesilesi olduğunu defalarca ayetleri ile bildirir. O halde Leibniz'in dediği gibi, kötülük aslında yoktur ve Yaratıcı kötülüğe sadece bir imtihan vesilesi olarak, daha büyük bir iyilik için izin vermiştir. Dünyada şahit olduğumuz her zulmün ve kötülüğün karşılığının ahirette mükafatlandırılacağı da yine bizlere bildirilmiştir. Gafletimiz, burayı gerçek âlem zannedip, mükafatı ve adaleti bu dünyada bekliyor olmamızdır. Oysa ki bize düşen, Allah'ın kesin vaadi olan ahirete ve kadere iman edip, okumak ve teslim olmaktır; çünkü ilahi adaletin tecellisi bu gölge âlemde değil, gerçek âlemimizde olacaktır.

"Andolsun ki, sizi biraz korku, biraz açlık, mallardan, canlardan ve ürünlerden biraz eksiltme ile imtihan edeceğiz. Sabredenleri müjdele." Bakara suresi 155 ayet

"Kim zerre kadar hayır işlerse onun mükafatını görecek, kim de zerre kadar kötülük işlerse onun cezasını görecektir." Zilzal suresi 7-8 ayetler.

Kötülüğün dünyada var olması ve buna izin verilmesi, iyiliği emreden Allah'ın varlığı ile bir çelişki değildir; çünkü biz bir sonraki saniyede bile değişebilecek potansiyelleri bilemeyiz. İnsan, daima sonradan bilendir. Kehf Suresi'ndeki Hızır ile Hz. Musa'nın yolculuğu sırasında yaşananlar, bu hakikatin delilidir.

Hızır dedi ki: "Şimdi sana sabredemediğin şeylerin iç yüzünü anlatacağım."

"Gemi, denizde çalışan bir yoksula aitti. Onu kusurlu kılmak istedim çünkü onların ilerisinde her sağlam gemiye zorla el koyan bir hükümdar vardı. "Oğlana gelince, onun anası babası mümin kimselerdi. Çocuğun onları azgınlık ve inkara sürüklemesinden korktuk. İstedik ki Rableri onun yerine kendilerine ondan temizlikçe daha hayırlı ve daha çok merhamet eden birini versin."

"Duvar ise o şehirde, iki yetim oğlana aitti. Duvarın altında onların bir hazinesi vardı. Babaları da iyi bir kimse idi. Onun için Rabbin istedi ki o iki çocuk erginlik çağlarına erişsinler ve Rabbinden bir rahmet olarak hazinelerini çıkarsınlar. Ve ben, bunların hiçbirini kendiliğimden yapmadım.

İşte senin (insan olarak) sabredemediğin işlerin iç yüzü."

Kaderde şer yoktur...

Kaderini sev!

Varsa kederini de sev!

Mevlâna

Neden ve sonuçların aynı anda zaten var olduğu bu planda, biz gerçekten de olmuş bitmişe seyir halindeyiz ve Kur'an bunu hatırlayabileceğimizi vurguluyor. Bu şehadet âleminde iken imtihanımız, Allah'ın Levh-i Mahfuz'da yazdığı kaderimizi nasıl kabullendiğimiz, onu nasıl karşıladığımız ile ilgili bir teslimiyet imtihanıdır. Çünkü geçmiş, gelecek ve şu an hepsi birlikte zaten var; o halde her şey yaşandı ve bitti. Hiçbir tesadüfün asla olamayacağı bu kader planında, kaos bile nihayetinde sonsuz iyiliğe evrilecek. Sen sadece bunu fark et, hatırla ve rızaya geç. Çünkü Cenab-ı Hak, kendisinden razı olan kullarından razı olacağını ayetlerinde bildiriyor.

"Bir İslam Peygamberi olan Hz. Musa, birçok peygambere nasip olmayacak bir makama erişti ve Tur-i Sina'da, yani Sina Dağı'nda birçok mucizeye şahit oldu. Rabbi ile orada, mahiyetini bizim anlayamayacağımız şekilde görüşen Hz. Musa, şöyle bir soru sordu: 'Ey Rabbim! Sen kullarından ne zaman razı olursun, bunu bana öğret ki kullarına bildireyim ve onlar da seni razı edecek amellerde bulunsunlar.'

Bu talebe karşı Rabbimiz demiş ki:

Ey Musa! Kullarım benden ne zaman razı olursa, ben de onlardan o zaman razı olurum."

https://siyervakfi.org/kullugun-zirvesi-allahtan-razi-olmak

OKURLARIMA SON SÖZLERİM...

İnsan için meydana gelen her bilgi "Hatırlamadır" ve Allah ehlinden başkaları bilmenin, hatırlama olduğunu fark etmez.

Muhyiddin İbnü'l Arabi

Evrene dair kesin olarak cevaplanamayacak sorular vardır, ama ben yine de soracağım... Kuantum fiziğinin temel yasası olan Heisenberg belirsizliği, bize görünen evrenin tamamen belirsiz bir yapıya sahip olduğunu gösterirken, aynı zamanda bu belirsizlikten hareketle varlığa ait tüm cevapları asla tam olarak bilmemize izin verilmediğini de ifade eder. Yine de okuyup tefekkür etmenizi, belki de tezekkür etmenizi istiyorum.

Işık hızı, bir bariyer olarak karşımızda duruyor ve bu görünen evrenin bir noktasından öteye geçmemize asla izin verilmiyor. Işık konisinin (Sidretül Münteha) ötesinde var olan hangi gerçekliği, boyutu, âlemi ya da bu evrene ait olmayan hangi bilgiyi bilmemiz istenmiyor ki bu bariyer var? "Görünen evrende" neden her ölçekte, gök cisimlerinden DNA'ya kadar her yerde aynı fraktal desen var? Ve en acayip soru da şu: Neden biz gözlem yapmadığımızda varlık zuhur etmiyor?

Heisenberg belirsizliği, izlediğimiz bu âlemin bir hayal/rüya olması gerektiğini, çünkü tüm kuantum zerrelerinin zaten hayali olduğunu anlatıyor. Bu sorular hâlâ sizde şok etkisi yaratmadıysa, cevaplanamayacak o tek soru ile geliyorum:

"Evrene ait her şey neden "bir var bir yok" görünüyor?"

Kuantum fiziğinin dijital sistemlerde görülen bu yapısı (Planck sabiti), enerjinin 1/0 olarak varlığını sürdürmesini nasıl izah ediyorsunuz? Evrene ait enerjinin kesintili geldiği keşfedileli yüzyılı aştı, ama hâlâ bu pikselizasyonun evrenin adeta çözünürlük değeri olduğu açıklanmıyor. Bir diğer tuhaflık da DNA'nın analog işleyişi. İşte burası bana nefes aldıran bilgi, çünkü bu bilgi varlığımızın gerçek olduğunu, sadece gördüğümüzün gerçek olmadığını ispatlıyor.

Dünyanın tüm kadim filozofları, neden bu âlem için gölge/hayal benzetmesini yaparken insanların rüya içinde olduğunu bildirdiler? Binlerce yıldır mistiklerin beyan ettiği bu kadim sırlar, nasıl oluyor da bugün dünyanın seçkin teorik fizikçileri tarafından telaffuz ediliyor? Bizden gizlenen gerçek ne? Evrenin fraktal zuhuru, matematiksel olarak kodlandığının ispatıdır. Evrende her şey, matematiksel kodlarla şifrelenmiş. İrrasyonel sayıların varlığı, sistemin tüm işleyişini çözmenin önündeki engellerden biridir. Yine ışık hızı bariyeri, evrene ait görüntülerin belirlenmiş bir mesafeden sonrasına erişmemize engeldir. Evrenin yalnızca büyük bir hızla gelen görüntüler olduğunun itirafı neden herkesi korkutuyor? Âlemin aslı gerçekten hayal...

Ve burası, ışık konisinin ötesinden, Hakiki Âlemden, Levh-i Mahfuz'da yazılı kodlama ile yansıtılan bir rüya gerçekliği. Bu görünen bedenimizin bile maddesel bir varlık olmadığı, bir enerji alanı olduğu bu kadar aşikârken, yaşadığımızı düşündüğümüz bu hayat içinde aslında irademinin olmadığı bir senaryoya yalnızca şahitlik ediyoruz. Şahidi olduğumuz hayat, tüm seçimleri ile ezel vakitte bize ait olan hayattır. Bunlar biliniyorken, nasıl hâlâ buraya tutku ile bağlanabiliyor ki insan?

Bu dünyaya ait her şeyin bir serap olduğunu idrak edeceğin o kıyam vakti, perdeler (algılar) kaldırılıp sen uyandırıldığında, acaba içimizden kaç tanemiz şaşkınlık içinde

etrafına bakakalacak? Bence çoğunluk, çünkü şeytan maddeye mahkûm kıldı. Ancak eşyanın ardındaki hakikati görenler ona uymadı, ölmeden uyandı...

İnsanlık, son ve en büyük kırılmanın eşiğinde, puslu zamanlardan geçiyor. İnsanlığın cennete dönüşü olan tekâmülünü durdurmak isteyen şeytan, bedeninin gerçek olmadığını zaten biliyor ve bu nedenle hedef insan bilincini ele geçirmek. Ancak onu ele geçirirse tekâmülü durdurur. Şeytani bilgilerini ve korkuyu, tüm bilinçlerin bağlı olduğu ortak bilinçdışı olan kolektife yükleyerek morfogenetik alanı bunun için manipüle ediyor. Tüm sistem, insanı sadece maddeye yönlendirmek için çalışıyor. Bilgi alanına yüklenen tüm streslerle insanlığın ruhsal uyanışı durduruluyor. Dijital sistemler üzerinden devam eden bu savaşı ancak bunu fark ettiğimizde kazanabiliriz. Kötülüğün bize empoze ettiği senaryo, kaderimiz olmak zorunda değil, çünkü önümüze serilen tüm evren, bilincimizle şekilleniyor. Geleceğe dair kehanet senaryoları üretenler, insanın bu gücünü bildiğinden dolayı onu ancak korku ile aşağı çekmeye çalışıyor. İnsan, şeytani materyalist ideolojilerin tarif ettiği gibi maddeden oluşan bir varlık değil. İnsan, bu dünyayı deneyimlemek için bir süreliğine beden elbisesine bürünen ruhsal bir varlık.

Dünya okulunun tekâmül yasalarının gereği tüm bu sistemleri şeytanın kullanıyor olmasına şaşmamak lazım, çünkü onun ezel vakitte bir ideası vardı ve ne yazık ki haklı çıktı. Çünkü her şey zaten yaşandı ve bitti ve insanların çoğunluğu ona uydu ve saptı.

"Andolsun İblis, onlar hakkındaki tahminini doğruya çıkardı. İnanan bir grubun dışında hepsi ona uydular."

Sebe suresi 20. ayet

Hatırla. Cenneti hatırla!

Sadece hak edenlerin tekrar oraya kavuşacağı bildirilmişken, büyük bir illüzyonun içinde olduğunu hatırla! Bu rüyadan uyandığında, bu dünyaya ait zannettiğin her şey avuçlarından uçup gidecek. İnsanlığın pek azı uyanırken, çoğunluk en derin uykusunda, dönüşü olmayan bir düşüşe hazırlanıyor. İnsan kalabilmenin savaşının eşiğindeyiz.

Hâlâ "OL" emrinin içindeyiz.

Engin Işık Kızıltuğ

22.12.2022

KAYNAKLAR

Kenzül Hayat/Işık Kızıltuğ
Kenzül Alem/Işık Kızıltuğ
Öte Alem/Prof. Dr. Sultan Tarlacı
Doğaüstü olmak/Dr. Joe Dispenza
Epigenetik/Bernhard Kegel
Açıklamalı abilinç haritası/Dr.David R.Hawkins
Kur'an
Müfredat/Ragıp el İsfahani
Divan-ı Kebir/Mevlana
Marifetname/Erzuruınlu İbrahim Hakkı Hz.
Kimya-ı Saadet/Gazali
Mişkat/ Gazali
Uruk Aslanı Gılgameş/Harold Braem
Fizik Dersleri/Richard Feymann
Gülşen-i Raz/ Mahmut Sebusteri
The Case against Reality /Donald Hoffman
Teodise/Gottfried Wilhelm Leibniz
Beyin Sizsiniz 3/Prof. Dr. İsmail Hakkı Aydın
Büyük Tasarım/Stephan Hawking
In our Own lmagine/George Zavkadis
Biyomerkezcilik/Dr. Robert Lanza & Bob Berman
Tanrının Kapısını Çalan Bilim/Cari Sagan
Fususül Hikem/ Muhittin Ibnül Arabi
Kuantum Benlik/Danah Zohar
Morfik Alanlar, Dr. Rupert Shaldrake
Mind, Memory and Morfik Resonance/Dr. Rupert Shaldrake Brain and Neuroscience/Dr. A. Seth
Yeni Bir Yaşaın Bilimi/Dr. Rupert Shaldrake
Felsefenin İlkeleri, Descartest

IŞIK KIZILTUĞ
KENZ-UL
ÂLEM
Âlemin Sırrı
ŞİRA
YAYINLARI
3.
BASKI

IŞIK KIZILTUĞ

KENZ-UL HAYAT

Hayatın Sırrı

Yeryüzünde Bir Halife

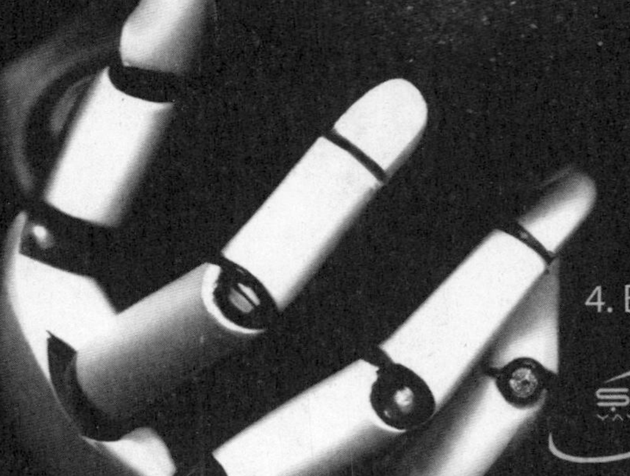

4. BASKI